国家社科基金
GUOJIA SHEKE JIJIN HOUQI ZIZHU XIANGMU
后期资助项目

国家治理视角下的城市社区研究

A Study on the Operation of Urban Community from the Perspective of State Governance

王迪　著

中国社会科学出版社

图书在版编目(CIP)数据

国家治理视角下的城市社区研究 / 王迪著 . —北京：中国社会科学出版社，2023. 12

ISBN 978-7-5227-2365-5

Ⅰ. ①国⋯ Ⅱ. ①王⋯ Ⅲ. ①城市—社区管理—研究—中国 Ⅳ. ①D669. 3

中国国家版本馆 CIP 数据核字（2023）第 145124 号

出 版 人　赵剑英
责任编辑　周晓慧
责任校对　刘　念
责任印制　王　超

出　　版　中国社会科学出版社
社　　址　北京鼓楼西大街甲 158 号
邮　　编　100720
网　　址　http://www.csspw.cn
发 行 部　010-84083685
门 市 部　010-84029450
经　　销　新华书店及其他书店

印　　刷　北京君升印刷有限公司
装　　订　廊坊市广阳区广增装订厂
版　　次　2023 年 12 月第 1 版
印　　次　2023 年 12 月第 1 次印刷

开　　本　710×1000　1/16
印　　张　16. 75
字　　数　298 千字
定　　价　89. 00 元

国家社科基金后期资助项目

出 版 说 明

后期资助项目是国家社科基金设立的一类重要项目，旨在鼓励广大社科研究者潜心治学，支持基础研究多出优秀成果。它是经过严格评审，从接近完成的科研成果中遴选立项的。为扩大后期资助项目的影响，更好地推动学术发展，促进成果转化，全国哲学社会科学工作办公室按照“统一设计、统一标识、统一版式、形成系列”的总体要求，组织出版国家社科基金后期资助项目成果。

全国哲学社会科学工作办公室

序

中国当前的城市化进程已经到达了一个中后期阶段，城市人口已经远远超过农村人口，城市生活也成为中国人的主要生活方式。与此相应，文学、影视、媒体等各种艺术形式所反映的内容也都将城市作为主要的题材和背景。但是相比之下，社会学对城市社区和城市生活的研究却相当单薄，与中国城市经济和城市社会的繁荣发展很不相称。

中国社会学的起点虽然在城市，但是其发展的主要领域则是在乡村。一百多年前，社会学最早的经验研究发生在城市。留洋归来的首批社会学家集中在北平、上海的大学和科研机构中，最早的一批研究集中在城市的社会群体，其中著名的如陶孟和先生的北平居民生活费研究、李景汉先生的北平人力车夫调查、陈达先生的劳工研究等。但是不久后，随着定县社会调查、清河试验区研究的展开，中国社会学的研究重心即转向农村，此后重要的社会学成果几乎都以农村社会为研究的对象。社会学也是当时非常兴盛的“乡村建设运动”的主力。民国时期的中国社会学研究，以费孝通先生的《乡土中国》为最有影响力的代表，而此书从标题到内容都展示了中国社会学的兴趣和特长所在。自改革开放和社会学重建以来，研究重心始终在农村。农村研究以及相关的城乡发展研究紧扣中国经济和社会发展的脉搏，产生和积累了建立于调查研究资料和数据之上的深厚的学术成果。农村和城乡发展研究的繁荣，也构成了与西方区别开来的中国社会学的主要特色。这一方面与中国式现代化和社会发展的特点紧密相关，另一方面，也是由于受西方社会学理论的影响相对较弱，将研究主要建基于“从实求知”的社会调查的结果。

与此相比，城市社会研究则比较薄弱，也相对滞后于城市的发展。其中一个重要的原因在于，中国社会学城市研究受西方理论的支配过深，本土化的努力很不足。城市研究中，城市社区研究是最为主要的领域之一，一直陷入在“国家—社会”二元理论的影响之下，学者们热衷于讨论“国家”与“社会”孰强孰弱的问题。一些研究将社区的公共活动、维权行动甚至矛盾冲突当做寻找和探索城市“社会”力量的线索，将“国家”假设为压制社会力量成长的“利维坦”，从而陷入肤浅的“批判性研究”中。还有一些研究者较为深入地探索城市社区的日常治理、事件动员和集体行动过程，发现了国家力量在基层社区中广泛细密的渗透机制。虽然这类研究指出了颇具中国特色的国家力量向基层伸展的特点，但是其背后的问题意识和理论基础仍然是“国家—社会”二元论，国家力量细微坚韧的“渗透”对象正是研究者们没有明确概括或标明的“社会”。与西方有组织、有宗旨、有表达的社会力量相比，中国的“社会”更多表现为一种零碎、潜在、非正式的存在，是被国家力量“规划”、“分割”为“网格”的人群活动。这类对“国家—社会”进行了前提预设的研究进行到一定阶段之后，往往会由于一种对社会力量的想象而陷入困境，其关键缺陷就是假设了一种与国家对立的社会力量，而“国家”也正是因为存在这种对立力量才具备研究意义，这最终会导致对中国国家治理的误解甚至误判。

王迪的这项关于“国家治理视角下的城市社区”的研究，正是在当前研究困境下的一个努力，努力探索一种新的研究范式，脱离一谈到国家即陷入二元论的研究窘境。他的这项努力宏大坚实，在理论和方法上都在尝试新路，在我看来，主要的贡献有以下三个方面。

首先，是理论视角方面的努力。作为以国家治理为对象的城市社区研究，其主要思想资源就是西方的国家理论。在深入回顾、评述国家理论的基础上，本书选择了一条既非“结构主义”、又非“建构主义”的中间道路，采用了“行动者选择”的理论视角。这些“行动者”，是城市社区中位于国家力量与社区居民之间的“社区工作者”，其本身是一个“中间群体”，同时受到来自上下双方的压力和影响。在本书中，社区工作者既不是受这两种力量支配和摆布的傀儡——这是此类分析所经常存在的问题，也不完全是在各种利益和权力结构面前做出理性选择的“理性人”，而是一些活生生的“人”，像社区居民一样的人。这些人是在城市社区中各种因素、情境、力量交汇作用下或被动或主动的行动主体，政策、制度、事件和人物的交错为难之处通过他们的选择充分地展现出来，这是实现研究范式更新的重要选择。

其次，是方法方面的努力。作者使用的是案例研究方法，深入到北京的一个社区，并以其他社区的相关内容和材料对比作为补充。本书的可贵之处在于，作者对于研究方法有着深入而清醒的反思。在作为局外人的观察显得很不足的情况下，他力图通过浸入社区的日常工作，成为一名“准社区工作者”从而把自己变成局内人，这样才能深切真实地感受到国家和政策的“压力”，也能触摸到社区居民真实的生活状态。与此同时，他又时时要求自己能够“跳”出来，能够以研究者的视角对自身的感受进行反省。这种从浸身其中到反省自己的过程是贯穿整个研究非常精彩的研究方式的展示。虽然在书中各种政策、制度和事件的分析中，作者本人是隐身的，但是其分析的深度和力度是依靠这种内外交替的反思向前推进的。书中令人印象深刻的那些事件、处理方式及其背后的用意和深意，看上去是发生在社区中的事实，实际上是作者学养能力的体现。

最后也是最重要的，是作者对研究结论的提炼方式。很多社会学研究者对研究的理解就是概括、提炼一种机制或“模式”，这种机制或模式用自己总结的一个或多个新概念表述出来，貌似是对所研究之客观规律的发现，或者是对以往研究的推进，实际上就是制造了冗余的概念名词而已。一些研究者认为只要自己持一种客观中立的态度观察和分析事件的来龙去脉，就能总结提炼出具有客观规律性的结构或机制，并将其通过出版发表列入社会学知识的序列中，实现知识或思想的推进。美国社会学家米尔斯著《社会学的想象力》一书批评美国量化研究中的“抽象经验主义”，指出一些研究是打着科学旗号的自娱自乐和空中楼阁，就是对这种“客观想象”的批判。事实上，各种定性和案例研究中的“抽象经验主义”还要更严重一些。本书作者借助于具有力度的理论和方法，深入“扎”进了社会实践之中，实践的丰富性和复杂性使他不以抽象的机制或模式的提炼为满足。在北大社会学“从实求知”的传统与法国社会学的实践研究传统的双重影响下，作者进行了一些颇具探索性的努力，提出了一个叫做“势”的分析概念，力图对城市社区的国家治理方式和后果做一番提炼。据作者自己所说，这个概念是受到社会学家埃利亚斯“figuration”的启发而得，是各种力量即将交汇或已经交汇后发生变化的一种情境，是一种压力、能量带来的各种可能性的“态势”。作者将国家力量、社区居民以及其他力量都放到这个“势”的情境之中，去观察社区工作者所倾向做出的“选择”。这个概念的最大好处在于行动者和研究者都留出了很大的“余地”，能够使我们对社区的研究不断地深入，而不像某些机制或模式研究那样以总结方式终结自己的研究。

衷心希望此书能够带来城市社区研究的新风尚。

周飞舟

目　录

第一章 “国家与社会”关系中的城市社区研究

第一节 为什么要讨论城市社区在国家与居民间的作用

在传统中国的国家与社会之间，地方精英阶层曾发挥着重要的连接作用，使国家意志得以在基层社会实现，形成了被称为“皇权不下县”[①] 的乡村社会治理图景。与乡村不同，城市中“国家—社会”的连接机制自古以来便具有较为独特的属性，形成了“类社区治理”[②] 的实践形态，这一点在既有研究中多有论及[③]，在本书第三章中也会有简略回溯。

新中国成立之后，城乡社会的原有结构均被重塑，“总体性社会”[④] 的形态逐渐形成。在城市中，单位是“体制内”的主要社会支柱，成为集“政治宣教、经济生产、生活服务”于一身的综合治理载体；而在单位制之外，则以“街道—居委会”体制（以下简称“街居制”[⑤]）为城市管理的重要依托。以单位制为主、街居制为辅，国家意志得以直达基层社会，

---

① 当然，针对“皇权不下县”的惯常说法，诸多研究也进行了质疑与讨论，参见张新光《质疑古代中国社会“皇权不下县、县下皆自治”之说》，《学习与实践》2007 年第 4 期；胡恒《皇权不下县?》，北京师范大学出版社 2015 年版，等等。

② 王迪：《汲取本土历史经验助力城市社区治理》，《中国社会科学报》2018 年 2 月 14 日第 6 版。

③ 吴晓林：《理解中国社区治理：国家、社会与家庭的关联》，中国社会科学出版社 2020 年版，第 50—70 页。

④ 孙立平：《改革前后中国国家、民间统治精英及民众间互动关系的演变》，《中国社会科学季刊》1993 年第 6 期。

⑤ 关于“街居制”的研究，参见张虎祥、梁波等《街居制的制度演化及其实践逻辑》，广西师范大学出版社 2013 年版。

甚至通过组织化的方式深入城市家庭之中，实现对邻里的完全支配①，并且“通过群众性的规训、动员和运动来调动政治和社会经济诸领域的各种力量”②。

改革开放以来，随着计划经济体制的转型与“单位制”整合模式的日趋式微，再分配机制下的资源配置和劳动关系重组，“单位代表国家管理社会成员”的模式不再适用，城市社会管理职能被剥离到更广义上的社会空间和生活空间中去履行，社区成为单位制衰落后社会治理的空间与场所。③ 同时，曾经嵌入单位模块中的大量社会服务和公共事务逐步市场化与社会化；快速城市化进程所产生的各种社会问题和矛盾，也都需要在街居制中得到解决。宏观社会经济结构的变迁引发了城市基层社会的调整，面对“原子化”的个人以及逐渐“碎片化”的社会④，以往国家直接干预与动员基层社会的方式不得不做出调整，国家与社会之间的“桥梁”也需要进行相应的重修或强化。

值得充分肯定的是，面对时代变迁和社会转型给街居制赋予的新的基层职能和治理任务，城市社区组织⑤及其中的参与者们以勤勉的态度和扎实的工作完成了一份合格的答卷，无论是日常情况下在公共事务、公益事业、社区服务、治安综治等领域中的常态化治理，还是在迎接奥运、抗击“非典”、抗击新冠疫情等重大任务面前，城市社区组织都发挥了无可替代的作用。

近年来，推进国家治理体系和治理能力现代化成为中国全面深化改革的总目标，也是完善和发展中国特色社会主义制度的需要。特别是党的二十大报告指出，要完善社会治理体系，提升社会治理效能；完善基层治理平台，健全城乡社区治理体系；加快推进市域社会治理现代化，提高市域社会治理能力——进一步凸显了城市社区作为国家与城市居民之间的“治

① 参见 Whyte，Martin King and Parish，William L.，*Urban Life in Contemporary China*，Chicago：University of Chicago Press，1984.

② 渠敬东、周飞舟、应星：《从总体支配到技术治理——基于中国30年改革经验的社会学分析》，《中国社会科学》2009年第6期。

③ 马全中：《中国社区治理研究：近期回顾与评析》，《新疆师范大学学报》（哲学社会科学版）2017年第2期。

④ 何海兵：《“国家—社会”范式框架下的中国城市社区研究》，《上海行政学院学报》2006年第7期。

⑤ 本书所讨论的社区组织主要指社区党委、居委会和工作站（又称“服务站”）。从单一的居委会到“党、居、站”的设置和演变过程，详见本书第四章的介绍和讨论。至于社区内部发育的“草根组织”、民间团体，以及通过政府购买服务、项目制运作等方式进入社区的外部社会组织，则不是本书关注的重点对象。

理单元”[①] 和社会变迁的基本领域[②]，在国家治理体系中扮演着至关重要的角色。

基于上述背景，本书要回答的核心问题是：当代中国的城市社区是如何在国家与居民之间发挥桥梁和纽带作用，实现国家政策和各项目标在城市基层社会的落实，基本满足居民在城市生活中对社区提出的要求，进而确保国家治理体系的不断完善与发展？在这其中，记录和总结既有经验，分析和解决现存问题，都对健全共建共治共享的社会治理制度有着重要的政策价值和现实意义。在当代中国城市基层社会的背景下讨论“‘吾国’与‘吾民’之间的联系如何实现”这一问题，在理论层面上也具有巨大的研究价值。

第二节　回归独特且复杂的治理过程：城市社区研究述评

自滕尼斯在《共同体与社会——纯粹社会学的基本概念》[③] 中提出“社区”这一概念之后，研究和实践领域对于社区性质的确定（“社区”究竟作为“地域”意义上的存在[④]、同质化“空间”[⑤]，还是“组织”意义上的层级？[⑥]）、社区特征的鉴别（缺乏持续、密切的互动与交往的城市社区是否具有共同体意义上“社区”的必要特征？[⑦]）、社区研究的取向（本体论意义上的“‘社区’研究”和方法论意义上的“社区研究”[⑧]）等问题始终存在争议，“社区”的典型形态也随着文化环境、住房商品化程度

---

① 关于国家的治理单元的讨论，参见彭勃《国家权力与城市空间：当代中国城市基层社会治理变革》，《社会科学》2006 年第 9 期；佀传振、崔琳琳《从单位制到社区制：国家与社会治理空间的转换——以现代国家政权建设为视角》，《武汉理工大学学报》（社会科学版）2007 年第 5 期，等等。

② 刘春荣：《中国城市社区选举的想象》，《社会》2005 年第 1 期。

③ 参见〔德〕斐迪南・滕尼斯《共同体与社会——纯粹社会学的基本概念》，林荣远译，商务印书馆 1999 年版。

④ 左广兵：《“隐蔽的公理”：城市社区地域空间的性质及其塑造》，《北京行政学院学报》2012 年第 3 期。

⑤ 孙小逸：《城市社区治理：上海的经验》，上海人民出版社 2017 年版，第 33 页。

⑥ 田毅鹏、张帆：《转型期社区组织的科层化及其走向——以 C 市 J 社区为例》，《吉林大学社会科学学报》2014 年第 3 期。

⑦ 桂勇、黄荣贵：《城市社区：共同体还是“互不相关的邻里”》，《华中师范大学学报》（人文社会科学版）2006 年第 6 期。

⑧ 肖林：《“‘社区’研究”与“社区研究”——近年来我国城市社区研究述评》，《社会学研究》2011 年第 4 期。

和社会发展阶段的变化而出现了歧义——事实上很多情况下是产权和居住意义上的“小区”与“住区”①，也有学者谈到“治区”与“政区”②等更符合中国城市社区普遍形态的一些提法。无论有怎样的分歧，关于社区问题的研究一直是社会学学科中重要的领域之一，并形成了诸多有价值的研究模式，从多个不同角度对城市社区的角色、功能和发展路径进行了讨论。

一 “国家代理人”？“国家”和“代理人”的复杂性

关于中国城市社区的第一类研究可概括为“国家代理人”视角，主要是关于社区行政化色彩及其对国家基层政权建设的影响的讨论。这类研究认为，尽管20世纪90年代中期兴起的“社区建设”③一直强调要实现社区管理和居委会的自治化，但实践证明，由于行政主导力量过大，加上制度性约束，居委会难以成长为居民自治组织，“社区建设”的结果大多是国家意志在社区的渗透和居委会工作的进一步行政化④，居委会的角色可以在一定程度上被视为基层政权的辅助组织、派出或延伸机构，也是国家在社区层面的“治理单元”⑤，贯彻和执行着国家的各项政策和行政性任务⑥——从这个意义上讲，以居委会为代表的社区组织也可被称为“国家代理人”⑦。

在国家与社会的互动体系中，居于中间位置的“代理人”有着特殊的地位和作用，受到了很多经验研究的关注，并在“国家—代理人—民众”的模式下发展出了若干概念和理论，如针对中国传统社会基本结构的“双

---

① 一些学者提出，小区公共事务的民主决策和自治管理，为社区共同体的发育提供了可能的制度空间，从而实现“从小区到社区”的共同体建构（盛智明：《从小区到社区：城市业主行动及其结果》，上海人民出版社2019年版，第354页）。

② 沈原：《老旧街区的社区建设》，《国际社会科学杂志》（中文版）2019年第1期。

③ 项飚、宋秀卿：《社区建设和我国城市社会的重构》，《战略与管理》1997年第6期；王思斌：《体制改革中的城市社区建设的理论分析》，《北京大学学报》（哲学社会科学版）2000年第5期；费孝通：《居民自治：中国城市社区建设的新目标》，《江海学刊》2002年第3期。

④ 向德平：《社区组织行政化：表现、原因及对策分析》，《学海》2006年第3期。

⑤ 彭勃：《国家控制和社区治理：以上海社区调解为例》，载刘建军主编《制度建设与国家成长》，《复旦政治学评论》（第2辑），上海辞书出版社2003年版，第218—239页。

⑥ 桂勇：《行政化进程中的城市居委会体制变迁——对上海市的个案研究》，《华中理工大学学报》（社会科学版）2000年第3期；顾骏：《“行政社区”的困境及其突破》，《北京行政学院学报》2001年第1期；张苏辉：《社区居委会行政化的社会学微观视角》，《求索》2006年第5期。

⑦ 余冰：《街坊变迁：城市社区组织的国家性与社会性》，人民出版社2012年版，第97页。

轨政治”[①]“士绅操纵”[②]“皇权—士绅—小农”三层结构[③]、“经纪体制”[④]等；另有“蜂窝状结构”[⑤]“庇护关系”[⑥]等概念，指出了当代中国农村社会结构中，存在着类似于帝国时期国家与农民之间的中层力量。无论涉及传统社会还是当代社会，这些理论都强调“代理人”是国家政权到达民间社会的中介和纽带，是实现社会整合、自我组织与形成秩序的重要社会力量，认为官僚体系之外的“地方精英”和“代理人”既能够代表国家在基层的合法性，又能够起到缓冲国家权威的压力、保护地方民众利益的作用。

正如我们在这些经典的“国家—社会”关系研究中所看到的，“代理人”的角色和作用始终充满着不确定性：既在一定程度上代表着国家的意志，又对社区稳定和民众生活起到保护作用，也具有自身的群体目标和利益诉求。针对乡村基层社会复杂性和“地方精英”异质性的研究并不缺乏[⑦]，而关于城市社区中“代理人”多元角色的讨论却相对鲜见。这导致已有研究中的“代理人”角色的单一性和脸谱化，只看到了城市社区组织作为国家派出机构的属性，认为政策背景和制度框架会单向度地塑造社区层面“代理人”的行动方式和规范认同，却未能呈现出其具有异质性的角色和多重定位，以及由此形成的复杂的日常运作实践与内部行动规范，在经验层面上对于社区组织的一些超越正式制度约束、偏离政府部门要求的行为（如“弄虚作假”、选择性应付[⑧]等）缺乏足够的解释力。

---

① 参见费孝通《乡土中国》，生活·读书·新知三联书店 1985 年版。

② 参见〔美〕孔飞力《中华帝国晚期的叛乱及其敌人》，谢亮生等译，中国社会科学出版社 1990 年版。

③ 孙立平：《改革前后中国国家、民间统治精英及民众间互动关系的演变》，《中国社会科学季刊》1993 年第 6 期。

④ 参见〔美〕杜赞奇《文化、权力与国家——1900—1942 年的华北农村》，王福明译，江苏人民出版社 1992 年版。

⑤ 参见 Shue, V., *The Reach of the State: Sketches of the Chinese Body Politic*, Stanford, Calif.: Stanford University Press, 1988.

⑥ 参见 Oi, Jean C., *State and Peasant in Contemporary China: The Political Economy of Village Government*, Berkeley: University of California Press, 1989.

⑦ 以往研究通过梳理乡村精英结构和关系变化的复杂机理，对地方精英的不同类型进行了区分：党政精英、经济精英和社会精英［参见王汉生《改革以来中国农村的工业化与农村精英构成的变化》，《中国社会科学季刊》（香港）1994 年秋季卷，总第 9 期］；或分为治理精英和非治理精英［参见吴毅《村治中的政治人》，《战略与管理》1998 年第 1 期；贺雪峰《缺乏分层与缺失记忆型村庄的权力结构》，《社会学研究》2001 年第 2 期，等等］。

⑧ 杨爱平、余雁鸿：《选择性应付：社区居委会行动逻辑的组织分析——以 G 市 L 社区为例》，《社会学研究》2012 年第 4 期。

同时，“国家代理人”视角的关键问题是对国家角色的讨论相对较少，被纳入分析框架的国家是整体的而不是分化的，是单一形态的而不是多元的；将国家假设成为一个具有“同质性”的行动者，将其固化为各级政府的政策文件，或“对社会做出政治安排的权力系统”①，即国家是“铁板一块”的②，忽略了“国家”也是以复杂多元的形态存在着的事实。实际上，随着改革的深化以及利益的多元化，“国家”被多元行动者不断进行着重塑。从形式上看，国家可由其职能部门所代表；但不同的政府部门控制着不同领域，不同层级之间也有着不同的政绩目标和发展计划；即使这些政府部门能够在发展目标上达成一致，在具体执行上仍旧持有不同意见，并且在执行过程中可能会有意扩大自身的利益。③ 因此，在城市社区所面临的环境和背景中具体分析国家的角色、国家能力及其自主性，区别讨论国家的不同层级、将政府机构中各部门的不同动机彰显出来，是理解社区组织行为和选择的重要前提。

二 “居民自治”?“群众”与社区组织的独特性

第二类研究可称之为“居民自治”视角，特别着眼于观察社区群众自治组织的地位与功能是否逐步得到确立，进而探讨西方意义上的社区基层民主能否在中国出现等问题。④ 在这种视角下，社区作为公共事务的集体性参与单位，应当是居民自治的典型形式，社区民众中的代表组成委员会来参与社会事务，对社区建设的“转型和发展”⑤ 提出意见、协同实施发展计划，进而参与公共政策的制定过程。

在“居民自治”的研究脉络中，产生于城市社区中的业主委员会和业主维权运动引起了学界的广泛关注。有学者认为，业主委员会的成立是“公民社会的先声”，是居民自治的一种发育迹象⑥；业主维权运动表明了

① 郑杭生、杨敏：《社会与国家关系在当代中国的互构——社会建设的一种新视野》，《南京社会科学》2010 年第 1 期。

② 李怀：《国家与社会关系视野下的地方社会权力结构研究》，《甘肃社会科学》2007 年第 4 期。

③ 马卫红、桂勇、骆天珏：《城市社区研究中的国家社会视角：局限、经验与发展可能》，《学术研究》2008 年第 11 期。

④ 徐勇：《论城市社区建设中的社区居民自治》，《华中师范大学学报》（人文社科版）2001 年第 3 期；李骏：《社区建设：构建中国的市民社会》，《人文杂志》2003 年第 3 期；唐亚林、陈先书：《社区自治：城市社会基层民主的复归与张扬》，《学术界》2003 年第 6 期。

⑤ 关于社区建设转型的讨论，参见潘泽泉、周晓虹《行动中的社区建设：转型和发展》，中国人民大学出版社 2014 年版。

⑥ 夏建中：《中国公民社会的先声——以业主委员会为例》，《文史哲》2003 年第 3 期。

国家与社会关系处于重构之中，意味着一种新的社会关系结构在城市社区的出现，社区空间成为由国家和社会二元力量共同决定的具有居民自治性质的新公共空间。[①] 在这一背景下，有关研究对业主维权运动中的影响因素和动员机制[②]、行动力和制度限制[③]等方面进行了考察与讨论，认为虽然业委会的“维权”和“自治”存在不同的阶段，[④] 但业主为了自身权益和社区发展而进行的维权运动，拓展了属于自身的社会公共空间，是社区自治的真实反映，将成为新型社区未来发展的方向[⑤]，也将促进城市基层治理的转型。[⑥]

“居民自治”视角下的社区研究在经验层面提供了大量丰富的事实材料，然而，其面临的共同问题是普遍带有“国家退出论”的色彩，预设了国家与社会之间的二元对立和“零和博弈”，认为中国的社会转型就是改变改革前的全面控制状态，“国家”应进一步与社会分离，并从社会领域内有序退出，二者之间界限分明、关系规范，社会要有自己独特的活动空间（或领域），从而为居民自治空间的发育创造条件，促进社会自主性的逐步提高。[⑦] ——这种观点把“社会自主”和“居民参与”看作“自治”的天然前提，忽略了中国与西方城市社会在群众基础方面的差异，忽略了“社区社会资本”的培育问题[⑧]、公民“参与能力”和“治理能力”的必要性及其来源问题[⑨]，存在着一定的现实性缺陷。同时，自治视角也不能解释以居委会为主导的传统社区逐渐行政化的趋势，以及社区组织对上级政府部门的依附现象。

因此，对中国城市社区的研究不能简单地以西方社会发展的各种

---

① 张磊、刘丽敏：《物业运作：从国家中分离出来的新公共空间》，《社会》2005 年第 1 期。

② 张磊：《业主维权运动：产生原因及动员机制——对北京市几个小区个案的考查》，《社会学研究》2005 年第 6 期。

③ 陈映芳：《行动力与制度限制：都市运动中的中产阶层》，《社会学研究》2006 年第 4 期。

④ 陈鹏：《国家—市场—社会三维视野下的业委会研究——以 B 市商品房社区为例》，《公共管理学报》2013 年第 3 期。

⑤ 顾玫：《商品房住宅区公共物业自治管理制度分析——以上海市水仙苑小区为例》，《社会》2005 年第 4 期。

⑥ 陈鹏：《业主维权运动与城市基层治理的转型——基于 B 市的实证研究》，《城市观察》2015 年第 6 期。

⑦ 林尚立：《基层群众自治：中国民主政治建设的实践》，《政治学研究》1999 年第 4 期；黄瑞瑞：《国家与社会分权视角下的城市社区自治探讨》，《宁波大学学报》（人文科学版）2010 年第 1 期。

⑧ 夏建中：《中国城市社区治理结构研究》，中国人民大学出版社 2012 年版，第 278 页。

⑨ 赵小平、陶传进：《社区治理：模式转变中的困境与出路》，社会科学文献出版社 2012 年版，第 71—81 页。

要素比照社会转型过程的特征，而是既要考虑到中国城市居民内部存在分化（如意见领袖、关键人物、积极分子、冷漠群众等）的独特属性，又要看到社区组织（如居委会）的独特角色——并不纯然地作为居民自治组织，同时也作为“国家的治理单元”出现，兼具“社会合法性”与“行政合法性”的双重逻辑。[①] 更何况，即便是在业主委员会发挥重要作用的新型社区中，居民自治和新公共空间的发育也不完全是简单的自发和自治过程，而是作为体制改革和国家建设的一部分，始终在国家的关注下并在其限定的空间之内进行。[②] 另有学者强调，在引进西方关于协商民主的理念和技术的同时，应加强协商民主实践的本土化进程。[③]

三 “社区权力”的动态秩序与角色转换

第三类研究可归纳为“社区权力”的路径，这种视角在西方社区研究中有长期的传统。最早开辟此类研究路径的是罗伯特·林德和海伦·林德夫妇，他们在《中镇》[④] 和《变迁中的中镇》[⑤] 中对社区内权力分配不平等的描述，引起后来学者对社区权力的关注。弗洛依德·亨特于1953年出版的《社区权力结构》，是研究社区政治权力的代表性著作，同时也标志着西方的社会学家开始了以社区权力结构为中心的研究，促使社区研究从日常生活的描述性研究逐步转向以理论为基础的科学分析。[⑥] 此后，对于社区权力结构的研究，一直以来都是西方现代城市社区研究的重要内容。

依循“社区权力”路径的研究，重点考察社区中权力重心的转变[⑦]、

---

① 陈立周：《城市基层社区组织的实践逻辑——以西南k市古井社区居委会为例的分析》，《学习与实践》2009年第8期。

② 王汉生、吴莹：《基层社会中“看得见”与“看不见”的国家——发生在一个商品房小区中的几个“故事”》，《社会学研究》2011年第1期。

③ 王天夫、郭心怡、王碧妍：《城市社区协商民主的机制、价值和发展路径》，《东北师大学报》（哲学社会科学版）2021年第1期。

④ 参见 Lynd，R. and Lynd，H.，*Middletown*，New York：Harcourt Brace Jovanovich，1929.

⑤ 参见 Lynd，R. and Lynd，H.，*Middletown in Transition*，New York：Harcourt Brace Jovanovich，1937.

⑥ 参见 Hunter，F.，*Community Power Structure*：*A Study of Decision Makers*，Chapel Hill：University of North Carolina Press，1953.

⑦ 朱健刚：《城市街区的权力变迁：强国家与强社会模式——对一个街区权力结构的分析》，《战略与管理》1997年第4期。

权力资源和组织关系①、组织间权力矛盾及其协调②、权力结构的重组③、互动中形成的“三驾马车”权力格局④、实践中的权力秩序构建过程⑤、社区权力秩序与空间生产⑥等问题，并形成了“权力的三叠组织网络”⑦“权力的三位一体组织网络”⑧“多元社区权力结构”⑨等一系列概念。这类研究并不简单地将社区看作“国家代理人”或“居民自治组织”，而是强调社区中的横向竞争、冲突、合作的权力秩序，即国家力量和各种社会力量在社区空间中展开博弈，共同建构城市社会中新的权力格局。⑩

“社区权力”视角下的部分研究在讨论权力资源的分配问题时，一方面将权力看作一种可被绝对占有的“所有物”，没有意识到“在民主法治国家中，政治权力分化为交往权力和行政权力”⑪，其中交往权力是相对的权力，不是某种可占有的东西，而是不固定地存在于互动和沟通的过程之中，是伴随着人们在整个社会生活乃至国家生活中的意见表达和共同行动而产生的。另一方面，部分研究将秩序、制度、角色看作固化的、静态的、相对稳定的结构，使研究停留在凝固化的结构层面；而即便是看到了动态的权力秩序构建过程，也显得宏大有余、细微不足，缺乏对社区政治中各主体的行动逻辑、互动过程及其对权力秩序建构的影响的深入讨论。

当然，这点不足已经在一些研究中得到了改进，比如关注社区中各方

---

① 范明林、程金：《城市社区建设中政府与非政府组织互动关系的建立和演变对华爱社和尚思社区中心的个案研究》，《社会》2005 年第 5 期。

② 徐晓军：《城市社区自治：权力矛盾及其协调——以武汉市 X 社区为个案》，《广东社会科学》2005 年第 1 期。

③ 李金红：《城市社区建设中社区权力结构的重组——以武汉市前进街永安社区为例》，载张曙光、邓正来主编《中国社会科学评论》（第 3 卷），法律出版社 2005 年版，第 14—27 页。

④ 李友梅：《基层社区组织的实际生活方式——对上海康健社区实地调查的初步认识》，《社会学研究》2002 年第 4 期。

⑤ 李友梅：《城市基层社会的深层权力秩序》，《江苏社会科学》2003 年第 6 期。

⑥ 参见陈薇《城市社区权力秩序：基于社会空间视角的研究》，中国社会科学出版社 2015 年版。

⑦ 郭圣莉、王亚捷、杨吴夏：《社会转型过程中的社区权力结构——基于上海 6 个社区的实证研究》，《甘肃行政学院学报》2017 年第 1 期。

⑧ 陈雅丽：《城市社区的组织建设与权力协调》，《社会》2000 年第 8 期。

⑨ 杨荣：《社区权力与基层治理：基于北京市 L 街道的实证研究》，社会科学文献出版社 2019 年版，第 169 页。

⑩ 杨华：《试论城市新建商品房社区中的权力结构——以北京市郊某商品房社区 M 花园为个案的研究》，载张曙光、邓正来主编《中国社会科学评论》（第 3 卷），第 28—39 页。

⑪ ［德］哈贝马斯：《在事实与规范之间：关于法律和民主法治国的商谈理论》，童世骏译，生活·读书·新知三联书店 2003 年版，第 168、184 页。

行动者的微观互动过程，着眼于更加具有流变性和实践性的权力关系，试图通过观看社区治理的实践来考察其权力秩序的动态建构过程。这些学者富有解释力地指出：第一，社区组织不仅是具有结构化的角色，同时也是在活动空间、流动资源面前的理性行动者，具有自身独特的权力运作逻辑。① 第二，社区秩序并不是一种静态的平衡，而是社会成员相互作用的一种状态，维系这种状态的规则本身就是社会成员在不断的博弈过程中形成的，社区的权力秩序始终处于不断构造与再构造的过程中。② 第三，行动者的权力基础并非完全来自其在正式组织中的身份和地位，而是取决于其建立"权力游戏"、影响"行动领域"规则、调整行动策略的一系列能力；在这种复杂化的权力关系格局中，很难分清谁是合作者、协调者、领导者。③

四 "社区治理"中的"合作共治"何以可能

社区研究中治理视角的形成经历了这样一个基本的发展脉络：第一，极权主义理论强调国家对于社会的政治控制，以及借助意识形态和政治教育、群众动员等方式来维持的国家影响力；但在 20 世纪后期，随着西方国家市场经济的发展和新技术革命的兴起，社会经济迅速发展，利益格局呈现多元化，社会事务冗杂程度增加，人们自主意识增强，传统的管理体制出现了危机，现代意义上的"治理"概念在此背景下应运而生。④ 第二，社会自治理论重视发掘社会本身的自主性，强调在社会发展中实现和扩大"民本主义"⑤，推进公民文化建设，从制度、组织上完善和健全公民自治，并将社区治理看作公民社会的微观基础⑥；然而，在此过程中的社区参与意愿是需要在不同的文化背景和社会土壤中分别讨论的问题。第三，法团主义理论讨论的是政府与地方社区之间的多边合作、混合角色及相互依赖的发展形态⑦，看到了社会治理体制当中合作共治的复合化趋势⑧，即治理

---

① 金桥：《基层权力运作的逻辑——上海社区实地研究》，《社会》2010 年第 3 期。

② 张虎祥：《社区治理与权力秩序的重构对上海市 KJ 社区的研究》，《社会》2005 年第 6 期。

③ 李友梅：《基层社区组织的实际生活方式——对上海康健社区实地调查的初步认识》，《社会学研究》2002 年第 4 期。

④ 李友梅：《城市基层社会的深层权力秩序》，《江苏社会科学》2003 年第 6 期。

⑤ 王思斌：《论民本主义的社区发展观》，《社会科学》2001 年第 1 期。

⑥ 李友梅：《社区治理：公民社会的微观基础》，《社会》2007 年第 2 期。

⑦ 张静：《法团主义：及其与多元主义的分歧》，中国社会科学出版社 2005 年版，第 164 页。

⑧ 郑杭生、黄家亮：《当前我国社会管理和社区治理的新趋势》，《甘肃社会科学》2012 年第 6 期。

主体不仅包括国家，也包括各类公共机构、社会组织和个体行为者。

在从极权主义理论到法团主义理论的转变过程中，“治理”概念的新内涵逐渐清晰地显现出来，即不同于传统“统治”概念中自上而下的权力控制，“治理”强调在公共事务解决中的过程性、协调性、多主体性与互动性。具体来说，其含义主要包括以下几个方面：第一，解决问题的能力并不限于政府的权力、政府的发号施令或运用权威；第二，治理主体不仅包括政府，也包括政府以外的各种社会公共机构和行为者；第三，在为社会和经济问题寻求解决方案的过程中，治理主体之间存在着界限和责任方面的模糊性；第四，治理明确肯定了涉及集体行为的各个社会公共机构之间存在着权力依赖；第五，参与者最终将形成一个自主的网络。① 从这五点要义所勾勒的图景来看，治理理论的兴起拓展了国家与市民社会关系的分析构架，消解了国家与社会之间简单的二元对立，凸显了二者之间实现正和博弈关系的可行性，可视作一种新型的国家与市民社会关系的范式。

尽管治理理论在国家与社会之间创生了搭建更加丰富关系的可能性，但依然存在着两个有待回答的问题：其一，在理论层面上，无论是此消彼长还是正和博弈，无论是二元对立还是二元共生，“国家”与“社会”能否彼此剥离、纯然保持各自的属性，而成为独立于对方的概念主体与行动单元？抑或存在着彼此渗透和互构的可能性？其二，在实践层面上，治理主体的多元化和网络化、治理责任的分散化与模糊化、治理方式的协商化与去威权化，给社区治理乃至更广义上的国家治理过程带来了诸多不确定性——简言之，“多元主体参与下的城市社区协同治理”② 通过什么平台和载体来实现？又借助什么方式和技术来实施？

第三节 研究思路：如何看待“国家”“居民”和“社区行动者”

基于对上述研究路径的梳理，我们可以看到，学界已有的城市社区研究留下了若干有待解决的问题：第一，被“国家代理人”视角所忽略的城市社区组织的多重角色是如何呈现的？第二，具有内部分化特征的“国

---

① 格里·斯托克：《作为理论的治理：五个论点》，《国际社会科学》（中文版）1999 年第 1 期。

② 李枭：《多元主体参与下的我国城市社区协同治理研究》，经济科学出版社 2018 年版，第 102 页。

家”是如何与基层社区进行互动的?“国家”的政策导向和制度安排又如何构成基层社区行动与发展的背景?第三,在“居民自治”视角下,作为理论上的重要参与者和实际中的关键影响因素的居民究竟发挥着什么样的作用?第四,在社区权力秩序形成的过程中,社区组织的行动选择和运作策略是如何动态生成的?并如何最终实现国家、居民、社区组织三者之间的合作共治?——本书对这些问题的回答都有赖于如何选择看待“国家”“居民”和“社区行动者”的研究视角。

一 具有自主性和多面性的“国家”

不同于政治哲学对国家的理想类型式的讨论,也不同于部分经济学理论将国家视为“一种集体行动机制、财产和交易的最有效率的专职保护者”①,社会科学领域关于国家角色和自主性的观点比较多样且具体,主要可以概括为三种类型,即“社会中心论”“国家中心论”和“国家在社会中”。

“社会中心论”国家观又可分为多元主义视角和马克思主义国家理论。前者并不将“国家”看作一个真正意义上的“行动者”,认为其并不具有自身独立的地位,只是各种社会利益竞争的舞台,其态度和行动都来源于利益群体的影响,没有国家自主性和干预能力可言。② 后者被称作“工具主义模型”,将国家视为资产阶级统治的工具;虽然“所有的新马克思主义理论的研究,都已经被输入了‘资本主义国家相对自治’的观念”③,

① 〔美〕约拉姆·巴泽尔:《国家理论——经济权利、法律权利与国家范围》,钱勇、曾咏梅译,上海财经大学出版社 2006 年版,第 4—5 页。

② 具体来看,多元主义认为,社会中的权力是多元的、分散的,不同的社会群体通过组织社团参与选举竞争来表达自己的利益诉求,影响国家的政治决策。因此,只要国家作为一个中立性的、开放性的竞技场,在其中不同的经济团体和社会力量具有平等的机会表达利益诉求、进行相互竞争,或者彼此联合、妥协,就能够实现它们对于国家公共政策的决策与制定过程的影响(参见张静《法团主义:及其与多元主义的分歧》,中国社会科学出版社 2005 年版,第 2—4 页)。针对多元主义的理论批评有很多,作为多元主义传统代表人物之一的罗伯特·达尔也有过深刻反思,他认为多元主义存在着四个主要问题:可能有助于固化政治上的不平等、扭曲公民意识、歪曲公共议程,并且让渡对议程的最后控制权(〔美〕罗伯特·A. 达尔:《多元主义民主的困境——自治与控制》,周军华译,吉林人民出版社 2006 年版,第 28—48 页)。回归国家学派对多元主义也持批评的态度,认为在实际的政治运作中,政府领导人的许多措施经常超越各个社会团体或利益团体的诉求,而不是仅仅代表特定社会团体或选民的利益;在制定特定的政策决议时,政府行动者并不总是傀儡,实际上他们往往是最为重要的参与者。

③ 〔美〕帕特里克·邓利维、布伦登·奥利里:《国家理论:自由民主的政治学》,欧阳景根、尹冬华、孙云竹译,浙江人民出版社 2007 年版,第 178 页。

但仍然认为这种相对自治并没有超越阶级性，只是作为资本主义国家用于维持资产阶级统治的内部调和机制。因此，这二者的共同点在于将国家看成一个背景性因素、工具、黑箱，或者竞技场，就如亨廷顿所言，“充当某一特定社会团体（家庭、宗族、阶级）的工具的政治组织便谈不上自主性和制度化，”[①] 多元主义视角和马克思主义国家理论均默认了国家自主性的缺失，而这种观点并不符合国家制度建设的进程[②]，也与中国国家治理和基层社会运行的实际情况相去甚远。

有别于“社会中心论”对国家自主性和国家能力的忽视，“国家中心论”要求重新思考国家的定位，强调其作为一个独立组织所具有的能力和自主性。[③] 在这一理论背景中，影响力最大的是以西达·斯考切波、彼得·埃文斯和迪特里希·鲁施迈耶等为代表的“回归国家”理论流派。这一学派界定了“国家自主性”（State Autonomy）的基本含义，即国家作为一套拥有利益和权威，且能够自我协作的组织行动体系，具有实现自身目标的空间和资源条件，可以实施对领土和居民的控制，系统地制定并追求自身的目标，并在必要时使用权威和国家能力[④]实施决定，而不是简单地反映社会集团、阶级或者整个社会的利益或需求。[⑤] 然而，该学派较多地将目光放在经济发展、跨国关系、政治运动、社会革命等异常分化的领域研究当中，既缺乏具有一致性的解释机制，又缺乏中层的讨论或微观的分

---

① 〔美〕塞缪尔·亨廷顿：《变化社会中的政治秩序》，王冠华等译，商务印书馆 1989 年版，第 19 页。

② 在凯恩斯主义兴起之后，国家自身的制度建设被不断地加强和完善，对于社会生活的控制规模与控制能力也日益膨胀。政府部门的急剧扩张，使得国家在社会生活中的身影变得无处不在。20 世纪 70 年代西方经济的衰退和停滞，更是打破了对自由主义的笃信，唤起了人们对于国家角色的重视。

③ 在国家自主性的问题上，法团主义的立场与回归国家学派比较一致，坚持国家中心主义。法团主义认为，国家的关怀是全局性的，而集团利益则是局部性的；因此，国家不必代表某一种社会力量，应该从大众或阶级势力的偏好中解放出来，拥有自己的空间、目标、利益、资源和执行组织，有着管制权力和使用强权的合法性地位，它通过一系列组织实现支配和权威，成为一个具有自主行为能力的组织实体（参见张静《法团主义：及其与多元主义的分歧》，中国社会科学出版社 2005 年版，第 88—94 页）。

④ 需要看到的是，国家能力的不均衡性是其重要特征——“国家不可能在对社会经济生活不同领域的干预中拥有平均的能力”，因为“国家能力在某一时间或整个时段上是不平衡的”（Evans，et al. eds.，*Bringing the State Back in*，New York：Cambridge University Press，1985，p. 351）。不能把国家简单地划分为“强国家”和“弱国家”，因为不同领域内的国家能力的表现可能是不同的。

⑤ Evans，et al. eds.，*Bringing the State Back in*，New York：Cambridge University Press，1985，pp. 9-11.

析；而本书要做的正是将这套宏观考察国家的视角引入对城市基层社会的微观分析当中来。另外，“国家中心主义”认为国家是一个统一整体，将国家拟人化地看作可以根据自身目标和利益而采取理性行动的主体，这种分析方法掩盖了国家形态的复杂性，因此需要打破“国家一体化”的概念，来分析国家的不同部分如何与社会的不同部分发生联系。①

针对“国家中心主义”存在的问题，以乔尔·米格代尔为代表的“国家在社会中”（State in Society）的研究方法进行了有针对性的回应。第一，国家概念被分为“观念”上的国家和“实践”中的国家，前者是具有凝聚性和控制力的、代表民众组织的观念；后者则是国家各个组成部分的具体实践。② 第二，国家与社会的各自角色和相互关系具有一定的流变性，国家和社会都不是固定不变的实体，二者之间的关系是一个相互作用、持续变化的过程，各自的结构、目标、规则以及控制都在过程中发生着改变——研究者需要关注国家与社会（群体）之间的互动过程。③ 第三，需要将国家分为不同的层次进行分析，将关注点从国家高层转向国家的不同部分，尤其是组织结构中与社会相接的国家底层。由于国家组成部分的多样性，每一个部分由于自身的原因而形成了不同的逻辑，因此很难形成统一模式，国家政策的制定和执行反映了不同行动者基于不同压力下的不同行为的集合，即不能“保证国家可以按照自身的理念像一个完全统一的组织一样行动”④。第四，国家与社会的相互关系呈现出具有多元性的结果：“完全转型”，即国家全面控制社会、地方社会力量的消亡或顺从；国家对现存社会力量的吸纳与合作；现存社会力量改变国家，等等，这些不同的关系形式在一定程度上决定了国家的能力和有效性。⑤ “国家在社会中”视角对本书有着重要的启示，即在分析中注意区分“观念上的国家”（或“抽象的国家”）和“实践中的国家”（或“实存的国家”）；区别讨论国家中的不同层次和不同组成部分，特别是避免将国家等同于在不同压力背景下有着不同行为方式的各级政府的总和。另外，国家的不同部分与社会

① 李姿姿：《国家与社会互动理论研究述评》，《学术界》2008 年第 1 期。

② ［美］乔尔·S. 米格代尔：《社会中的国家：国家与社会如何相互改变与相互构成》，李杨等译，江苏人民出版社 2013 年版，第 16 页。

③ ［美］乔尔·S. 米格代尔：《社会中的国家：国家与社会如何相互改变与相互构成》，李杨等译，第 24、58 页。

④ ［美］乔尔·S. 米格代尔：《社会中的国家：国家与社会如何相互改变与相互构成》，李杨等译，第 54 页。

⑤ ［美］乔尔·S. 米格代尔：《社会中的国家：国家与社会如何相互改变与相互构成》，李杨等译，第 131 页。

的各种力量之间，互动的复杂过程和可能产生的多元结果也是本书要重点关注的内容。

基于上述梳理和讨论，本书所涉及的"国家"被视为能够制定并追逐自身目标、具有自主性的行动者，但国家"绝不仅仅是单纯的'政府'，而事实上是一个连续的行政、法律、官僚和强制性的系统。这个系统不仅会形塑市民社会与公共权威之间的结构性关系，也能够形塑市民社会内部的一些关键性的关系和结构"[①]。通过这样的理解，本书对国家的考察集中在两个方面：一是作为一个具有自主性的行动者，拥有物质资源和法团组织体系，能够制定并且有能力追逐自身的目标（虽然这种能力常常是不均衡的），这种存在形态的国家可视为"实存的国家""现实中的国家"。二是作为一套政治体制背景，以法律、制度、意识形态、国家意志和国家形象等形式所表达的所谓"抽象的国家""理论上的国家"。二者相互结合，深刻地影响着社会行动者的行为方式、群体目标及其实现手段，在不同领域中形成并不完全一致的"国家—社会"关系。区别于笼统地将"国家体系"或"各级政府部门"作为研究背景的做法，本书认为，"笼罩"在城市社区组织之上的国家，并不是一个动机、原则、规范都高度统一的行动整体或"同质性"的行动者，而是被具有不同目标的多元主体分解，因而具有分化的利益格局和多元的表现形态。因此，对国家概念进行分层、区分讨论国家的不同层次和不同组成部分，充分考察国家存在形态的流变性和多面性，进而"将国家与社会关系视作一种过程"[②]来观察，是非常有必要且有意义的。

二 存在内部差异性的居民群体

针对居民群体是否能够培育出独特的"公共性"[③]，进而形成独立于国家的公共领域的问题，学界已有很多的讨论。一种观点认为，"社区的建构是出于将单位制解体后模糊的城市空间改造为标准化与清晰化的国家治理空间的需要，而非建构一个独立于国家的公共领域，社区参与也是为了整合民众对政权体制的支持，而不是给民众赋权、让其参与政治决策过程

---

① Evans, et al. eds., *Bringing the State Back in*, New York: Cambridge University Press, 1985, p. 11.

② 孙立平：《代序："过程—事件分析"与对当代中国农村社会生活的洞察》，载王汉生、杨善华主编《农村基层政权运行与村民自治》，中国社会科学出版社2001年版，第1—23页。

③ 李友梅、肖瑛、黄晓春：《当代中国社会建设的公共性困境及其超越》，《中国社会科学》2012年第4期。

并形成监督与制约国家权力的能力"[①]。与此相对应的研究也多从自上而下"动员"的角度，弱化或者忽略了社区居民的自主性参与。相比之下，另一种观点则认为，"改革开放以来，随着单位制的逐步瓦解和市场经济的日益发展，中国城乡居民对公共事务的参与方式发生了从动员式参与到自愿式参与的转变"，并体现出一定的"公民性"[②]；在此视角下的相关研究提出了居民参与行为的若干类型，如"福利性参与、志愿性参与、娱乐性参与和权益性参与"[③]"政治参与中的维权抗争因子、利益表达因子和选举参与因子"[④]"信息性参与、诉求性参与和抗争性参与"[⑤]"生计型参与和权责型参与"[⑥]"文体娱乐性参与、志愿性参与、权益性参与、自治性参与"[⑦]，等等。这类观点不再将居民看作国家各种动员方式的被动接受者，而是认为居民能够"以有意图策略的行动响应他人"[⑧]，强调居民的诉求、参与社区事务的主动性和产生参与动机的各种因素，甚至认为民众的参与能力与民主意识能够在一定程度上对政治力量进行约束和限制。[⑨]

然而，无论是哪一种参与类型与互动形式，都不能够涵盖日常生活中全部领域的情况，也无法适用于整个居民群体。换言之，"居民"的概念并不是统一的、总体性的，而是具有内部细分差异性的群体，在社会生活的不同领域，其积极性、活跃程度、自身诉求都有着很大的不同。更有学者认为，中国的城市社区正走向"阶层化"[⑩]，居民的参与行为与

---

① 杨敏：《公民参与、群众参与与社区参与》，《社会》2005 年第 5 期。

② 周志家：《环境保护、群体压力还是利益波及——厦门居民 PX 环境运动参与行为的动机分析》，《社会》2011 年第 1 期。

③ 杨敏：《作为国家治理单元的社区——对城市社区建设运动过程中居民社区参与和社区认知的个案研究》，《社会学研究》2007 年第 4 期。

④ 胡荣：《社会资本与城市居民的政治参与》，《社会学研究》2008 年第 5 期。

⑤ 周志家：《环境保护、群体压力还是利益波及——厦门居民 PX 环境运动参与行为的动机分析》，《社会》2011 年第 1 期。

⑥ 王星：《利益分化与居民参与：转型期中国城市基层社会管理的困境及其理论转向》，《社会学研究》2012 年第 2 期。

⑦ 夏建中：《中国城市社区治理结构研究》，中国人民大学出版社 2012 年版，第 248—271 页。

⑧ 王明珂：《许多个人如何构成社会——我对埃利亚斯与布迪厄的阅读》，《南方周末》2011 年 5 月 12 日第 E26 版。

⑨ Benjamin, L. Read, "Democratizing the Neighborhood? New Private Housing and Homeowner Self-organization in Urban China," *The China Journal*, No. 49, January, 2003, pp. 31-59.

⑩ 徐晓军：《论我国社区的阶层化趋势》，《社会科学》2000 年第 2 期；徐晓军、沈新坤：《城市贫富分区与社区的阶层化》，《华中师范大学学报》（人文社会科学版）2008 年第 1 期。

社会结构的分层密切相关[①]——虽然较多的居民对社区工作持有“听之任之”的冷漠态度[②]，甚至被一些学者称为“消极分子”[③]，但拥有较多资源、具有较大动员能力且愿意承担集体行动初始成本的“关键群体”(Critical Mass)[④]也同样存在，并且以“积极分子”[⑤]“关键群众”[⑥]和“核心团队”[⑦]的角色在社区中发挥作用。而社区中的领导精英和普通业主（居民）在智识、利益、权力、社会网络等方面所存在的明显分化甚至会有损于基层治理和社区民主。[⑧]因此，社区组织所面对的“民众”或“居民”，从来都不应该是一个笼统的、完整的存在，而要把居民内部的区别和分化的特征纳入分析的范围中来。需要看到的是，在同一社会领域中不同群体的态度会存在显著差异，有研究指出，不同群体在社区生活、自治理念及未来行动方案上均表现出二元区隔的状态；双方的异质身份、文化目标、利益取向等多方位的差异导致了区隔的形成。[⑨]相似地，不同群体对以居委会为代表的社区组织的认知和评价也会有所不同：在相对弱势群体中居委会的声望仍居高不下，但在其他普通居民，特别是在一些中产阶层群体中，居委会的声望有下降趋势。[⑩]当然，对于社区组织而言，处在不同领域（如常态化治理与突发事件、日常工作与阶段性重心工作）的居民群体的重要性是不同的，会给其带来不同程度的压力感。

如果说民众参与能够给中国城市社区发展带来一定的促进和推动的

---

① Tomba, Luigi, "The Housing Effect: The Making of China's Social Distinctions," in C. Li ed., *China's Emerging Middle Class: Beyond Economic Transformation*, Washington (DC): Brookings Institution Press, 2010, pp. 193-216.

② 杨爱平、余雁鸿：《选择性应付：社区居委会行动逻辑的组织分析——以G市L社区为例》，《社会学研究》2012年第4期。

③ 王德福：《治城：中国城市及社区治理探微》，广西师范大学出版社2021年版，第90页。

④ Oliver, Pamela E. and Gerald Marwell, "The Paradox of Group Size in Collective Action: A Theory of the Critical Mass. II," *American Sociological Review*, Vol. 53, No. 1, 1988, pp. 1-8.

⑤ 熊易寒：《社区选举：在政治冷漠与高投票率之间》，《社会》2008年第3期。

⑥ 刘春荣：《另类的邻里动员：关键群众与社区选举的实践》，载赵汀阳主编《年度学术2007：“治与乱”》，中国人民大学出版社2007年版，第378—398页。

⑦ 郭圣莉：《加入核心团队：社区选举的合意机制及其运作基础分析》，《公共行政评论》2010年第1期。

⑧ 石发勇：《业主委员会、准派系政治与基层治理——以一个上海街区为例》，《社会学研究》2010年第3期。

⑨ 闵学勤：《社区自治主体的二元区隔及其演化》，《社会学研究》2009年第1期。

⑩ 闵学勤：《转型时期居委会的社区权力及声望研究》，《社会》2009年第6期。

话，那么，这种作用是随着人群的分化、社会领域的性质变化和社会事件的类型差异而有所不同的。对社区人口的区分、将居民看作有着内部差异性的（而非总体的、统一的）群体，是研究城市社区运作的一项重要原则。

三 基于“行动者选择”与“势”的视角考察社区组织

从社区组织的角色定位来看，其呈现形态并不是一成不变的，而是随着时代的发展、领域的切换而有所不同。社区组织既不是简单地扮演着国家代理人的角色，也不完全是居民自治的代言人，作为介于上级行政力量和普通民众之间的组织，其角色和地位多年以来一直处于不断变化和调整的过程之中，充满着复杂性和张力。

城市社会中社区组织的这种角色张力，可以看作“国家与社会”关系①的集中体现。一方面，如果基于“国家治理范式”②，将城市社区行动者定位于国家政权的辅助组织、国家的代理人或权力触角，就意味着接受一种“强国家—弱社会”③ 的取向，认同国家对基层社会的全面控制，政府主体、政策背景和制度框架会深刻地形塑社区层面的行动方式和规范认同；然而，这种研究范式对于社区组织的一些超越正式制度约束、偏离政府部门要求的行为缺乏足够的解释力。另一方面，如果采纳“社会治理范式”而视其为有着独立自主的活动空间和功能领域的群众自治组织，则体现了一种“弱国家—强社会”④ 的态度，认为国家应该逐渐从社会生活各个维度上退出，与基层社会之间形成一种界限分明的关系，“社区组织的自主选择、有意义的市民参与、市民团体的兴起”⑤ 等方面都是城市社区运行的应有表现。然而，这与我们所熟知的城市社区组织的表现形态并不吻合。实际上，无论是“强国家—弱社会”还是“弱国家—强社会”，国家与社会的关系并不能简单地放在一个孰强孰弱的框架中来定位，二者并

---

① 马卫红、桂勇、骆天珏：《城市社区研究中的国家社会视角：局限、经验与发展可能》，《学术研究》2008 年第 11 期；刘安：《社会学的“品格”和“国家与社会”关系之框架》，《学术交流》2010 年第 11 期。

② 贾玉娇：《社会管理的理论研究与基层实践——一项基于文献的梳理和思考》，《浙江社会科学》2014 年第 7 期。

③ 牛涛：《从“强国家弱社会”到“强国家强社会”》，《湖北行政学院学报》2008 年第 4 期。

④ 参见 Migdal，Joel S.，*Strong Societies and Weak States：State-Society Relations and State Capabilities in the Third World*，Princeton，New Jersey：Princeton University Press，1988.

⑤ 何艳玲：《“社区”在哪里：城市社区建设走向的规范分析》，《华中师范大学学报》（人文社会科学版）2007 年第 5 期。

不是此消彼长、完全对抗的关系，而有可能是共生共长、相互融合的[①]；同时，在政治经济生活的不同领域，国家能力往往是不平衡的，不可能拥有平均的干预能力[②]，国家与社会的强弱关系也会随之产生变化——这种变化过程背后的逻辑正是本书试图揭示的。那么，被“国家代理人”视角所忽略的城市社区组织的多重角色，是如何在国家与社会关系的动态谱系中呈现的？我们应该用何种视角去审视社区行动者（包括社区组织及其成员）的地位——是“结构主义”[③] 的社会观（即社会主体在既定的结构功能框架下被动地接受其角色并发挥应有的作用），还是“建构主义”[④] 的解读（无论外部约束如何紧缚，社区组织依然会在制度和结构的罅隙中觅得行动的空间，建构实践中的行动规范）？

从行动逻辑来看，由于社区组织“既是行政性的也是社会性的”“既是代理人又是代言人”[⑤]，因此这种双重身份使其遵循着两种看似矛盾、实际却并行不悖的实践逻辑，即“行政合法性”逻辑与“社会合法性”逻辑。[⑥] 然而，此类观点未能论及“合理选择”的实现过程及其背后的结构性影响因素。换句话说，社区组织在哪些条件下会依循“行政合法性”逻辑？又在何时会践行“社会合法性”逻辑？另有研究通过引入社区组织在行动时所面对的其他主体和整体背景，试图补全行动逻辑背后的结构，比如构建政府、社区、居民三者间互动的解释框架，认为社区组织的“选择性应付”行为主要有两点原因：一是街道办事处的“默认”和“容忍”；二是辖区居民“听之任之”的冷漠态度。[⑦] “政府—社区组织—居民”三元分析框架有助于解读基层运作的规范，却无法解释街道办事处及上级政府部门对居委会的频繁检查、细密考核与日常监督，也忽略了辖区居民多样化的参与和诉求。那么，我们前文提出的问题——社区组织的行动选择和运作策略是如何动态生成的？国家、居民、社区组织三者之间的合作共

---

① 朱健刚：《城市街区的权力变迁：强国家与强社会模式——对一个街区权力结构的分析》，《战略与管理》1997 年第 4 期。

② Evans, et al. eds., *Bringing the State Back in*, New York: Cambridge University Press, 1985, p. 351.

③ 周怡：《社会结构：由“形构”到“解构”——结构功能主义、结构主义和后结构主义理论之走向》，《社会学研究》2000 年第 3 期。

④ 郑震：《西方建构主义社会学的基本脉络与问题》，《社会学研究》2014 年第 5 期。

⑤ 何金晖：《中国城市社区权力结构研究》，华中师范大学出版社 2010 年版，第 94 页。

⑥ 陈立周：《城市基层社区组织的实践逻辑——以西南 k 市古井社区居委会为例的分析》，《学习与实践》2009 年第 8 期。

⑦ 杨爱平、余雁鸿：《选择性应付：社区居委会行动逻辑的组织分析——以 G 市 L 社区为例》，《社会学研究》2012 年第 4 期。

治最终如何实现？在制度约束和群众土壤的既有背景下，包括社区居委会和党委以及近十年来产生的社区工作站（服务站）[①]等城市基层社区组织的运作是以何种方式进行的？其中孕育着怎样的实践逻辑和内部规范？应该如何回应？

为了回答这一系列问题，本书认为，对于社区治理、社区组织运作实践的研究，将"行动者选择"作为研究的视角是一种很有意义的尝试。也就是说，要将行动者在实践中的操作置于日常生活的不确定性、实际情境的可变性与多样性以及行动者改变制度一般形式的自主性与创造性当中加以讨论。对于城市基层社区中如此复杂而充满流动性的情态，诺贝特·埃利亚斯所提出的"figuration"的概念显现出特别的解释力。他在《宫廷社会》这部著作中描绘了每个人具有意图和策略的言行，个体之间相互联系、相互依赖的种种关系，以及由此形成的社会交往网络的面貌姿态。[②]为了说明这种人际关系的状况，他使用"figuration"来代替传统意义上的"society"。有学者使用"组构""形构"，或者"社会圈"[③]来指代"figuration"这一概念，我们认为，这个词可以更简洁而含义丰富地译为"势"——不同于一般意义上的"情境"和结构，"势"既反映了静态的形势，即个体间、组织间、国家与社会之间的相互依赖关系和彼此力量对比；又体现了动态的走势，即随着时间的推移，相互联结的个体的企图、行动和互动，推动了权力关系和社会结构的发展变迁。考察行动者在"势"之中的行动，一方面可以展示其所面对的"势"的复杂性和流动性（既包括自上而下的国家意志与制度约束，也涉及自下而上的居民分化与实际诉求）；另一方面强调行动者在结构限制之下所呈现的理性判断力、认知能力和主动选择的能力（而非机械、被动地服膺于结构压制和功能指派，成为简单意义上的"代理人"或执行机构）。

对基层行动者而言，"分歧与协议"研究路径认为，即便在最封闭的结构限制之下，人的主动选择的天性都不曾泯灭，而这正是社会变迁的内在动力所在。所以，在完全相同的结构限制中，不同的行动主体都具有选择空间；而在对某一行动主体的选择做出回应时，其他行动主体也有选择

---

① 关于社区党组织、居委会、服务站、社区社会组织等主体基本情况的调研发现，参见谭日辉《北京社区治理机制研究》，中国社会科学出版社 2018 年版。

② 参见 Elias, N., *The Court Society*, New York: Pantheon Books Press, 1983.

③ 参见〔德〕诺贝特·埃利亚斯《什么是社会学》，郑义恺译，群学出版社 2007 年版，"导读""译序"；王明珂《许多个人如何构成社会——我对埃利亚斯与布迪厄的阅读》，《南方周末》2011 年 5 月 12 日第 E26 版。

空间。在对结构限制与主体反应这对范畴的研究中，必要的关注点无疑将投放到主体的能动反应之上；将受限制的主体能动反应研究清楚了，结构限制也就包含其中了。[①] 因此，重视人的主动行为、充满敬意地留意社会行动者在结构限制下的主动选择行为，以及尊重社会行动者本身，是本书对社区组织进行分析时的一项基本原则。

第四节 本书结构和章节安排

本书的第一章介绍研究意义、过往研究视角和本书的分析思路；第二章介绍田野过程和研究方法。在这两部分之后，本书的结构可以分为“传承与沿袭”“变革与调整”“实践与操作”三个主要部分。

在“传承与沿袭”部分（也就是本书第三章），我们从历史维度上梳理了国家治理与城市社区的关系演进，概括了中国城市社区治理的本土经验；回溯了在街居制诞生之后50年左右的时间里，国家治理通过居委会进入基层社会的沿革进程，以及在此过程中，居委会的角色所发生的变迁。特别是20世纪90年代中国城市中产生的各类社会问题和社会发展的实际需要，对居委会的人员构成、工作模式和服务职能提出了更高的要求。在此背景下产生的居委会“民选街聘”，不仅改变了居委会的组成、面貌和角色，也带来了国家治理和社区治理的法理性矛盾、职能性问题和结构性缺陷，进而催生了新的改革需求。

在“变革与调整”部分，我们重点考察国家政策如何通过制度变革和人员调整进入社区，又如何在改革操作中呈现出不同的样貌。此部分的第四章和第五章将以一项改革措施（“议行分设”）的推行作为出发点，通过展示改革出台与执行、换届选举、人员更替、群体重组的过程，来分析一项制度形成的背后涉及怎样复杂的情境、牵扯到哪些行动主体及其互动关系，并如何达致最终的平衡和妥协。其中的重点问题在于，改革本身所承载的国家意志是怎样通过政策和规章呈现出来的？最初的规范和原则在改革具体执行的过程中受到各级政府与基层社区怎样的引申、扭曲和妥协，又发生了何种转向和调整？最终产生了怎样的结果？

在“实践与操作”部分，本书将关注点放在社区组织的日常工作之

① 伊莎白、麦港：《分歧与协议：分析社会规范变迁的一种研究路径》，载清华大学社会学系主编《清华社会学评论》（特辑①），鹭江出版社2000年版，第110—132页。

上，讨论作为具体行动者的“国家”和作为制度架构的“国家”如何分别影响社区治理的实践开展。这一部分的第六章通过详细展现社区组织在日常工作、迎接检查、民主选举、户籍管理、服务提供等方面所面临的考核情境，具体展现以街道办事处为代表的政府部门对城市基层社会进行“数字化治理”的模式。同时，在互动关系的另一端，社区党委、居委会、工作站并不是消极怠工或被动接受，自上而下的治理模式与自下而上的居民诉求，促使他们调整了工作方式和应对策略，形成了城市社区中新的组织规范和行动逻辑。

第七章把“数字考核”和“一票否决”的双重指标同时放到社区纠纷调解工作的背景下进行考量，展示了贯穿各级政府部门并最终到达社区组织的双重指标考核，如何造就了具有差异性的具体情境和现实约束，进而对社区调解工作提出了两种不同的要求。结合调解案例，我们可以看到调解者在处理以数字化方式考核的一般纠纷时所采取的策略、在应对以“一票否决”方式考核的重点纠纷时所践行的规范，二者之间存在着明显的差异。从而展现出“国家”如何以提供体制背景的方式影响社会行动者的行为、群体目标及其实现手段，使社区工作的重心与国家治理的目标保持同方向发展。

第八章通过对若干案例和事件的分析，展示了在国家和政府提供的制度背景的影响下，社区组织和个体行动者的行动策略。由评比、奖惩所共同构成的竞争体制，将政府部门的政绩压力传导至社区层面，并转化为各社区之间横向竞赛的情境，进而形塑基层组织的工作氛围和内部文化。同时关注在社区内部所谓的“领导”之间、上下级之间、普通成员之间、正式成员与边缘群体之间的相互关系，如何受到晋升机制、身份定位、空间格局等因素的共同影响，如何呈现制度空间内的行动者选择。

最后，在第九章“总结与讨论”部分，我们将全书内容概括为对三个问题的回答，即城市社区组织的角色和功能如何确保国家治理在基层的有效性与合法性；治理体系中的国家角色、形态及其与基层的互动关系有着怎样的复杂表现；在制度约束和群众土壤的双重背景下，社区组织会做出怎样的“行动者选择”。在此基础上，本书进一步思考了社会结构的制约性与主体行动的自主性之间的关系，以及未来开展城市社区研究时一些值得探索的路径。

第二章　田野过程与研究方法

本书所涉及的田野调查主要发生在北京市古城区阜财街街道民丰园社区。[①] 民丰园是阜财街地区较大的社区之一，地处古城区某商业区西北侧，方圆为 0.25 平方公里，由原来的三个居委会（五方庙、吉祥街、丰泽）在 2000 年合并而成。[②] 2010 年普查数据显示，民丰园社区有户籍居民 2480 户、6911 人，其中常住户有 1795 户，计 5147 人。该社区管理着丰泽、小街、前街、后街、槐树巷、吉祥街、五方庙 7 条胡同；分为楼房和平房两部分，共有 19 栋居民楼、96 个居民院（社区位置、楼房与平房的分布情况在图 2-1 中有详细呈现）。社区内多为城市居民，且以回迁户为主。[③] 辖区内有大小单位 12 家[④]，私人经营门店 30 多家。

第一节　进入田野与建立关系

2005 年 6 月，我在硕士学习第一年结束后的暑假，在导师王汉生教授的支持和尚丹师姐[⑤]的介绍下，接触到民丰园社区居委会。虽然我本人在

---

① 本书中所涉及区、街道、社区、大街、胡同、单位名称及所有人名，均经过匿名化处理，历史资料除外。

② 关于北京市居委会合并与社区规模扩大的情况，在第三章中会有详细的介绍。

③ 2000 年以来，北京在城市危旧房改造工作中实行“房改带危改”的政策。在这种政策的引导下，拆迁居民主要不是外迁和异地安置，而是大多选择回迁。于是，在旧城区出现了一批新型的回迁社区，这些社区仍然占据原有的城市区位，原住居民构成社区主体，社区传统、社区工作的群众基础、组织基础都得以保留。民丰园社区就是一个典型的回迁社区，约 70%的居民都是回迁户。

④ 关于社区内单位与居委会等社区组织、与居民的关系，本书第七章会有详细的案例介绍。

⑤ 尚丹师姐比我早一年（2003）进入硕士阶段学习。2004 年夏天，她经古城区妇联介绍，进入民丰园社区居委会实习，与那里的工作人员建立了较好的关系，并收集了一定数量的电子档案材料。时至 2005 年夏天，尚丹师姐的硕士学业进入最后一年，我“接班”进入民丰园社区，一是为了寻找一个搜集资料、完成研究的机会；二是为了维系与该社区的良好的合作关系，以将其作为北京大学社会学系长期的实习单位与研究基地。

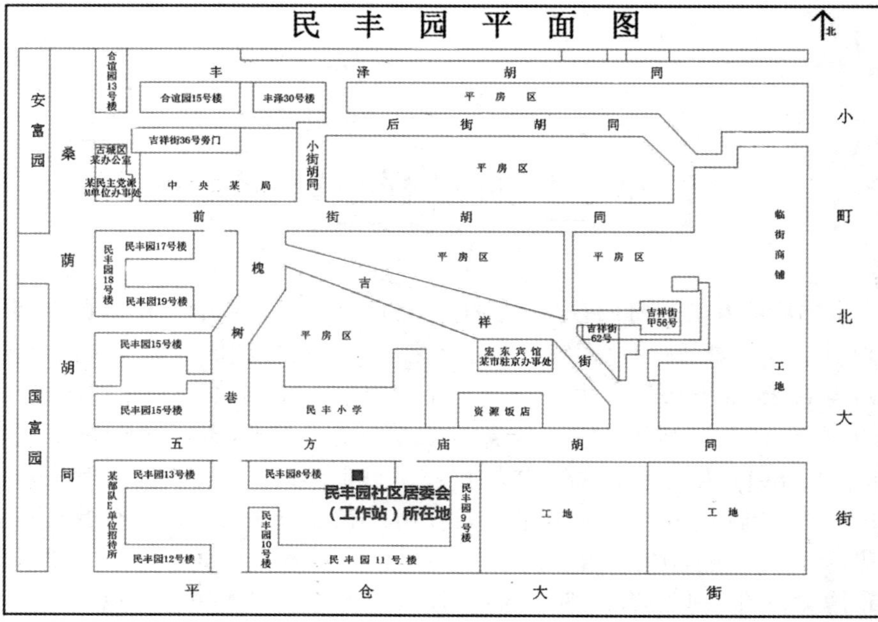

图 2-1 民丰园社区

城市居住，但一直在家庭和学校的“两点一线”中生活，与社区居委会的接触与对其的了解几乎为零，所以虽说顶着“社会调查”的名义进入居委会，但事实上并不确切地知道自己究竟要调查什么。回过头来想，这种懵懂的状态恰恰与现象学方法中的“悬置”① 要求相吻合，在不自觉中摒弃了所有前在的价值判断、理论框架、前提假设，甚至是研究方向，做到了完全“尊重行动者的理性判断和认知能力”②，避免用先验的假设去牵强地解释当事人的实际想法，而是注意其自身“意向性”表达和所使用的话语体系，听从行动者本人在行动过程中（或事后）的定位和解释③；不会用既有的观点去曲解所观察到的现象，也不会急于将掌握的信息替代或归结为社会科学的语言，而是不经加工地、搜罗第一手田野材料，对研究中所

① 参见〔法〕莫里斯·梅洛—庞蒂《知觉现象学》，姜志辉译，商务印书馆 2005 年版。

② Claverie, É., “Apparition de la Vierge et ‘retour’ des disparus. La constitution d'une identité nationale à Medjugorje (Bosnie-Herzégovine),” *Terrain*, 2002 (38), pp. 41-54.

③ Schutz, A., “Equality and the Meaning Structure of the Social World,” Brodesen, A., ed., *Collected Papers II: Studies in Social Theory*, Dordrecht: Springer Netherlands, 1976, pp. 226-273.

涉及的事件、过程、行动者进行考察。这就决定了本研究从一开始就像是将民族志的研究方法移植到了城市社区的环境当中，全面而无过滤地留意各种现象、搜集各类资料，通过描述事件、过程的脉络，呈现行动者的自我表达，借以发现其内在的逻辑和特征，即“行动者网络理论”（ANT）中的描述性解释的方法①，并在浩瀚而复杂的材料中逐渐提炼和汇聚分析的思路与最终的观点。

与所有使用民族志方法的研究者相同，我在进入田野之初也面临着与研究对象建立关系、获得观察权和提问权的问题，特别是在尚丹师姐已经在民丰园社区积累了一定数量的、静态的电子档案材料的情况下，如何了解更多鲜活的、动态的信息就成为最迫切的任务。当时几乎所有的居委会工作人员都不能够熟练地应用计算机处理文档、撰写信息、编制表格、上报材料，所以我们在民丰园社区实习初期，活动范围经常被限制在一个狭小的、与其他人工作空间近乎隔绝的打字间里，完成一些被指派的电脑屏幕前的工作——这就是我面对的第一个问题：如何摆脱这个打字间的空间束缚？不仅要接触更多人的电脑中的文件②，而且要了解居委会书记、主任、后来的工作站站长以及普通社区工作人员的工作方式和日常状态。第二个问题在于，在居委会所有人眼中，我们只是并不了解社会、希望认识社区并参与其中的实习学生，这就导致了我与研究对象之间存在着严重的地位不对等。在访谈中的具体表现就是被访者经常使用给学生上课的姿态向我们介绍情况，或者用应对记者采访的口吻来标榜自己的奉献精神和工作成绩。这一点当然无可厚非，在没有建立起更加熟悉的关系的情况下无法奢求一种自然状态的表述，更多的只是行动者在舞台前台（front stage）的展示③；而且在我试图了解社区基本情况、制度架构、人员构成、分工安排的初始阶段，这种较为生硬的介绍和展示也是有意义的。但是问题在于，随着调查的不断深入，我与社区居委会成员之间应该如何建立起更加对等且较为密切的访谈关系甚至共生关系，从而了解社区日常运作的实际过程，以及在此过程中形

---

① 参见 Latour，B.，*Reassembling the Social：An Introduction to Actor-Network-Theory*，New York：Oxford University Press，2006.

② 2004 年之后，阜财街街道各社区居委会开始有了越来越多的电脑，这其中一部分是由街道统一购买配置的，另一部分来自于街道各部门淘汰下来的旧电脑。到 2010 年底，社区工作站可使用的台式机、笔记本电脑共有 15 台，基本上每人都有了自己专用的电脑。

③ 参见〔美〕欧文·戈夫曼《日常生活中的自我呈现》，黄爱华、冯钢译，浙江人民出版社 1989 年版。

成的国家治理模式呢？

首先，民丰园社区与北京大学社会学系之间的共建关系，拉平（甚或扭转）了二者之间的诉求关系：从学生的个体行为发展到单位之间的制度化联系；从一厢情愿的调查研究发展到互惠互利的协作；而鉴于北京大学师生在知识、文化、信息、技术、人力等方面的资源，以及一定的物质投入，作为被调查者的社区，在双方的关系中反倒变成了较为殷勤和主动的一方。这最初要感谢我的导师王汉生教授向民丰园社区捐赠了一台复印机和一台扫描仪，让当时的居委会主任马文惠和党委书记梁文燕都非常感激，也让她们意识到，与北京大学社会学系的合作是民丰园打造社区特色、实现工作业绩的一种重要资源。于是，她们非常积极地通过举行仪式、签订共建协议①并赠送锦旗的方式将双方的合作关系正式化、制度化、长期化。一方面，这种由仪式化所带来的“情境”② 对捐赠方形成了一定的约束——隆重、正式且充分强调各个细节（摄像、红花、横幅、锦旗、感谢信、现场盖章、互换协议）的签约仪式③，将提供物资资源和技术资源的北京大学社会学系推上一个有责任对共建关系做出贡献的角色位置，否则就似乎在情理上说不通、在面子上过不去。另一方面，居委会煞费苦心的安排也充分体现了其对学校资源的重视和需求，我们作为调查者不再是单方面的询问和索取，而是“有用的”，在为研究对象提供必要帮助的基础上，可以换取信任、拉近关系、获得材料，甚至是接受对方主动的讲述和倾诉。

其次，共建协议的签约仪式不仅仅拉近了北京大学社会学系与民丰园居委会的关系，同时也让我们与阜财街街道办事处建立了联系。在签订协议的仪式上，时任街道党工委书记刘世石的到场既给民丰园社区提供了展示工作成绩的机会，又为我在街道层面展开调查铺平了道路。在很多时候，并不需要我向街道提出了解情况的请求，街道领导就会主动与我联络，希望有机会向北京大学社会学系的老师们介绍工作中存在的一些问题和困惑，征求老师们对街道发展特别是对当时正在探索和推行的“议行分设”改革的意见和建议。2005 年 11 月 28 日，街道工委书记

① 详见附录 1：北京大学社会学系与民丰园社区居委会共建协议，以及附录 2：北京大学社会学系与民丰园社区居委会签约仪式议程。

② 孙立平、郭于华：《“软硬兼施”：正式权力非正式运作的过程分析——华北 B 镇定购粮收购的个案研究》，载王汉生、杨善华主编《农村基层政权运行与村民自治》，中国社会科学出版社 2001 年版，第 27—57 页。

③ 有关商定签约仪式细节的讨论，参见附录 3 中 2005 年 7 月 1 日的访谈记录。

刘世石、副主任常春桥曾到北京大学，向社会学系的王思斌、王汉生、程为敏等几位老师请教社区改革的思路；2005 年 12 月 15 日，王汉生老师也曾受邀参加街道办事处召开的各社区负责人座谈会，了解社区改革的情况与问题。这几次会议的记录都为本书分析社区改革提供了丰富且鲜活的素材。

另外，共建关系的确立让我获得了与被访者较为对等的调查者身份，而不再是至少不仅仅是帮他们完成简单打字工作的实习生；我的活动空间不再局限于狭小的打字间，而是可以自由地在居委会办公场所的各个区域之间游移，任意选择主任、书记或是其他工作人员作为研究对象，观察他们的工作、旁听他们的对话、参与他们的会议、帮助他们工作、整理社区的电脑文件和纸质文件，与他们的谈话也有了更多主动发问的机会。正是以这种“无知者无畏”的研究者和旁观者的身份进行开放式的访谈，我可以无所顾忌并无方向性地提出任何我不了解且感兴趣的问题，索要我想要保存下来的材料，并最终收集了该居委会 2007 年 8 月之前的全部电子档案，同时整理了十余万字的访谈记录。

最后，或许是这一阶段最重要的收获，是与社区中很多人建立起的私人友谊，这在很大程度上得益于他们对我的信任，以及我为他们提供的私下帮助。比如，先后为居委会主任马文惠的儿子联系了五名在校大学生作为家庭教师；又如替社区党委书记梁文燕等人在中关村修电脑、换 MP3、购买电子产品等；更普遍的情况是，社区中众多中老年人比较关心的子女培养问题、专业选择问题、考研问题，都经常向我咨询。在这些时候，北京大学研究生的身份还真的能够起到一些作用，帮助我和那些生活在不同环境中的人们找到共同话题，从而拉近距离（在近二十年后的今天，我在一些培训或调研中与这些老朋友重逢时，还能清楚地记得谁家孩子是学计算机的，谁家孩子是篮球特长生……这些都是当年长时间在那个环境中“浸泡”的结果）。久而久之，社区中的人与我聊的话题逐渐从教育问题扩展并覆盖了越来越多的领域，由于我的外来者身份，他们觉得把一些事情说给我听，不会有被泄露的风险，于是，从工作到生活，从喜悦到抱怨，从自身处境到人际关系，从社区里的重要事件到绯闻趣事，从对他人的客观评价到带有感情色彩的人身攻击……各种声音都源源不断地涌入我的耳朵里。这种状态直到今天仍没有结束，正如我与其中很多人不曾中断的友谊一样。

第二节 亲身体验与内部理解

虽然私人关系没有中断，但我的田野调查经历却出现过一段时间的停摆：在2007年至2009年两次赴巴黎学习期间，我不得不暂时告别民丰园社区居委会和工作站[①]的朋友们。在法国学习的时间里，通过与导师Isabelle Thireau教授和麦港老师的讨论和交流、对法国学者相关研究的阅读和翻译，以及对既有资料的梳理和分析，我意识到此前所获得的信息仍然停留在局外人的“外部理解”[②]上；而要获得一个群体关于其自身的了解和判断，就不仅要在物理意义上进入调查的田野，而且要真的深入、融入研究对象的生活中，用局内人或当地人的视角，形成对研究对象日常生活和具体情境的参与观察和内部理解。若要达到这个目的，除了与研究对象一起周期性地工作、生活之外，别无他法。

于是，在2008年11月回到北京之后，我改变了2007年以前不定期到社区进行观察和访谈的调查方式，而是按照与其他工作人员完全一致的工作时间和要求，几乎“全职”且无偿地在民丰园社区工作，亲身参与了该社区从2008年11月至2009年4月这半年时间内，从日常运行、迎接检查到换届选举（包括党委、居委会）、工作站人员聘任等各项工作，可以说是较为完整地体验了一个周期的社区工作。这一阶段的调查采用参与观察法、深度访谈的方法，坚持每天做田野笔记，记录当天该社区工作状态及我的想法与发现，对文本材料的分析也有了访谈记录和观察经验作为对比；同时，继续有选择性地搜集档案文本材料，并下载和整理了民丰园社区工作站同阜财街街道各部门之间自2008年11月10日至2009年7月25日的往来邮件。

这期间的最大障碍来自于我在民丰园社区中的立场，其间涉及非常复杂的人际关系问题。当时，社区中的主要领导有三人：党委书记马文惠、居委会主任于慧真、工作站站长毕妍，名义上这三人是团结和谐的“民丰

---

① 2006年出现的民丰园社区工作站，基本上全盘接收了原来居委会的人员。具体改革的过程，以及相应的人员变更情况，在第四章和第五章中有详细的介绍和讨论。

② Cottereau, A., “Dénis de Justice, Dénis de Réalité: Remarques sur la Réalité Sociale et sa Dénégation,” *l'Expérience du Déni* : *Bernard Mottez et le monde des sourds en débats*, Paris: Éditions de la Maison des sciences de l'homme, 2000, pp. 159–178.

园三姐妹"[①]，实际上她们之间特别是马文惠和于慧真之间的关系一直比较微妙，相互之间的竞争从 2006 年换届伊始，一直持续到 2009 年初各自离开民丰园的工作岗位[②]，甚至隐隐形成了各自的派系。[③] 两派之间对我的立场定位所形成的负面影响在相当长的一段时间里持续存在着[④]，但靠着不偏不倚的立场，我比较稳妥地处理了与书记、主任和站长之间的关系——于慧真在离开民丰园的时候略带深意地给我发了一条短信，大致的意思是感谢我在工作中的"正直、善良"，亦即我没有因为私人关系的亲疏远近而偏向哪一边；而马文惠至今仍然把我视作她可靠的朋友。通过对各方面关系的维系，我可以在一定程度上确保所获得的关于社区工作的事实不是单一面向的，而是很多人不同看法和不同观点的集合[⑤]，尽可能通过"多方言说"的方式来还原事件的来龙去脉，全面了解社区日常工作的运行。

在与其他人员的接触中，我也尽量与每个人都建立起密切融洽的关系。在完成工作任务的时候，我与那些年纪较大的工作站成员如郑志鹏、刘金芸等合作更多，因为他们对电脑的使用和操作不太灵光，更需要我的

---

① 语出时任民丰园社区居委会副主任吴志华的文章《我为三姐妹鼓掌》，2006 年 9 月 29 日。

② 2009 年，马文惠被调到街道党工委下设的"两新组织"党建办公室（简称"两新办"）工作，于慧真则赴永泰社区担任党委书记兼居委会主任。有关两人所代表的社区党委和居委会之间在某种程度上的"竞争"，本书第八章会做详细介绍。

③ 2006 年之前在居委会的工作人员更倾向于马文惠，这部分人资格较老且熟悉社区情况；而 2006 年之后到来的新人则与于慧真走得更近，这部分人虽然资历尚浅，但熟悉电脑、能写会算。由于我从 2005 年来到民丰园之初就认识了马文惠，而与于慧真和毕妍相识较晚，所以我 2008 年到社区进行全职工作的事情是通过与马文惠协商、敲定，并向其他工作人员宣布的，这就给包括于慧真和毕妍在内的所有人一个心理上的暗示：我会自然而然地站在偏向马文惠的那一支队伍里；而马文惠本人也确实存在这样的心理，希望借我的出现打压对手的气焰，甚至私下里跟我说过：你看那谁谁（工作站成员，大学毕业后在民丰园社区负责社会治安综合治理等工作）总觉得自己是本科毕业的大学生，特别了不起，在我们这儿总扬着头，可神气了；你看你来了之后，他没那么骄傲了吧！他那一破学校，有什么呀?!（类似的表述因内容比较敏感，无法在田野笔记本上记录，此处系后来根据回忆对大意进行的整理；本书中其他未明确标注时间的访谈内容，均属于此种情况，此后不再赘述。）

④ 比如马文惠想为我申请一笔工作期间的午餐补贴，而于慧真和毕妍都不支持，当然，这也恰恰给我一个澄清态度的机会——我表示既然其他人没有补贴，也没必要单独为我申请，我会跟其他工作人员完全一样地解决吃饭问题。又比如经常发生的情况是，如果帮助于慧真做一些居委会责任范围内的工作，马文惠会有意无意地同时征召我、安排我给她党委的工作帮忙，那么，我的应对办法就是"做自己""做事情"，不问派系、不选立场：不管谁安排的活儿，我都会善始善终地完成，不会因为中途有其他任务的指派而使手中的事情半途而废，更不会因为无中生有的"派系"问题而改变自己对待他人的态度。

⑤ Schutz, A., "Equality and the Meaning Structure of the Social World," Brodesen, A., ed., *Collected Papers II: Studies in Social Theory*, Dordrecht: Springer Netherlands, 1976, pp. 226-273.

帮助；而在工作之余，我跟年龄接近的工作站成员或者“协管员”[①] 如吴洪天、魏文、楚晨等聊得更多，特别是中午在工作站跟我一起吃饭、偶尔还一起上网玩小游戏的吴洪天，常常在私底下跟我聊聊对工作的态度、对其他人的意见。在与不同类型、不同年龄、不同特点的行动者一起工作、一起走访、一起吃饭、一起游戏、一起聊天的过程中，我可以了解他们在自然的生活状态下所做出的选择，在没有扭曲他们的真实观点的情况下观察他们对待同事、对待居民的言行；同时，我与其中一些人成为无话不谈的朋友，以至于往往不需要我发问，他们就会主动向我讲述自己的经历，表达对领导的不满、对工作的无奈、对内部复杂关系的看法。特别是针对一些产生分歧和达成协议的过程，只有分析当事各方的背景及利益取向，在他们对同一事件的不同理解和说辞中，抓住他们对各自的客观行动及主观行动的描述、解释，才能将事件的完整过程展示清楚，因果关系才有可能被不失真地分析出来。[②] ——从这个意义上讲，我在社区中所获得的内部理解，才有可能接近于全面的、真实的理解，才可以掌握很多用其他调查方式无法看到的事实和逻辑。

这一阶段的田野调查还有其他难以克服的困难：我不再是初到社区时无知无畏、丝毫不掩饰研究目的、可以针对任何现象发问的外来者。时至2009年，作为一个自认为被其他很多人所接受的局内人，如果开口问某些特别基本的问题或略显敏感的问题，就会把自己置身于他们这个群体之外的局外人的地位，之前努力维系的关系也将瞬间疏远。于是，虽然较之从前，我所提出的每一个问题都更有可能获得真实、可靠、负责的答案，但我要特别留意对于提问内容和方式的选择，以免破坏已形成的内部理解。

在调查中把自己变成群体中一员的做法固然有它的好处：在一段时间内，我对社区中某些工作的熟悉程度甚至超过了该群体中本来的成员，时不时地需要帮助他们回忆和解答一些诸如人员构成、制度安排、文件存放之类的问题。然而，过于浸入其中的内部理解也会衍生出一种巨大的风险：由于跟研究对象建立了朋友关系，甚至熟悉到自己都成为研究对象中的一部分，我对所研究的群体及其行为明显缺乏批判性和反思性，很难质疑社区党委、居委会和工作站的日常运作中所存在的一些做法，而是理所当然地把实践中操作着的行为方式看作特定条件下非常合理的自然选择。

---

① 关于协管员的身份定位和相关待遇，详见第八章中的介绍。

② 伊莎白、麦港：《分歧与协议：分析社会规范变迁的一种研究路径》，载清华大学社会学系主编《清华社会学评论》（特辑①），鹭江出版社 2000 年版，第 110—132 页。

这时，我逐渐意识到自己需要跳出个案的樊篱，补充一些民丰园以外社区的材料；或者换个角度，了解一些居民对社区组织的看法。

第三节　材料补充与个案扩展

正当扩充材料的需求越来越清晰的时候，一个很偶然的机会出现了：2009年夏天，我受阜财街街道社区工作办公室委托，承担了编写该街道下属几个社区的社区志的工作。于是，2009年6—8月，经社区办介绍，我在该街道永泰、永平和国富园三个社区进行了调查，在获得这三个社区的大量历史素材、发展沿革、档案资料的同时，也对部分工作人员和众多社区居民进行了访谈。由于这三个社区情况各异——永泰社区属于楼房和平房结合的混合型社区，永平社区是以胡同与平房院为主的老式社区，国富园则是以商品房和单位宿舍楼为主的新型社区，因此，对这三个社区情况的了解，在相当程度上丰富了我对不同类型社区内部情况和工作方式的把握，形成了对民丰园材料的重要补充，也增加了本书结论推广的可能性。同时，在2009年编写三部社区志的过程中，我详细查阅了北京市城市社区居委会发展和沿革的历史过程，这些都成为分析当下社区居委会运作模式和国家治理体系形成的重要历史背景。另外，除了在调查地点进行访谈、直接观察和搜集档案文件资料之外，本书还利用了已有的很多二手文献资料，不仅有相关的法律法规和政府文件，也有相近领域内以往研究成果中所使用的素材。

实地研究方法的一个重要特点在于资料收集过程与分析研究过程的同步性，这就意味着分析过程不止，资料收集不息。正因为如此，从理论上讲，我对民丰园社区实地资料的补充获取一直都没有完结；而实际上，我与该社区（包括社区中的一些工作人员）之间由于长期的彼此帮助而形成了相互需要的关系：我会因为在梳理资料的时候发现缺少了某个领域的信息而去民丰园查找，或者打个电话请他们发邮件给我；反过来，虽然马文惠和于慧真等人陆续离开了民丰园，但其他社区领导和工作人员在需要外援的时候还是会主动跟我联系，比如找我帮忙写征文、联系学生替他们出海报、写材料、出节目，等等。2010年10—12月全国第六次人口普查期间，民丰园社区由于人手不够，邀请我与几位师弟师妹一起作为普查员参加该普查区的工作，这让我一方面了解到举国动员的普查工作在社区层面的具体执行情况；另一方面也有机会入户对一部分民丰园社区的居民进行访谈，从不同的侧面获得或印证本书所使用的材料。

在社区党委、居委会、工作站（后来的服务站）层面，除了继续关注原有田野调查地点和“老朋友们”外，我还尽可能地借助北京市民政系统的社区干部培训班等授课平台或项目平台扩大交流范围，在课程讲授、项目开展、实地走访等各类活动中，收集街居制度的新提法和新举措、社区治理的新局面和新问题、工作人员的新待遇和新处境等资料。同时，研究的深入和扩展也带来了更多的观察机遇，比如对古城区以外的北京社区进行“口述史”[①]的访问和资料收集，对上海、深圳等城市的传统社区和商品房物业小区进行观察与对比，也包括对单位家属院等其他社区类型进行了解和对照，等等，虽然这些资料并未在本书中予以具体呈现，但对于完善原有的讨论和观点，无疑是具有巨大的促进作用的。

由于在田野中长期“浸泡”，加上其他社区资料的扩充、政策文件的扩展和历史背景的延伸，这项研究在方法上具备了某些“扩展个案研究”的特点[②]，即观察者扩展进入参与者的日常生活（从局内人的角度，全面理解社区工作人员的工作与生活）、观察在时间和空间上的扩展（社区治理的其他形态、地区差异与历史沿革）、从微观过程扩展到宏观力量（探寻具体行为和国家治理体系之间的关联），进而探索理论本身扩展的可能性。这当然首先要从分析单位本身的独特逻辑入手思考问题；其次，不仅调查个案本身和收集个案材料，也要将其背后的社会脉络和政策背景纳入考察的范围当中，特别是要注意个案的历史过程和社会后果。[③]通过这样的方法来观察社会变迁与制度背景等宏观因素对日常行为的渗透性和影响力，并解读微观行为对宏观因素的吸纳与回应；既居高临下地看待具体生活，又从具体生活中反观宏观因素的变迁——从而跳出了个案研究的局限，促进宏观视角与微观层面的结合。[④]换言之，我们试图找到每个社区中的个体行动者、社区组织、个体与组织的每种行为所无法超越、不得不在其制约之下活动的“穹顶”，并勾勒出行动者与“穹顶”之间普遍存在又隐而不显的联结纽带。在扩展个案研究中，重大事件、社会情境、结构

---

① 刘亚秋：《口述史作为社区研究的方法》，《学术月刊》2021 年第 11 期。

② ［美］迈可·布若威：《制造甘愿——垄断资本主义劳动过程的历史变迁》，林宗弘等译，群学出版有限公司 2005 年版，第 76 页。

③ 朱晓阳：《“延伸个案”与一个农民社区的变迁》，载张曙光、邓正来主编《中国社会科学评论》（第 2 卷），法律出版社 2004 年版，第 27—54 页。

④ 卢晖临、李雪：《如何走出个案——从个案研究到扩展个案研究》，《中国社会科学》2007 年第 1 期。

变迁、文化背景都成为可资参考的背景性因素，这些无疑都有勾连宏观与微观、形成普遍化知识的作用。正是通过这样的方法，这项研究不仅仅停留在“社区居委会及其运作”的特殊化讨论之上，也是对国家治理体系在基层运作逻辑的一般性研究，这种逻辑是可以从理论上予以概括和提升，并具有可推广的代表性的。

近年来，我对“国家治理视角下的城市社区”这一主题的资料收集和研究思考仍然持续进行着：我首先意识到的问题是，在社区中观看到的很多实践性问题，甚至是社区工作者对“上头”的抱怨，其根源到底在不在街道办事处层面？于是，我对本书中提到的北京市古城区所辖的 13 个街道（因进入可能性等原因，并非古城区的全部街道）进行了走访，结合一项具体工作（社会救助工作）的开展，重点考察街道办事处与社区之间的工作关系和问题成因。这既对本书关于街道办事处及其与社区关系的分析有所助益，也将成为我未来研究基层政府行为及治理问题成因的重要依据。①

此外引起我注意的是近年来日益活跃的居民团体（或社区社会组织②）、外部的社会组织与服务机构。③ 原有的“街道—居委会”治理格局所存在的行政化、僵硬化的问题会不会随着新生力量的进入而得到解决？这些承接政府购买服务项目的民办非企业单位（“民非组织”）、社会企业、公益团体能否成为原有社区组织（以居委会为代表）的有益补充？这些都是令我特别期待甚至略感兴奋的问题。通过组织培训、项目评审、材料整理、座谈交流等形式或场合，我对北京市多家社会组织的自身发展、服务方式、参与社区的程度等现象进行了不同程度的考察，一方面厘清了这些现象与本书主题之间的区别（并不能简单地放在同一问题范畴下进行讨论），另一方面也让我对社会组织的期待有所降温，更加客观地审视其作用、发现其问题。关于社会组织当下的“悬浮”状态和未来的“扎根”作用，我还会另外撰文加以讨论，在此便不赘述了。

---

① 部分阶段性研究成果，参见王迪、梁钰婷《基层政府的现实需求与社会组织的生长空间——一项国家治理现代化视域下的考察》，《新视野》2020 年第 5 期。

② 关于社区社会组织的讨论，参见高红《社区社会组织与城市基层合作治理》，人民出版社 2016 年版；纪莺莺《从“双向嵌入”到“双向赋权”：以 N 市社区社会组织为例——兼论当代中国国家与社会关系的重构》，《浙江学刊》2017 年第 1 期。

③ 关于社会组织的讨论，参见郭道久《“强国家—强社会”：我国社会组织发展的政治分析》，天津人民出版社 2017 年版；王诗宗、宋程成《独立抑或自主：中国社会组织特征问题重思》，《中国社会科学》2013 年第 5 期；黄晓春《当代中国社会组织的制度环境与发展》，《中国社会科学》2015 年第 9 期。

第四节　研究伦理与匿名处理

关于田野调查过程的最后一点说明是关于伦理问题的：我在民丰园社区调查期间，是把日常工作和集体活动中那些七嘴八舌、原汁原味的话语和状态完整地记录下来的；因为一度获得了“局内人”的身份，一些档案文件和相关信息本来就是我所参与的工作内容的一部分（而非研究对象向我提供的）。因此在一定程度上或许并不能够毫无顾忌地说，研究对象是完全知情且自愿进入我的调查资料当中的。不过，好在所有的社区工作人员都知道我作为研究者的身份，清楚我做实习的首要目标是收集研究资料，完全了解我会将他们和他们的故事写进包括博士学位论文在内的研究成果里面；他们中的一些人还表达了对“社区故事”写作的支持态度，蒋丽艳等人不止一次兴奋地对我说：“以后你就把咱们这些事儿都写出来，跟《明朝那些事儿》似的，就叫《居委会那些事儿》！”——虽然本书并不是“社区故事”，跟他们感兴趣与期待的形式有着很大距离，但是客观记录了我所观察到的社区中的各类情况和各种做法。

即便如此，我还是有些担心：这部书稿问世之后，对社区运作中一些并不完全规范的做法的介绍，以及对组织内部人员之间相互关系的呈现，会不会对我的研究对象同时也是我的朋友们造成影响？为此，我对文中涉及的所有地名和人名都做了处理，希望能够把对研究对象的影响降至最小，在最大程度上保证他们的隐私权不被侵犯。虽然在这里不能提到他们的真实姓名，但我必须感谢民丰园社区居委会、工作站的全体人员和社区居民——在民丰园社区调查、访谈和工作的日子里，他们对我的关心和友善让我倍感温暖；没有他们提供的丰富材料、讲述的鲜活经历、呈现出的生动实践，这部书稿绝对不可能写成。还有阜财街街道、永平社区、永泰社区、国富园社区的工作人员，他们与民丰园一起，向我们展示了城市基层社区最鲜活的样貌以及国家治理在社区实现的真实路径。

第三章　社区治理历史沿革与当代转型

虽然“社区”概念是社会学带入中国的舶来品，“社区治理”更是较为晚近的提法，但对城市建筑布局单元、基层社会组织进行布置和安排的“类社区治理”实践，却有着丰富的历史经验可供梳理和借鉴，这在一定程度上得益于中国城市发展和基层组织的稳定形态。

西方城市自罗马帝国衰落后便进入中世纪的发展断裂期，重新崛起后明显表现出专业分工的特征（如手工业和商业中心、贸易港口），大多不再承载政治或军事功能。相比之下，中国古代城市的发展是持续的，正如斯塔夫里阿诺斯所言，有别于“政治上支离破碎的欧洲”，中国“坚如磐石的帝国框架”① 带给城市制度与城市功能以极大的连贯性，即表征着统治秩序的政治和军事中心。相应地，“社区”组织形式及其与国家政权之间的关系也呈现出较强的稳定性。

第一节　历史上的中国“社区”治理

一　“社区”治理与服务国家之间的联系

远在周代，“三里之城、七里之郭”② 的地域范围由王室直接统辖，居民（即“国人”）聚居的社会组织被称为“里”，这可被视作中国古代城市社区的雏形。自周至秦，从“里君”到“里正”，社区层面的治理者均通过自下而上“择其贤民”③ 的方式产生于居民之中，又自上而下地承担着户籍、赋役等行政职能在基层的落实。秦汉之后，里（坊）的设置、职

---

① 〔美〕斯塔夫里阿诺斯：《全球通史》，吴象婴等译，北京大学出版社 2005 年版，第 280 页。

② 语出《孟子·公孙丑下》。

③ 语出《管子·小匡》：“择其贤民，使为里君。”

能、无行政级别的长官安排，均被沿用：汉代的“营邑立城，制里割宅”① 奠定了里坊制的基础，经魏晋隋唐逐渐演变成功能分明、封闭式管理的里坊；宋代的开放式里坊在一定程度上被剥离了作为建筑布局单元的意涵，而多被赋予基层社会治理载体的功能；辽金元时期仍以坊治城，并局部沿用“唐时旧名”，此种格局直至清代依然发挥着加固国家政权与城市居民之间联系的作用。马克斯·韦伯指出，东方城市的显著特点是其与国家的一体化，即“在行政上从属于中央集权”②，而“里坊制”作为一种以地域为基础、以社区为单位的治理结构，无疑将城市社区与国家联结在了一起。正如芒福德的观点，大城市“催眠术般的吸引力”③ 源于它可以成为国家的工具手段。而在中国历史上，这种效用则有赖于独特的东方经验——稳定、连续且服务于国家演进与城市管理的基层组织形态。

从这个意义上讲，自 20 世纪末至今，学界和实践领域不断讨论的社区“去行政化”、避免“行政吸纳社会”等提法固然有其合理之处，但将国家与社区对立起来、一味强调社区自治甚至要求政府事务从社区中撤出并还权于居民的观点，有一定的照搬西方理论与概念之风险，而较少顾及中国城市社区治理的历史发展、传统土壤与居民属性，更未注意到具有中国特色的社区治理始终是在国家制度建设与城市统筹规划的框架下进行的，即社区治理与服务国家之间具有紧密而积极的联系——这一点既有别于西方城市社区的独立与自治，也与传统中国乡村社区的内部肌理和运行逻辑有着显著差异。

二 与“行政密度”相连的“社区”治理力度

谈及中国古代政府职能在基层的延伸，施坚雅曾在《中华帝国晚期的城市》中提到这样一个现象：贯穿帝国时代历史，从汉代到清代，县级区划的数目增加非常有限④，而“全国人口呈波浪形的发展模式，其中包括

---

① 语出《汉书·晁错传》。

② 参见〔德〕马克斯·韦伯《城市：非正当性支配》，阎克文译，江苏凤凰教育出版社 2014 年版。

③ 〔美〕刘易斯·芒福德：《城市发展史——起源、演变和前景》，宋俊岭等译，中国建筑工业出版社 2004 年版，第 546 页。

④ 有几个朝代（如汉唐清等“盛朝”）在重组地方行政时，试图增加县级区划，维持行政密度水平，但种种官僚制度问题迫使产生收缩的结果。对此，施坚雅的解释是，地方行政规模的增长，不但引起衙门的增加，而且要连带引起各级官僚和僚属人员的膨胀，这就会使交通设施的负担达到被压垮的程度，并将带来超过任何农业国能力的协调和管理等问题。而提高农业及商业方面的税收，则会降低农民生活水平、减少缙绅和商人的收入，引起不满。

各种地区节律”，顶峰大致从6000万人增加到了42500万人，平均每县所辖人数倍增，于是从中唐以后直到帝国结束，出现了基层行政职能的范围收缩、地方政府效率下降的情况。[①] 这种“职能缩减”在“县下皆自治”的乡村或许不会带来太严重的问题，但在城市如何维持一定的“行政密度”以达到必要的治理力度呢？

一方面需要看到的是，虽然中国古代城市特别是大城市人口不断增加，但在正式国家基层政权以下的居民聚落组织规模却相对稳定，从春秋时的“一里八十户”，到唐代的“百户为里”，再到明代原则上规定的一百一十户为一里，“里坊”作为基层治理单元所覆盖的户数一直变化不大，也就是说，社区治理半径是在可控范围之内的。另一方面，随着唐代以来城市人口增速加快，基层政权以下的里坊数量不断增加，于是宋代在里坊之上增加了半行政的层级，即“厢”，并“由朝官或大小使臣领厢公事”；至明代，人口已较宋时翻番、城市人口快速增加、商品经济进一步发展，每个里坊所辖户数也逐渐突破了既定的限额，于是进一步将治理单元细化为“铺”，具体做法是“见行城内各坊，随居民多少，分为若干铺，每铺立铺头伙夫三五人”——宋明两代通过增加厢和铺的层次设置，使得治理网格不断被细化，形成多层次有组织的网络来保持城市基层治理中的“行政密度”。对比施坚雅所说的官僚政府职能缩减，我们可以看到的是在类似于社区的居民聚落中治理职能的广泛覆盖，做到“其管内税粮完欠、田宅争辩、词讼曲直、盗贼发生、命案审理，一切皆与有责”，从而有效填补了官僚体系力有不逮之处，保证了各项行政事务、公共事务和社会事务在基层的到位与开展。

中国古代城市社区能够在传达官府政令、管理户口、协助征税、维护治安、调处民间纠纷、反映民情民意等诸多方面运转良好的重要经验，可以部分归结为“缩小治理范围、细化治理网格”。这种经验也在新中国成立后至21世纪到来之前的基层社区工作的成功实践中得到了进一步印证，这种模式也在近二十年来社区规模扩大、居民数量增多的过程中遭遇了前所未有的挑战——其具体过程将在本章的后续部分加以介绍。

通过回顾中国的城市社会治理历史，我们可以充分意识到，将社区治理的实践经验与国家文明的历史变迁结合在一起进行比对和讨论具有非常重要的意义。无论学术研究者还是实践工作者在讨论“社区治理”时，都需要明辨：我们关注的不是在西方文明与思想环境之中孕育生长的社区，

---

① 〔美〕施坚雅主编：《中华帝国晚期的城市》，叶光庭等译，中华书局2000年版，第19—22页。

而是在中国社会传统与民情人心背景之下形成的社区；不是停留在文本概念层面上的或是政令区划意义上的社区，而是由日常工作、人际互动、文化风气汇聚而成的有生活温度的社区；不是瞬时的、割裂的，仅存在于当下的社区，而是有着前世今生、具备过往治理经验及其当代意义的、有着历史厚度的社区；社区治理在国家与居民之间的角色也非一朝一夕形成的，而是有着深厚的历史积淀和特色鲜明的传承路径的。

第二节　街居制的变迁：国家动员与服务居民

新中国成立之后，国家对基层社会的动员力度不断加强。从社会动员的一般类型来看，有“强制式动员”和“关联式动员”之分[①]；另有学者提出了“参与式动员”的概念。[②] 在经验研究层面，孙立平等学者对于由中国共产党独创的社会动员和群众参与模式做了深入的探讨，认为这是一种政党和国家动员之下的组织化参与；群众参与所发挥的功能主要不是直接或间接影响政治决策的过程，也不是对官僚制进行质疑与制衡，而是发挥社会化和社会控制的作用。[③] 杨敏则更加具体地将社会动员和群众参与概括为三种模式：“国家动员模式”“庇护主义模式”和“精英动员模式”。[④] 其中，“国家动员模式”强调，新中国成立后农村社会的阶级斗争动员和生产动员主要是一种自上而下的国家动员，通过暴力与治理技术交替运用来实现对农村社会的整合，并产生了“诉苦”[⑤]

① “强制式动员”是依靠外在压力强制人们行动的动员方式；“关联式动员”是将事件本身与参加者的实际利益联系起来的动员方式，用利益刺激来实现参与（参见王思斌《论民本主义的社区发展观》，《社会科学》2001 年第 1 期）。

② “参与式动员”是在形式上让普通民众主动参与，实质上是运用各种权力技术，或者是唤起了普通民众与其真实意愿或利益相违背的积极性，或者是将其意愿或利益从日常生活世界中抽离出来，与更宏大的政治话语体系和国家历史背景联系在一起，从而强化了国家对社会的控制，巩固了普通民众对国家的依附［参见 Bernstein，Thomas P.，“Stalinism，Famine，and Chinese Peasants：Grain Procurements during the Great Leap Forward，” *Theory and Society*，1984，13（3），pp. 339-377］。

③ 参见孙立平等《动员与参与——第三部门募捐机制个案研究》，浙江人民出版社 1999 年版。

④ 杨敏：《公民参与、群众参与与社区参与》，《社会》2005 年第 5 期。

⑤ 郭于华、孙立平：《诉苦：一种农民国家观念的形成机制》，《中国学术》2002 年第 4 期；李里峰：《土改中的诉苦：一种民众动员技术的微观分析》，《南京大学学报》（哲学·人文科学·社会科学）2007 年第 5 期。

"树典型"[①] "仪式化"[②] 等一系列丰富的动员技术。——这种模式对于农村社会中的动员形式有着一定的解释力。"庇护主义模式"则指出，在国家对社会资源进行总体性控制的制度背景下，城市的社会经济资源由单位垄断，而在单位内部又由个别管理者控制，普通群众通过人情或工具性关系网络与控制着资源的干部进行交换，积极或顺从地参与各种政治性、仪式性活动，与上级领导发展出一种庇护与被庇护的特殊主义关系来获取生存和生活资源。[③] ——这种视角比较适用于分析单位制时代的资源分配和社会动员模式。"精英动员模式"是指群众基于自己的利益，自主地、有组织地动员起来，参与到反抗某些不公现象的集体行动之中；动员者不是国家及其代理人，而是农民精英，参与的方式和策略也不是人民公社和单位内部日常形式的庇护主义，而是一系列不同于农民日常生活实践的问题化技术。——需要指出的是，由民间精英动员起来的权益性参与在当前城市社区中已越来越普遍，精英动员模式对于围绕房屋拆迁和商品房小区权益维护而兴起的集体行动研究很有启发性，但与本书的讨论范围并无直接关联。

在城市社会中，单位虽然控制了大部分资源，却并不能涵盖、管理和动员所有的城市居民。于是，城市基层社会逐步形成了以"单位制"[④] 为主、以基层地区管理（街居制，即街道和居委会制度）为辅的管理体制；国家通过单位这一组织形式管理职工，通过街居制管理社会闲散人员、民政救济和社会优抚对象等，从而实现了对城市全体社会成员的控制和整合，达到了社会稳定和巩固政权的目的。[⑤] 相比之下，单位制背景下的动员模式、行动者角色及其相互之间的关系较为明确；而在街居制背景下，作为介于上级行政力量和基层普通民众之间的组织，社区居委会的角色和地位并不明确，而且多年以来一直处于不断变化和调整的过程之中，其组

① 冯仕政：《典型：一个政治社会学的研究》，《学海》2003 年第 3 期。

② 郭于华：《民间社会与仪式国家：一种权力实践的解释——陕北骥村的仪式与社会变迁研究》，载郭于华主编《仪式与社会变迁》，社会科学文献出版社 2000 年版，第 338—383 页。

③ 参见 Walder，Andrew G.，*Communist Neo-Traditionalism: Work and Authority in Chinese Industry*，Berkeley：University of California Press，1986.

④ 关于单位制的研究，参见李汉林《中国单位现象与城市社区的整合机制》，《社会学研究》1993 年第 3 期；李猛、周飞舟、李康《单位：制度化组织的内部机制》，载中国社会科学院社会学研究所编《中国社会学》（第二卷），上海人民出版社 2003 年版，第 135—167 页。

⑤ 何海兵：《我国城市基层社会管理体制的变迁：从单位制、街居制到社区制》，《管理世界》2003 年第 6 期。

织规范和运行机制也在街道和居民二者的张力[①]之下反复地进行着自我修正和适应。那么，在街居制诞生之后的50年左右的时间里，国家在城市社区中的动员模式是如何表现的？居委会与街道（及其所代表的上级政府部门）、与社区群众之间的关系和距离经历了怎样的沿革？由这些关系所建构出来的具体情境，又在何种程度上带来了居委会角色的变迁？回溯居委会产生、发展和职能演变的过程，不仅可以看到在单位制主导的时代，街居制对城市社会动员和居民服务所起到的辅助和推动作用，也将帮助我们更好地理解社区居委会角色后续发生的一系列变化。

一　街居制的产生：以北京为例[②]

1949年1月31日北平和平解放后，中国人民解放军北平市军事管制委员会派工作组深入各街道，宣传政府的政策法令，了解城市居民生活情况，帮助解决各种实际困难，兴办各种有利于城市居民的事业，发现和培养一批积极分子，成为开展各项街道工作的第一批骨干力量。4月7日，北平市人民政府宣布废除国民党政府的保甲制度，建立街、乡政府，并建立公安派出所。居民以自然街、巷划分，20—60户为一“闾”，每闾由街政府指派一名闾长，500—700户为一“段”。1949年6月撤销街政府，街政府部分工作职能和人员被并入公安派出所；派出所内设民政干事一名，与民警共同负责基层民事工作。1950年，“闾”的建制被取消。北京市进行区划调整后，在居民中选举（或推荐、委派）产生治保委员会、妇女委员会、生产自救委员会等。每个委员会由5—7人组成，设主任、副主任和文书，在居民中进行工作。但由于民政干事无法深入基层，各个委员会等居民组织又失之宽泛、散乱，再加上抗美援朝时期对居民动员的迫切需要，建立统一的、法定的街道政权组织和居民组织的事务就被提上了议事日程。可以说，街居制正是由于国家进入城市基层、实现社会动员的需要而产生的。

---

① 可以肯定的是，这种张力在居委会等社区组织的各个发展阶段中都有所体现，因此，在本书的很多章节中，以街道办事处为代表的政府部门的力量和（或）基层社区中普通群众的力量，会继续成为讨论的重点。

② 关于北京市城市居委会成立的始末及基本发展过程的详细情况，参见陈辉、谢世诚《建国初期城市居民委员会研究》，《当代中国史研究》2002年第7期；杨荣《北京市基层管理体制的历史变迁》，《北京社会科学》2004年第1期；王琦《新中国成立初期北京市居委会的建立与发展》，《北京党史》2005年第3期；宋月红《建国初期北京市的区街建政与居民自治》，《当代中国史研究》2006年第7期；韩全永《新中国成立初期城市居民组织的发展历程》，《中共党史资料》2007年第1期，等等。

1952 年，海淀区政府组织建立了北京市第一个居委会——东观音寺居委会，从而拉开了北京市试建居民委员会的序幕；1952 年 11 月，西单区学院胡同派出所实行试点，建立街道居民代表会议及常设机构——以 200 户到 400 户居民为单位，在管界组织居民选出 10 个“街道居民委员会”。可以看到，此时每个“街道居民委员会”所覆盖的居民户数还控制在一定的范围之内，由此形成的规模较小的社区依然保有“半数人社会”的性质。1954 年 12 月 31 日，根据第一届全国人大常委会第四次会议颁布的《城市街道办事处组织条例》和《城市居民委员会组织条例》的精神，北京市各区先后在公安派出所内撤销民政干事，正式建立街道办事处和居民委员会。各街道办事处设主任 1 人，民政干事 4—5 人；居委会由 5—7 人组成，设主任和负责调解、治保、妇女、民政等工作的副主任（或委员）；居民按所居住街巷划分为小组，设组长。在居委会成立之后，原有的卫生委员会、优抚委员会、房屋修缮委员会、社会救助小组等组织均被取消，相关职能由居委会承担。

至此，在中国城市基层社会治理中发挥重要作用的街道和居委会正式产生。虽然后来也经历了人民公社时期和“文化大革命”时期的调整和波动，但街道—居委会两级组织的体制，还是一直稳定地保留到了今天，并在相当长的时间内有效地完成了基层地区管理与服务、动员单位体制外居民的任务。①

二 成立初期：配合维护社会稳定

政治动员是中国共产党革命、建设和改革的重要手段和优势所在，而群众动员更是党在早期夺取政权时即开始采用的重要手段。自土地改革运动以来，一系列群众动员的机制与技术被发展出来。工作队作为一支代表党政权威的外来组织力量介入农村社会，动员农民进行阶级斗争，重新分配财富，重构了农村经济制度与社会关系②；开会、培养积极分子、做思想政治工作等动员技术也是在这个时期出现并不断成熟的。而这些在农村社会被广泛使用的动员技术，在居委会成立之初的人员产生方式和具体工作职能等方面也有所体现，对于动员城市居民、管理基层地区、巩固新生政权都起到了重要的作用。

---

① 夏建中：《从街居制到社区制：我国城市社区 30 年的变迁》，《黑龙江社会科学》2008 年第 5 期。

② 杨敏：《公民参与、群众参与与社区参与》，《社会》2005 年第 5 期。

按照《城市居民委员会组织条例》的规定，居委会是群众自治组织，其干部履行的全部为义务工作。当时，居委会成员没有明确的选举，通常由街道办事处、派出所开会推荐，群众举手表决通过就可以了（也有的街巷居民以“投豆”① 的形式产生居委会委员）。但是从实际走访中不难发现，居委会工作的人选，经常是在派出所民警挨家挨户串门走访的过程中，发现、培养积极分子，进而动员、推荐产生的。永泰社区的林卫红老人年轻时曾经在学校里当了两三年的工人，后来因为孩子多，便辞工在家照顾孩子，一家人的生活都依靠其丈夫的工资；后来在民警几次三番的动员下进入永泰居委会，工作了 36 个年头（1954—1990）。她在访谈中是这样回忆进入居委会的经过的：

> 那不（建国）开始有点儿动乱么，民警一会儿上这儿串门儿去，一会儿上那儿串门儿去，我那会儿住在门道那儿，出来进去就是（经过）门道……（进入）居委会也是没办法，我们那会儿思想也不是那么先进的，人家派出所的左动员、右动员，我说我 6 个孩子（需要照顾）我怎么出去啊，要衣服没衣服、要裤子没裤子的。人家说“那怕什么啊，都是左邻右舍的。你就通知通知开会……”等一选上可不是那么回事儿。②

正因为派出所民警经常在各家“串门儿”物色居委会人选，并且很多工作人员下定决心进入居委会也是由于民警的“左动员、右动员”，这就先天性地决定了居委会与公安派出所（而不是街道办事处）之间具有更为紧密的联系。

刚成立时的居委会，名义上的任务主要有三项：一是办理有关居民公共福利事务；二是向人民政府反映居民的意见和要求；三是动员居民响应政府号召，协助政府推行政策法令。但实际上，从对林卫红等几位资深居委会委员的访谈中我们可以发现，早期（20 世纪 50 年代）居委会的工作重点并不是民事工作，同街道办事处的联系并不多，主要是配合派出所民警从事防奸防特、保障安全等方面的工作：从一开始的发动群众揭发检举和打击暗藏的美蒋特务、反动会道门道首、流氓、恶霸等敌对势力的破坏

---

① 1936 年，时任苏维埃临时中央政府西北办事处内务部部长的谢觉哉，在领导县、乡两级政府选举时，发明了“投豆子选举法”，使目不识丁的农民得以行使民主权利。这一做法一直沿用到新中国成立之后。

② 引自 2009 年 8 月 7 日对永泰社区林卫红老人的访谈。

活动，到后来的组织街道积极分子值班巡逻、看门护院，维护社会治安，巩固新生的无产阶级政权，等等。

无论是产生的方式还是具体的职能，这一阶段的居委会实际上都与派出所民警保持着更近的距离。因此与其说居委会是政府部门行政力量的触角，不如说是武装力量的末梢，打一个未必恰当的比方，就是他们扮演着类似于民兵的角色——只是这种民兵不用训练、没有作战需要，只需“放哨”和提供相关信息即可。

三　贯彻国家意志与深入居民生活

1954 年有关街道办事处和居民委员会的两项组织条例颁布之后，街道办事处和居委会之间领导和被领导的关系经历了一个逐渐确定的过程，居委会在公安派出所和街道办事处之间，渐渐向街道靠拢。在一个百废待兴的时代，维护治安、巩固政权等方面的任务逐步完成，常规化的国家治理任务就显得格外重要了。在这种社会背景下，“动员”已发展成为一种成熟的、日常化的政治技术，党和政府创建了树典型、模范带头、生产竞赛、参军竞赛、宣传运动、召开各种会议（大会、讨论会、批斗会）等国家动员社会的常用手段，以及参与式动员、运动式动员、组织化动员等丰富多样的动员模式①，其中又以发动各类“运动”的动员方式最具规模效应。在这些动员的过程中，居委会成为向基层民众贯彻国家意志、传达行政指令、宣传法律法规、在各类运动中组织广大民众的触角。具体来说，即在街道的指导下，宣传党和国家的各项政策、法令；配合检查、核对户籍，了解掌握居民情况，向人民政府反映居民的意见和要求；办理公共福利事务，开展社会救济，解决贫苦群众生活中的困难。另外，还开展拥军优属活动；组织群众开展爱国卫生运动；开办夜校、识字扫盲班；宣传第一个五年计划，教育群众争做社会主义建设的积极分子，等等。

这一时期，居委会开始在街道办事处的领导下，组织城市居民的经济生活。各居委会在群众中推广使用蜂窝煤，成立家庭服务互助组，组织家庭妇女参加商业售货工作等；还白手起家，组织居民办起了服务所、托儿所、挑补绣花站、洗衣组和小型加工修理厂。在组织经济活动的过程中也贯彻了当时国家的激进错误路线——1958 年人民公社成立后，居委会在城市社区中号召居民响应“大跃进”“大炼钢铁”，让群众捐献废旧钢铁、铁锅、铜盆等，组织居民自带干粮去石景山钢铁厂拣废钢渣，在胡同里建

① 参见孙立平等《动员与参与——第三部门募捐机制个案研究》，浙江人民出版社 1999 年版。

起小土炉昼夜炼钢。居委会主任还牵头，在社区胡同里办起了集体食堂、吃“集体饭”，但是只持续了很短的时间，就没有能够再办下去，以失败而告终。

> 1958年“大跃进”不说吃“集体饭”么，就在77号的程军（居委会主任）家那门口儿，办事处组织，居委会牵头儿，搜集板凳，也不是说花钱买去，都是这家要点儿、那家要点儿，白手起家跟那儿立板凳、大桌子，说吃“集体饭”，搞了一段时间没搞起来，没一年吧。①

在“文化大革命”期间，居委会依然是贯彻国家意志的基层力量之一。1966年，“文革小组”开始统一领导街道党委、办事处、人民公社，街道正常工作停摆；居委会中一批主任被罢免，积极分子受到冲击，组织机构和社区工作也处于瘫痪状态。1968年成立“革命委员会”，主要的工作是配合查抄办公室、工人宣传队、解放军宣传队和工人民兵小分队在居民中开展所谓的“清理阶级队伍”的工作；承担接待外地来京大串联的红卫兵的任务，甚至增加了组织召开批斗会的任务；而“红卫兵”抄家的时候，革委会也要派人员在门口守护、维持秩序。②

到“文化大革命”结束之前，居委会从配合公安派出所到辅助街道办事处，再到“帮凶”革命委员会，一直发挥着巩固国家政权、维护安全稳定、贯彻国家意志、响应政府号召、动员基层民众、参与各类运动等方面的作用，无论更靠近派出所民警还是更贴近街道办事处，其具有的国家政权触角的色彩始终非常明显。相反，其作为群众自治组织的职能并没有得到充分发挥，在民事工作方面的作用相对有限；特别是在“文化大革命”期间配合批斗的工作，在很多居民心中留下了十分深刻的负面印象，切断了居委会和普通群众之间的联系——直到今天，有很多居民在谈到居委会的时候，还习惯性地使用“革委会”的称呼；永平社区的被访老人在被问及对老居委会主任的印象的时候，甚至十分气愤地说：“他呀？就是那个革委会的主任不是？‘文化大革命’的时候带头搞批斗，你说我对他是什

---

① 引自2009年8月7日对永泰社区林卫红老人的访谈。

② “文化大革命”的时候一会儿批这个、一会儿斗那个，开批斗会，谁一抄家就让咱们在门口站着，抄什么东西咱们也不知道，人家来了只跟民警说也不跟我们说，我们就在门口保卫着，别的什么也不知道。抄完以后就把我们轰走了——引自2009年8月7日对永泰社区林卫红老人的访谈。

么印象？印象能好得了么？"[①]

粉碎"四人帮"以后，1978年革命委员会被撤销，街道办事处和各居委会名称得以恢复。第一件事就是为"文化大革命""料理后事"。1979年，各居委会配合街道办事处，对在"文化大革命"中非正常死亡人员、街道积极分子、干部群众等分别落实了政策；居委会参与处理查抄物资等遗留问题，登记、安置上山下乡返城的待业青年，等等。

1980年1月全国人大常委会重新公布了《城市街道办事处组织条例》和《城市居民委员会组织条例》。1982年12月通过的《中华人民共和国宪法》，明确了居委会是城市居民自我管理、自我教育、自我服务的基层群众性自治组织，居委会依法开始整顿，选拔一批身体好、工作能力强、文化程度较高又热心居民工作的离、退休干部和职工充实到居委会。1986年国家民政部召开第一次城市街道居民委员会工作会议。1988年12月26日全国人大常委会通过并颁发《中华人民共和国城市居民委员会组织法》，居委会的建设走向法制化、规范化、制度化的道路，也标志着中国的城市社区真正产生了有法律保障的群众自治组织。1991年12月，公布施行了《北京市实施〈中华人民共和国城市居民委员会组织法〉办法》，对居委会的性质、任务、组织方式、工作制度等做出了明确规定——从这时开始，北京市各社区居委会正式走上了"换届选举"的轨道，现在通常所说的"北京市××社区第×届居委会"，就是从1991年开始算起的。

这一阶段的居委会工作，虽然依然承担着一定的维护安全职能和贯彻政策职能[②]，但更多地转向了与城市社会和社区居民日常生活更密切相关的一些领域，比如，以治理脏、乱、差为中心内容，开展"全民文明月"活动；组织居民办理并发放了身份证；成立了民间调解小组，负责化解民事纠纷，防止民间矛盾激化，等等。

从20世纪80年代开始，居委会不仅从法律上被重新定位为群众性自治组织，而且在实际工作中，他们也越来越"草根化"，深入居民（特别是单位体制之外的居民）的日常生活领域中去。从下面这段回忆中，我们可以清楚地看到这一点：

对居委会，我想在胡同里生活过的每一个人都印象最深。居委会

---

① 引自2009年9月在撰写永平社区的社区志期间，对社区居民的访谈记录。

② 1983—1986年期间，居委会在群众中广泛进行打击刑事犯罪、打击危害改革的违法犯罪、打击经济犯罪的宣传，发动群众提供线索，举报犯罪嫌疑人；并结合普法教育，在群众中宣传各项法规，提高居民的法制观念。

> 作为党政最小一级的组织机构，上连着办事处、派出所，下关系到千家万户的老百姓。长期担任居委会主任的林卫红同志，在我们心里威望极高。那时居委会院门口钉一块“公用电话”的铁牌子，整个一条胡同的电话，都是由她们挨家挨户叫。
>
> “×××，你爱人给你打的电话——”等事主放下手里活计，从家里大老远地跑来接电话，估计怎么也得二十分钟半小时了。所以对方一般都先挂断，估摸时间差不多了，再拨过来。或索性有什么事，让街道老太太把话带到就完了，拿电话当传呼机那么使。整个一条胡同，家里没电话的，谁家要有个急事想打电话，也得亲自跑居委会打，当着外人，把个人儿的那点秘密嚷出来。
>
> 那年头，一般人家里甭说没有电话，连电视也不趁。这事居委会也想到了。居委会把公家的一台黑白电视，放在办公室近窗户的位置，给大伙放。看一次是二分钱。炎炎夏夜，胡同里来看电视的人自带马扎坐在院子里，先来的占前排。我们就隔着乌突突的玻璃，和电视机上又人为蒙上的一层三色滤纸，完成了童年时代的影像启蒙。①

正是因为这一阶段的居委会为居民做了很多诸如“公用电话”“公共电视”之类的实事，居委会才开始在部分居民中变得“印象最深”，居委会主任才能够“威望极高”。而且凭借着这些细致入微的工作，居委会的工作人员也逐渐深入普通老百姓的日常生活中，对家家户户的大事小情，包括“个人儿的那点秘密”都了如指掌。

四　社区组织变迁中的一些特点

纵观上述阶段，从城市基层社区居委会的发展中可以总结出这样几个特点：一是去行政化；二是熟人治理；三是党领导下的社区。

第一，随着国家逐渐转变总体性支配的思路，并通过调动、激发基层民众的活力来塑造新型的社会主义政治经济体制②，城市基层社区自我管理、自我服务的空间也越来越大。虽然我们不能简单地认为居委会的职能经历了从“行政性”到“自治性”的转变过程，但前面的介绍让我们看到，从50年代到80年代，居委会服务居民的职能确实逐渐增强了，相比

① 引自网络博文《永泰胡同那点事》，鉴于社区匿名化处理的需要，此处将博文原网址隐去。

② 渠敬东、周飞舟、应星：《从总体支配到技术治理——基于中国30年改革经验的社会学分析》，《中国社会科学》2009年第6期。

之下，安全职能和行政职能则稍有减弱的趋势。可以把这一过程近似地看作“安全—行政—民事”的发展谱系，居委会不再仅仅是行政体系之下的国家延伸，同时也在真正意义上向居民自治组织转变。当然，这一阶段出现的职能和组织“去行政化”的趋势，也为90年代社区居委会的再次“行政化”埋下了伏笔。

第二，无论作为政府工作延伸还是居民自治组织，20世纪50—80年代的居委会在人员构成方面始终具有“本地化”和“稳定性”的特点，可以看作一种“熟人治理”的模式。所谓“本地化”或者“本社区化”，是指居委会成员都来自所辖的社区①，同当地的居民是老街坊、老邻居的关系，在长年的社区生活中形成了非常熟悉的关系；“稳定性”则是指居委会人员在岗位上工作的时间相对较长②，对所负责工作和所涉及的居民都非常了解。这两个特点使得他们在传达国家意志、服务百姓生活的时候，都具有一种“熟人”身份，“人情”和“面子”成为他们工作中的一种重要资源。③

第三，虽然20世纪50—80年代的居委会职能有着逐渐“去行政化”

① 这种“本社区化”的情况在“民选街聘”的改革尝试中被打破，并在“议行分设”改革中进一步放宽（关于“民选街聘”和“议行分设”，后文有专门章节进行讨论）。到2009年，在社区坐班的14名工作人员中，仅有5人居住在本社区，距离工作地点只有5分钟的路程；在其他人中，有4人居住在阜财街街道其他社区或邻近街道，需要20—30分钟赶到民丰园社区；有3人的上班通勤时间在50—60分钟（单程）；甚至有两人从居住地到民丰园工作，需要花费120分钟以上（参见附录4：《2009年居委会选举后社区工作者登记表》）。在社区工作“职业化”的同时，却切断了工作者与社区居民之间的天然联系，也降低了社区居委会（工作站）应对社区内发生紧急情况的能力。

② 举例来说，笔者在撰写嘉善、永平等社区的社区志期间，收集整理了部分居委会人员在岗位上的工作年数：古城区嘉善胡同居委会的萧晓阳（先后两次）26年、王素芳42年、郑晓琴（先后两次）26年、郭香真27年、李毅敏（先后两次）24年；永平居委会的吴素兰32年、白慧敏32年、刘晓枫21年、秦芳蓉25年、谢桂芳12年、华文琪38年、林之珍（先后两次）27年、岳惠芳32年、姚桂琳15年，等等。

③ 关于“人情”“面子”等资源在城市社区和农村社区中的作用，参见孙立平、郭于华《“软硬兼施”：正式权力非正式运作的过程分析——华北B镇定购粮收购的个案研究》，载王汉生、杨善华主编《农村基层政权运行与村民自治》，中国社会科学出版社2001年版，第27—57页；彭勃《国家控制和社区治理：以上海社区调解为例》，载刘建军主编《制度建设与国家成长》，《复旦政治学评论》（第2辑），上海辞书出版社2003年版，第218—239页。比如，孙立平等人研究发现，在实际收粮的过程中，官员们很少使用正式规则所规定的程序和惩罚手段；相反却常常借助正式权力资源以外的非正式因素、本土性资源、“地方性知识”与非正式人际网络，运用日常生活中的“道理”和说服方式，以极富“人情味”的方式使用这些权力，从而使权力关系与村社中的人际关系融合为一，使正式行政权力关系嵌入非正式的乡土社会人际关系网络中，对权力的行使和社会运作发生着重要影响。

的色彩，但是不能忽略的是，党的力量和影响在社区中是不断加强的。50年代派出所、街道办事处派专人负责在各居委会里开展党务工作，并发展了第一批基层党员；60年代，各居委会的基层党支部先后成立。但是在相当长的一段时间里，基层党支部的书记并不坐班，也不参与居委会的日常工作，只是定期组织基层党员学习，宣传贯彻路线、方针、政策等。最直观的表现就是很多社区居民只记得当年的居委会主任，而被问及谁担任当时的党支部书记的时候，则表示并不清楚。这样的情况在70年代后开始有所转变，党支部书记开始成为基层工作中的实际力量，也兼任居委会的一部分工作，逐渐成为社区各种组织和各项工作的领导核心；党的力量也居于社区正式权力的中心枢纽地位。①

根据北京市委2000年第3号文件《中共北京市委关于加强街道、社区党的建设工作的意见》，党组织在街道、社区履行的主要职能已经基本涵盖了基层治理的主要方面。② 虽然党组织的职能更多地向制度建设、统筹规划、政治领导和利益协调等方面集中，较少涉及具体事务的决策，但居委会党支部和众多的党员小组等实体性组织在每个社区仍广泛存在，它们构成中国共产党实现对基层社会的领导和进行社会动员的网络依托。③这种趋势在2006年的“一心两会一站”的改革中得以强化和正式落实（详见后面章节中关于“一心两会一站”的讨论）。

第三节 新时期的重大变革：“民选街聘”

一 背景：城市社会的巨大变化

20世纪90年代之前的中国城市社会，与街居制并存，并且影响更大的是“单位制”。单位组织在纵向上附属于具有行政层级的计划体

---

① 朱健刚：《城市街区的权力变迁：强国家与强社会模式——对一个街区权力结构的分析》，《战略与管理》1997年第4期。

② 这些职能主要包括：贯彻党的路线、方针、政策和法律法规；领导街道办事处、工会、共青团等群众组织；对经济社会组织实施管理、服务和政治领导；街道社区干部的培养、选拔、任免和监督；解决基层问题和矛盾，维护首都稳定；了解社情民意等。

③ 王汉生、吴莹：《基层社会中“看得见”与“看不见”的国家——发生在一个商品房小区中的几个“故事”》，《社会学研究》2011年第1期。

制[①]，在横向上覆盖了社会生活中的各项职能，涉及城市公共服务的各个方面。随着经济体制改革的逐步深入，单位制的弊端逐渐显露出来。1986 年末，城市体制改革进入以企业改革为中心的轨道；进入 20 世纪 90 年代之后，改革继续深化，产权制度不断明晰，原有的单位体制日趋式微，一方面极大地解放了社会生产力，另一方面也使社会公平在 20 世纪 90 年代中后期陷入危机：社会收入差距迅速扩大，在改革中利益受损的大量"弱势群体"开始出现并日益增多[②]；城市社会中最显著也最广为人知的群体，便是大量的下岗职工。这些弱势群体的出现，不仅给城市经济发展带来了巨大的就业压力，也对城市社区的服务和治理提出了新的要求。

与此同时，单位制瓦解的另一个社会影响也开始显现，就是原来由单位所承载的社会治理功能和福利职能都被释放出来：在社会的公共服务领域，全面市场化的改革在社会保障和福利领域内依次展开，住房、医疗、社保、教育领域都被纳入全面市场化改革的议题之中，与城镇居民相关的主要福利，都由"政府买单"逐渐转向在市场价格下由居民"自己买单"[③]。虽然福利市场化在一定程度上克服了单位制的种种弊端，但这一进程不仅影响了普通百姓的生活质量和未来预期，也对城市社区的服务职能提出了新的难题。[④] 更关键的是，在单位制转型之后，曾经通过应责、代表、庇护和协调等方式在基层社会担任纠错职能的"单位"不断收缩，"个体和公共的连接关系不再，越来越多的社会成员面临没有组织向自己负责的局面"[⑤]，这无疑也强化了城市社区的治理责任。[⑥]

---

① 关于单位制和计划体制下社区治理的组织体系及功能建构，参见刘玉东《体系、结构与功能：新中国城市社区治理转型研究》，人民出版社 2016 年版，第 27—69 页。

② 渠敬东、周飞舟、应星：《从总体支配到技术治理——基于中国 30 年改革经验的社会学分析》，《中国社会科学》2009 年第 6 期。

③ 渠敬东、周飞舟、应星：《从总体支配到技术治理——基于中国 30 年改革经验的社会学分析》，《中国社会科学》2009 年第 6 期。

④ 据永泰社区工作站负责福利工作的白毅成介绍，自从 1997 年国务院下发《关于在全国建立城市居民最低生活保障制度的通知》（国发［1997］29 号）之后，"低保"的申请、审批和发放成为社区居委会新的工作职能之一。随后，名目繁多的"××进社区"（诸如失业保险、残疾人保障金、福利性住房申请、"一老一小"、临时性救助、低收入人群救助等）开始越来越多地出现在人们的视野中。

⑤ 张静：《通道变迁：个体与公共组织的关联》，《学海》2015 年第 1 期。

⑥ 关于"后单位时代"城市社区建设的需要，参见田毅鹏等《"单位共同体"的变迁与城市社区重建》，中央编译出版社 2014 年版。

除了“后单位时代”[①] 带来的压力外，20 世纪 90 年代城市流动人口的急剧膨胀也增加了城市管理的任务和难度——当然，城市流动人口的增加在一定程度上也是由于单位制“一统天下”局面的终结，释放出了一部分就业空间，资源分配方式、社会机会结构出现了变化，使得外来流动人口在城市中有了更多工作和生活的可能。根据北京市第五次人口普查办公室 2000 年 9 月 8 日公布的数据，在京居住半年以上的外来人口约占北京总居住人口的 14.3%；而根据发放暂住证的数字来看，2001 年北京外来人口有 237 万人，达到总人口的 17.7%。[②] 城市流动人口的激增对传统的基层管理体制造成了严峻的挑战。

城市社区层面的压力不仅来自于单位制改革、福利市场化、流动人口增多这些宏观的社会背景，而且在社区层面，不断发生的居委会合并和社区规模扩大也让原有的居委会人员结构[③]和工作模式（靠“小脚侦缉队”[④]“一张嘴、两条腿”跑遍千家万户）变得难以为继。具体来说，1952 年居委会产生之初，是以 200—400 户为单位。我们调查的淳风街道下辖 43 个居（家）委会。到了 1964 年，居委会的规模扩大到 300 户左右、最多不超过 400 户的标准，淳风街道下辖的居（家）委会数量也增加到 63 个。到了 1980 年，随着人口增加、户数增多，居委会的管辖范围已经以 600 户为标准，淳风街道

① 关于“后单位时代”或“后单位社会”的概念，参见刘建军《跨单位组织：“后单位社会”的治理结构》，《探索与争鸣》2003 年第 8 期；何艳玲《后单位制时期街区集体抗争的产生及其逻辑——对一次街区集体抗争事件的实证分析》，《公共管理学报》2005 年第 3 期；何艳玲《街区组织与街区事件——后单位制时期中国街区权力结构分析框架的建立》，《中山大学学报》（社会科学版）2007 年第 4 期；吴庆华《社区阶层化：后单位社会城市社区变异的必然趋势》，《学术交流》2008 年第 10 期；赵凝《社区志愿行动：后单位制时代中国社区建设的一种重要力量》，《北京青年政治学院学报》2009 年第 1 期；崔月琴《后单位时代社会管理组织基础的重构——以“中间社会”的构建为视角》，《学习与探索》2010 年第 4 期，等等。

② 夏建中：《从街居制到社区制：我国城市社区 30 年的变迁》，《黑龙江社会科学》2008 年第 5 期。

③ 当时居委会的成员以退休老人或家庭妇女为主，文化程度普遍不高。从 1996 年对全国 12 个城市 300 多个居委会主任的调查结果来看，在居委会成员中，50 岁以上的占 68.5%，其中 60 岁以上的占 37%；而 35 岁以下的仅占 3.6%。初中文化程度以下的占 66%，大专以上的占 8.3%（夏建中：《从街居制到社区制：我国城市社区 30 年的变迁》，《黑龙江社会科学》2008 年第 5 期）。

④ “小脚侦缉队”是指 20 世纪 90 年代之前以年纪较大的妇女为主体的居委会，因其中很多人在新中国成立前有过缠足经历，故称“小脚”；又因其对社区人员熟悉，对陌生人的出现、异常事件的发生极其敏感，故称“侦缉队”。正是由于这些居委会工作人员与当时熟知邻里的社区成员的存在，城市社区才呈现出“群防群控”（群众共同防治、共同控制）的局面。

下辖居（家）委会个数减少到了35个；同期，与淳风街道相邻的淳化街道的居（家）委会个数为33个。2004年，淳化街道与淳风街道合并为阜财街街道（亦即笔者主要调查对象民丰园所在地），其辖属的社区数量竟然从1980年的35+33，减少为19个——基本上每个社区规模都在1500户甚至2000户以上。从表3-1古城区永平居委会沿革情况中，我们可以十分直观地看到居委会合并和社区规模扩大的具体过程。

表3-1 **古城区永平居委会的合并过程**

<table>
<tr><th>年份</th><th colspan="5">名　称</th></tr>
<tr><td>1954</td><td>永平居委会</td><td>章善胡同</td><td>嘉善胡同</td><td colspan="2">修善居委会</td></tr>
<tr><td>1959</td><td>永平居委会</td><td>章善胡同</td><td>尚贤大街</td><td>嘉善胡同</td><td>修善居委会</td></tr>
<tr><td>1964</td><td>永平居委会</td><td>章善胡同</td><td>尚贤南</td><td>嘉善胡同</td><td>修善居委会</td></tr>
<tr><td>1968</td><td colspan="2">章善革命委员会</td><td>招贤革委会</td><td colspan="2">居贤革命委员会</td></tr>
<tr><td>1977</td><td colspan="2">章善革命委员会</td><td colspan="3">居贤革命委员会</td></tr>
<tr><td>1978</td><td colspan="2">章善居委会</td><td colspan="3">居贤居委会</td></tr>
<tr><td>1980</td><td colspan="2">永平居委会</td><td colspan="3">嘉善胡同居委会</td></tr>
<tr><td>2002</td><td colspan="5">永平居委会</td></tr>
</table>

在20世纪90年代末，企业体制改革和单位制的瓦解，造成大量弱势群体的出现，就业压力陡增；城镇居民的福利市场化，原来由单位承担的部分服务职能和治理职能进入社区；城市人口特别是流动人口急速膨胀……如此种种，都是中国城市基层社会所面对的巨大变迁。与此同时，社区的规模不断扩大，人口流动性增大、社区成员结构日益复杂，对社区管理和服务的诉求持续增加，完全背离了“社区范围不宜过大、治理线条不可过粗”的历史经验和治理密度原则。同时，工作人员数量增加却非常有限，文化水平和现代意义上的工作能力也相对较低，这就势必会带来工作的超负荷运转和治理效率的下降。这些都需要城市社会中的治理工作通过新的组织形式进入基层社区，对居委会的人员结构和工作模式提出了新的要求——“民选街聘”的做法也正是在这样的要求下产生的。

二 “民选街聘”的实践过程

“民选街聘”这一提法首先出现在上海。在20世纪90年代中后期，上海开始实行“两级政府、三级管理”的社区管理新体制。随后，包括北京在内的一些城市都按居民区的实际人口数分配给各居委会若干事业编制名额①，通过公开招聘、民主选举、竞争上岗等途径，录取一大批下岗职工、大中专毕业生进入居委会——“民选街聘”成为很多城市提高居委会干部素质、稳定居委会工作队伍的“法宝”②。1999 年，在北京市第四届居委会换届选举之前，按照市里的要求，古城区永新街道、永锡街道率先采用公开招聘的方式，试点招聘社区事业干部，专编专用。随后，古城区所属的各街道都进行了此类招聘，这也就是当时所说的“民选街聘”③。

与“民选街聘”相关的问题有这样几个：第一，哪些人员具备被招聘的资格？即招聘条件是怎样的？第二，“民选街聘”产生的居委会由谁支付薪酬？薪酬水平如何？第三，对招聘对象的考核、录用的程序是怎样的？对这几个问题的回答可以帮助我们看出“民选”和“街聘”到底是一种怎样的关系，以及二者之间在重要性方面的差别。

首先来看第一个问题。“民选街聘”所聘用的人员并非一概而论，而是分为两个部分：选聘和招聘，这两部分人员的条件和要求也有所不同。选聘的对象是市、区机构改革中分流人员，所在街道办事处的公务员，或者应届大中专毕业生。这些人被聘用之后可以按照干部身份办理调入手续，也就是获得我们前面所说的“事业编制”的名额。在实际操作中，这样的标准有所放宽：以民丰园社区为例，如表 3-2 所示，在最终以干部身份进入居委会的主任马文惠④和书记梁文燕⑤当中，后者是北京市某房管所

---

① 在北京市古城区，为每 300 户居民配备一个事业编制的名额，详见附录 5：《古城区关于民选街聘社区事业干部管理的若干意见》，以下简称《民选街聘若干意见》。

② 许娓：《街聘民选还是议行分设？——现行居委会体制改革现象透视》，《中国社会报》2003 年 1 月 8 日。

③ 具体规定和流程参见附录 5：《民选街聘若干意见》。

④ 马文惠在参加居委会工作之前，曾于 1988 年 10 月至 1994 年 10 月在北京某工厂工作；1994 年 11 月至 1998 年 8 月，在北京某商城工作；1998 年 9 月至 2000 年 2 月，在某服饰公司任专卖店店长。2000 年 4 月考入阜财街街道，担任英西社区居委会主任；2003 年 2 月调至民丰园社区居委会担任居委会主任；2006 年起担任民丰园社区党委书记。2009 年调至阜财街街道党工委，负责两新组织（新经济组织、新社会组织）的楼宇党建工作。

⑤ 梁文燕在参加居委会工作之前，曾于 1990 年 8 月至 1996 年 10 月在北京市某中学任教；1996 年 10 月至 1997 年 10 月在北京市某公司工作；1997 年 11 月至 2000 年 4 月在北京市某房管所工作。2000 年 4 月考入阜财街街道，担任英东社区居委会主任，一年后担任党委书记兼居委会副主任；2002 年 4 月起担任民丰园社区党委书记兼居委会副主任。2004 年动过一次大手术。2006 年辞职离开居委会工作岗位。

的员工，在一定程度上符合“市、区机构改革中分流人员”的条件[①]；而前者只是服装店的店长，不在选聘的条件之列，不过，由于其具有大学本科学历，超出“大中专毕业生”的标准，因此也允许其进入选聘人员行列。另外，在我的调查所了解的范围之内，后来民丰园社区的工作站站长毕妍（大学本科学历）[②] 曾在北京市某律师事务所工作；原英东社区（后并入永泰社区）的居委会主任艾徽因（夜大学历），从北京市某商贸公司部门经理的岗位上离职，她们与马文惠一样，都不在选聘对象的三类人员的范围之内，也破格参加了“选聘”的考试，并进入居委会担任书记或主任——在这当中，学历起到了更为关键的作用，是考察选聘人员的重要标准，而人员的来源倒在其次。

招聘对象则主要是当时正在担任居委会工作的人员、下岗人员和待业人员，这部分人在聘用之后不享受事业干部的编制、维持原身份不变。在表 3-2 中我们可以看到，蒋丽艳、刘金芸、聂定钦和郑志鹏[③]都属于下岗和待业人员；而汪红和李珍华[④]之类的退休人员虽然不属于正式范围的招聘对象，却也被吸纳进来。另外，还有一些限制条件也在实际聘用的过程中被打破，比如最初对年龄和学历的要求是一般在 50 岁以下、高中以上文化程度，但是也没有严格执行：汪红、李珍华、聂定钦、郑志鹏这四人都不符合规定的条件。

---

① 与她情况类似的还有从某国企党总支副书记岗位离职的赵冰。赵冰在参加居委会工作之前，曾于 1981 年 8 月至 1994 年 7 月担任北京某厂工人技术员、组织干事、党支部书记。其间，1984 年 9 月至 1987 年 7 月在北京某职工大学脱产学习。1994 年 7 月至 2000 年 6 月担任北京市某国企党总支副书记。从 2000 年 6 月起，先后担任文房村社区、永泰社区居委会主任、国富园社区党委书记、民丰园社区党委书记兼居委会主任。

② 毕妍的工作经历比较简单：大学法律专业毕业后，1995 年 7 月至 2000 年 3 月，在北京某律师事务所工作。2000 年 4 月至 2003 年 1 月，担任民丰园社区居委会主任；2003 年 2 月至 2006 年 1 月，调至安富园居委会工作；2006 年 2 月至 2012 年初，担任民丰园社区工作站站长、党委副书记。2012 年调至国富园社区。

③ 蒋丽艳 1977 年高中毕业，1978 年 4 月在北京郊县插队，1979 年参加工作，在北京某针织厂工作，1997 年因工厂经营不景气，全体员工下岗。刘金芸同样是 1979 年参加工作，从 1979 年 1 月至 2000 年 3 月在北京某厂做统计工作，2000 年下岗。聂定钦 1969 年 1 月在广州军区某部队服役，复员后从 1973 年 3 月起在北京市某运输公司工作，1980 年调至古城区某公司保卫科，1993 年开始在某公司开出租车，2000 年失业在家。郑志鹏与聂定钦经历相似，连参军的时间都一样，即 1969 年，随解放军某部队在广西等地服役后，从 1973 年起在某国营照相馆工作，主要负责修理照相机，2001 年失业。

④ 王辉 1969 年 9 月在黑龙江生产建设兵团参加工作，1979 年在北京市某食品公司下属幼儿园工作，1990 年至 1993 年在北京市该食品公司广播室担任广播员，1993 年 12 月退休。李珍华 2001 年在北京某商场退休，由于身体原因，在居委会工作时间相对较短。——表 3-2 中 6 名招聘人员的共同点在于，都居住在民丰园社区。

表 3-2 民丰园社区居委会人员分工情况（2003）

身份	姓名	性别	年龄	职务	文化程度	政治面貌	主要经历
选聘/事业编	马文惠	女	36	主任	大本	党员	某服装专卖店店长
选聘/事业编	梁文燕	女	38	书记	大专	党员	某房管所员工
招聘/身份不变	汪红	女	52	环境卫生	初中	党员	1993 年从某食品公司广播室退休
招聘/身份不变	蒋丽艳	女	47	文教科普	高中	群众	1997 年从某针织厂下岗
招聘/身份不变	李珍华	女	53	福利	初中	群众	北京市某商场退休人员
招聘/身份不变	刘金芸	女	44	老龄	高中	群众	2000 年从某器材厂下岗
招聘/身份不变	聂定钦	男	53	调解	中专	党员	出租车司机，2000 年失业
招聘/身份不变	郑志鹏	男	55	治保	中专	党员	原在照相馆工作，2001 年失业

之所以在很多方面都放宽了招聘的条件和范围，一方面是因为当时的居委会工作（特别是没有事业干部编制的普通委员）无论是职业声望还是实际待遇，都无法吸引到更多有文化的中青年人，只好在学历和年龄的标准上妥协；即便如此，8 名居委会委员中还是有半数年龄在 50 岁以下，甚至有 30 多岁的人进入，而且不仅有高中文化程度，还有本专科学历的人员。年龄结构的降低、文化素质的提升，以及男性委员比例的提高①，都改变了传统意义上人们对居委会“小脚侦缉队”的刻板印象，也在实际工作中使社区居委会的数字化办公、档案化管理成为可能，从而更迅速、更快捷地适应和完成新的职能和任务，应对不断增加的“××服务进社区”的状况，在某种意义上成为“中国最基层的支点”②，也是国家了解社会情

① 由于聂定钦和郑志鹏的进入，使 8 人中男性委员的比例提高到 25%，打破了清一色女性的居委会传统。

② 语出 2005 年 7 月 19 日民丰园社区时任党委书记梁文燕的讲述：“可以说居委会就是最基层的一个行政机构。中国最基本的支撑点就是居委会和村委会。农村最高层的是村委会，但是城市里面最底层的是居委会。我来说说这几个人。李珍华的女儿在日本留学，她走的时候就是她四处借了 8 万元，最后退休了一个月拿 700 块钱，她丈夫一个月也就 1000 多块钱。坐这里的是蒋丽艳，她是失业的。原来是事业单位，后来单位散了，丈夫一个月 600 多块钱，孩子上学。她们一家就指着（在居委会）这 500 块钱吃饭了。这个是聂定钦，他也是失业的，原来是买断，然后就下岗了，结果是什么工作都找不着，就找这来了，离家还近，每个月也是 500 块钱，他就指着这 500 块钱过日子了，再拿出 300 块来上保险，也就剩 200 块了。这里面好一点的是刘金芸，一个月四五百块钱，她丈夫还有 1000 多块，两个人能凑上 2000 多块。但是孩子不行，上了高中就不上了，在家打架，叫公安局抓起来了。中国最基层的支点，就是由这么一群人支起来的。”

况、进入基层社区、解决实际问题的更有力的触角和渠道。

另一方面是因为街道办事处放宽居委会人员准入的条件，让更多由于年龄和学历原因而找不到更好的工作且在经济和生活上有着实际困难的人进入居委会。虽然我们很难确切地说20世纪90年代末“民选街聘”这一政策的出台，同那一时期中国城市社会变革、社区发展之间到底有着怎样的关联；不过，通过“民选街聘”的方式产生的居委会人员结构，确实在客观上解决了一部分当时中国城市社会中产生的民生问题，在一定程度上缓解了基层社会的就业压力，吸纳了一部分由于企业体制改革和单位制瓦解而产生的剩余劳动力，帮助一部分“弱势群体”脱离困境。

说到就业和生计，就涉及对前面提出的第二个问题（关于薪酬）的回答。从性质上看，居委会应该是社区居民选举出来的自治组织，服务于居民，而不应受雇于政府部门或其他组织机构。所以，在20世纪50年代中期居委会成立之初，委员们的工作基本上是没有报酬的，只是因为居委会职能中的卫生工作，帮助他们从街道“爱卫会”① 那儿获得一部分“扫街费”②；到了70年代末才开始有少量补贴，有时候是以粮票的形式发放的。1987年，补贴是45元钱；1991年涨到55元；后来慢慢涨到85元、125元（居委会普通委员）和140元（居委会主任）。2000年“民选街聘”实施之后，工资正式提升至500元（普通委员）和1200元（主任）。2005年经过调整，居委会中退休人员，不论退休金高低，按每月710元发放工资；下岗失业人员在居委会工作，工资为每月960元；书记、主任的收入为1560元（工资补贴500元、职务补贴700元、外加奖金360元）。③ 关于居委会逐步提高的工资水平，后面的章节还会讨论；现在要回答的是，这些工资来自哪里？由谁支付？从附录5《民选街聘若干意见》中可以看出，选聘和招聘的居委会工作人员的薪酬，由区人事局办理工资审批手续，由街道办事处人事科具体负责办理和拨付。其中，选聘的社区事业干部的待遇可比照事业单位同类职员的待遇标准确定，而对招聘的普通居委会成员的待遇标准则未做明确规定。不论工资多少，居委会的办公经费和居委会成员的工资全部由街道办事处拨给，正所谓“端谁的碗归谁管”，作为个体的居委会成员成为受街道聘用的“准行政”④ 人员，作为组织的

① 爱国卫生运动委员会的简称，是各级政府的一个议事协调机构，负责统一领导、统筹协调公共环境卫生、防病治病、病媒生物防治（除“四害”）、健康教育等工作。

② 引自2009年8月7日对永泰社区林卫红老人的访谈。

③ 引自2005年7月12日对民丰园社区居委会委员郑志鹏的访谈。

④ 李友梅：《当前社团组织的作用及其管理体系》，《探索与争鸣》2005年第12期。

居委会也不得不依附于以街道办事处为代表的上级政府部门。

第三个问题，即对聘用对象的考核、录用的程序是一个复杂的过程，我们可以简要地用图 3-1 来加以说明，更详细的文字表述可以参见附录 5《民选街聘若干意见》。

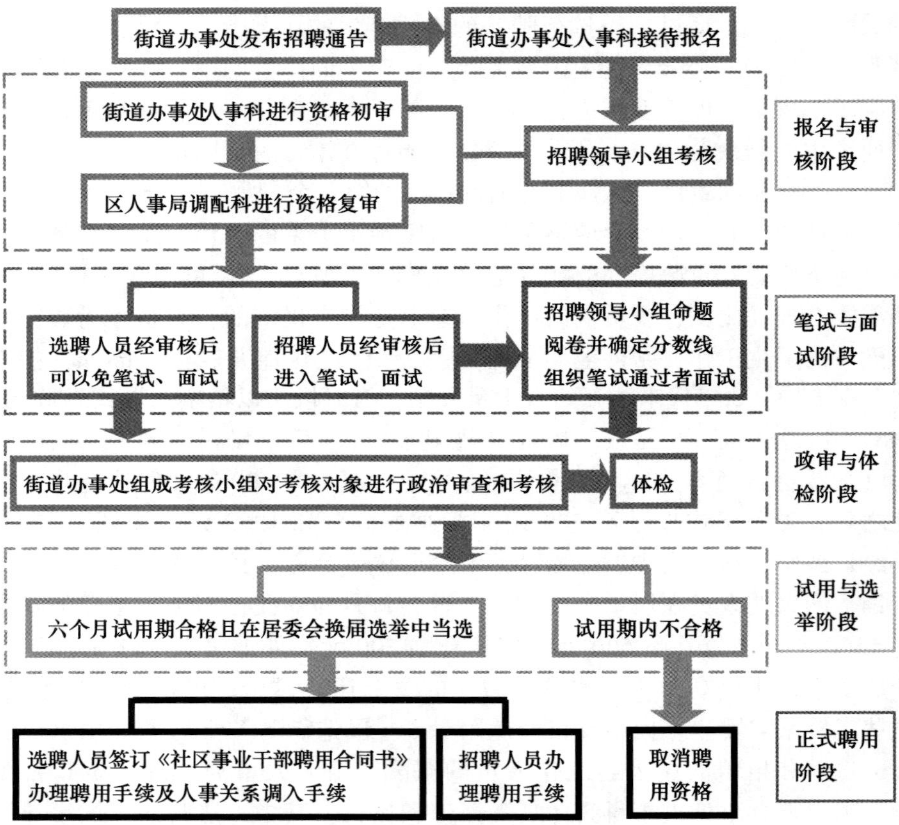

图 3-1 “民选街聘”的考核录用流程

从图 3-1 中不难看出，在整个考核聘用的流程当中，区人事局和街道办事处（主要是人事科）起到了绝对的主导作用，只要通过他们的层层审核与考试，即可视为进入居委会工作；而所谓的需要“试用期合格”、通过居民选举“在居委会换届中当选”只不过是保证合法性的例行程序而已，在我的调查所了解到的情况当中，还没有已经被街道选定，但是因为在社区选举中落选而无法就任的情况发生（在后面的章节当中，我们会详细讨论选举过程中的细节）。所以可以说，“民选街聘”的过程，实际上是先“街聘”、后“民选”，而且前者的决定性意义远比后者要大。

对前面三个问题的回答让我们看到：招聘和选聘的标准和尺度由街道办事处灵活掌握，可以将不完全符合条件的人员纳入居委会中；进入居委会之后的薪酬和办公经费完全由街道办事处支付；整个考核和聘用的过程又是由包括街道在内的上级政府部门把控，而居民选举起到的作用甚微。原本应该由居民选举决定的自治组织，变成了由政府选拔、聘用的机构，“街聘”在一定程度上代替了“民选”，这不仅仅是居委会委员们来源和身份的转变，更是居委会角色与地位的一次重大调整，直接导致了居委会在“街道—居民”这二者的关系当中，越来越向街道办事处的方面倾斜，而与社区居民的距离则显得稍远。

另外需要补充的一点是，“民选街聘”刚开始实行的时候，只是提出了对中共党员优先录用的标准；但是到了2003年以后，出现了“再招社区干部，必须是党员”① 的要求。——这样的门槛儿也强化了前面提到过的“党领导社区”的趋势，加强了社区党委与街道党工委的联系，从而在另一条线索上拉近了社区组织与“国家”的距离，在一个体制变革、利益重新分配的城市社会中有效保证了基层治理单元的政治正确性。

第四节　问题：国家在基层社会的“错位”

虽然“民选街聘”的模式在2002年略有调整②，但没有改变的是，居委会人员都是先通过招考、招聘进入由区人事局、街道人事科管理的行政体系中；在实质上（虽然名义上不是）成为行政系统的一部分之后，再参加所在社区的居民选举。我们在看到“民选街聘”的居委会所产生的积极作用的同时，也不得不审视这一体制所存在的一些问题。

一　法理性矛盾与职能性问题

按照《中华人民共和国城市居民委员会组织法》，居委会是城市居民选

① 引自2005年7月1日对民丰园社区时任居委会主任马文惠的访谈。

② 2002年8月（即第五届居委会选举之前），北京市第四次城市管理会议召开，北京市人事局、民政局、劳动和社会保障局联合下发89号文件，出台《北京市社区专职工作者管理意见》，将1999—2000年招聘的“社区事业干部”，改称为“社区专职工作者”。2002年11月底，北京市开始公开招考社区专职工作者，考试合格者取得社区专职工作者执业资格，在社区居委会试用2—3个月后，参加社区居委会换届选举——标志着北京市招聘“社区事业干部”这一举措的转变。

举产生的自治组织；但由于接受了街道办事处的“聘用”，成为国家行政体系在“基层的支点”，居委会的组织性质发生了不符合《中华人民共和国居民委员会组织法》的变化。居委会从城市居民自我管理、自我教育、自我服务的自治组织，变成了承接大量政府工作的办事机构。正如北京市某社区人员所说：“我们是街道招考来的，从街道拿着工资，我们能不听街道的？可我们又是居民选出来的，不能不代表居民。我们到底应该听谁的？”①

这一点从下面的访谈中可以十分清楚地看到，受雇于街道办事处的居委会不再是居民自治组织，居委会委员既不是“国家公务员”，也不是“一种职业”，成了一个“四不像”。这正是“民选街聘”所造成的居委会及其成员在身份定位上的矛盾：

> 说它（居委会）是一种自治吗？它不是。它（居委会成员）是国家公务员吗？它不是。它（居委会的工作）是一种职业吗？它什么都不是——它是“四不像”。……我把它定位为政府组织的“一条腿”……而小区的居民还是把居委会认为是他们的“娘家人”。②

由于身份定位上的矛盾，居委会呈现为“政府部门的一条腿”和“居民的娘家人”的混合体，这也就自然导致了其职能缺乏明确边界，形成了“社区是个筐，啥都往里装”③的尴尬局面，而且这个“筐”变得越来越大，承载了越来越多的行政职能，社会职能甚至市场职能。在相关研究所整理的

---

① 转引自许婠《街聘民选还是议行分设？——现行居委会体制改革现象透视》，《中国社会报》2003年1月8日。

② 引自2005年7月12日对民丰园社区居委会聂定钦的访谈。

③ ……我们的工作方式，要按照我们的性质来说，应该以居民的意见为主，居民有什么需求我们就去协调解决、满足，这也是我们的工作目的和出发点。但是现在不行了，我们更多的时间在做办事处下达的行政指令性工作。……防火、交通、综合治理呀，拥军优属呀，工会工作、侨联工作等这些行政部门的工作内容。……它（防火）是设立行政部门的，但是到社区，到居委会就是他（居委会治保主任）管。……很多的时候忙不过来，就是这一件事做好了就不错了。但是平时还要做很多样的事。你应该经常下社区和居民聊聊天发现问题、解决问题，或居民反映的问题怎么解决，这样居委会才是专门为居民服务的；（行政任务）一多就成了为上面服务了，上面要你什么材料，你就得准备。……最新的一项工作就是离退休人员的医疗保障、统筹又进社区了。我们社区没有增加人手，这个项目就先进来了——什么东西都往社区安，我这上面写着“社区是个筐，啥都往里装”。……我们应该对下负责，不应该对政府负责，政府部门要有指令，有什么工作要指派的，你（政府）应该找你专门的指令人员，搭建专门的平台；但是社区居委会已经介于政府和居民之间了，有这么一个平台很现成，也很好用，所以很多政府部门工作就是强制性、指令性地派过来。——引自2005年7月12日对民丰园社区居委会委员聂定钦的访谈。

居委会的216项工作中，居委会独立承担的工作为71项（如下户了解社情民意，向政府反映群众的意见、建议，落实工作、学习、财务制度，等等），占全部工作的33%；政府职能部门与居委会共同承担的工作为20项（如宣传党和国家的大政方针，为居民办实事等），占全部工作的9%；居委会协助政府部门办理的工作为92项（如计划生育工作、民政工作等），占全部工作的43%；委托居委会办理的工作为33项（如收缴垃圾处理费、卫生清洁费、交通安全进社区等），占全部工作的15%。因此，在“民选街聘”的背景下，居委会大部分时间和精力都在协助政府部门开展工作，是名副其实的“政府的一条腿”；只有少部分时间和精力开展居民自治工作。[①] 在访谈中，民丰园社区的工作人员认为，他们承担政府和其他有关单位（如工商所和统计局）下派工作的比例甚至还更高。[②]

另外，作为名义上的居民自治组织，居委会为居民服务的工作也很难彻底卸下来，居民既然把居委会看成“娘家人”，大事小情自然都找上门来，以我在居委会参与观察的情况来看，诸如照顾老人、资助孩子、调解纠纷之类的事件经常发生——“有求必应”是居民对居委会的要求，甚至在一段时间内，居委会成了某些居民的“保姆”[③]。

简言之，居委会的“民选街聘”造成了非常严重的问题：居民自治组织受聘于政府部门，在执行层面产生了“听命于街道还是代表居民”的矛

---

① 参见于显洋、林克雷、朱晓彦《北京市基层社区民主自治的条件与机制——北京市基层民主建设经验调研报告》，转引自尚丹《居委会构建下的社区联结和社会动员——对北京H居委会的个案考察》，硕士学位论文，北京大学，2006年。

② 政府跟单位（派下来的）差不多（占据了）80%以上的工作；20%是比如这个人打架了，他到你这儿，你可以协调一下，这个是真真正正的老百姓的事，能够妥善地解决，这也是你的工作职责所在。但是我们说包括写的那些东西全是总结，虽然说一年了，你肯定要写总结。另外像工商所他们搞首届食品安全知识大赛，选一个三口之家去参赛，发了100份答卷让你去答，实际上这些东西如果给我说，找一个人去答，我去组织，我去协调，你应该有这笔费用。统计局要搞1%人口抽样调查、统计人口，他让我们去学习，给我们培训三天，怎么落户什么的，把这个工作统计上去。实际上应该是统计局的事，也应该是政府的事情，他应该派专门的人到社区来运作你的一套工作，他要说人手不够，也从居委会这儿抽调人……统计局要求比较严格，我们这儿有时候一个礼拜全下去挨家挨户的调查……不管楼房和平房都要摸一遍……我们这又不是做统计的，这个让我们去做……实际上本身不是居委会的工作。居委会脱产就得全力扑到（这项）工作上……（原来那些日常工作）还要干，他回去晚上弄去。——引自2005年7月12日对民丰园社区居委会委员聂定钦的访谈。

③ （居民）不管在生活上还是其他方面遇到了什么困难，必须能找到人解决。现在有困难了可以找居委会……我们居委会做多了就是有求必应。……汪主任（汪红）成了他们家保姆了，天天来电话，买东西，买报纸，打扫卫生倒炉灰……其实老头能动，干吗呀？……他（原来的）保姆不用了，钱还省了，随叫随到。——引自2005年7月12日对民丰园社区居委会委员康瑶的观察记录。

盾，在法理层面也不符合《中华人民共和国宪法》与《中华人民共和国城市居民委员会组织法》对其性质的规定——法理性矛盾与职能性问题的存在，给“民选街聘”之后的居委会留下了新的改革空间。

二　身份变更引起的不满

前文提到，根据《北京市社区专职工作者管理意见》，1999—2000 年招聘的“社区事业干部”在 2002 年被改为“社区专职工作者”，身份发生了重大变化，很多待遇、福利、权利都相应地做出调整，成为“人事局不管、劳动局不问、名不正、言不顺”① 的一批人，这引起了居委会人员的普遍不满②，在相当程度上影响了他们工作的积极性，也削弱了国家在基层工作人员中的动员能力。从下面这段访谈内容中，来自原“社区事业干部”的抱怨和意见可以十分清楚地反映出来：

> 我们这些人从 2000 年考过来，现在将近 6 年的时间了，确实是太不容易了。真的，你说这个社区建设它这个大的宏观的东西不改的话，我们可能就在这个里面很累很累的，体制、机制的问题不改，那人就是不舒服……没有报销，公积金我们也没有，你说我们算什么身份呀……好多居民过来看一些费用——住平房领的那部分，我们这些人呢？住平房也好，住楼房也好，应该有的权利根本就没有，我们 6 年了，一次都没有过，都很不规范的……如果你把身份给定位好了，你是按劳动局的人，还是按人事局的人对待，自然就有一个相应的政策给你，现在什么都不是，就是一个“四不像”，所以我们求生存就很难。而且一而再、再而三地在那喊着社区建设重要，从事社区工作的这些人待遇都提高不上来的话，这些人慢慢会寒心的。如果按假期日加班应该给三倍的工资，（我们）什么都不给，就是无私的奉献。话又说回来，是需要奉献；但是毕竟不是计划经济了，是市场经济了，大家要生存。
>
> 现在“三险一金”都不交了，原先交。为什么呢？（上边）一直在研究这个，后来说我们这个是名不正，言不顺，不算正式员工，是一个自治组织，所以就不交了。三险不给上了，后来还说你们这不是工资，你们这是收入补贴。实际上不管有组织没组织，我们在为政府

---

① 语出 2005 年 7 月 12 日对民丰园社区时任党委书记梁文燕的访谈。

② 2002 年做出的这次调整，主要影响的是以事业编制干部身份选聘进入居委会工作的一部分人，他们主要担任居委会书记、主任等领导职务；而对当时招聘进入居委会、担任普通委员的一部分人则没什么影响。

工作，虽然说自治组织，但也不是闲坐着。[①]

第一，被改为“社区专职工作者”之后，居委会工作人员将身份、生活、工作等方面的不如意直接归因为宏观“体制、机制”的弊病，将矛头指向将他们招入居委会的上级政府部门和相关制度。第二，与周边的普通居民比起来，居委会成员有一种“相对剥夺感”[②]：在市场经济时代贫富差距不断扩大的情况下，不要说“比上不足”，就算是“比下”也颇有不如，连一些普通居民有的福利待遇他们都没有，这是让他们非常不能够接受的事实；认为光靠“无私奉献”，最后的结果就是“慢慢寒心”。第三，2000 年选聘进入居委会担任主任或书记的这部分人员，最大的愿望就是能够把自己的身份重新界定清楚，从而落实相应的政策；无论是归人事局管理还是归劳动局管理，总要有一个具体的说法，否则只能是“四不像”。为了这件事情，2008 年甚至发生了社区工作者联名上书事件，向街道办事处要求恢复“首批公招社区事业编干部的身份、保护工作积极性”（参见附录 6：社区事业编干部联名信）。

三　结构性缺陷与改革需求

归结起来，“民选街聘”后形成的上级政府部门与街道、居委会之间的关系可以用图 3-2 来表示。在这套体制中存在着两个比较显著的结构性缺陷：一是从垂直一体化的角度来看，党的领导体系可以一以贯之地到达基层社区（各级党委—街道党工委—社区党委），但是在行政序列当中，街道办事处的各职能部门已经是政府系统的最末端，而无法真正延伸到基层社区，不能满足“科层制”（bureaucracy）的政府部门向下完成自我复制的需求。[③]

---

① 引自 2005 年 7 月 12 日对民丰园社区时任党委书记梁文燕的访谈。

② 参见刘欣《相对剥夺地位与阶层认知》，《社会学研究》2002 年第 1 期。

③ 中国的行政体制在改革之初就已经具有韦伯所谓“科层制”的某些基本特征（如行政官员均受过严格的专业训练并具有丰富的行政经验，任期固定，职责明确；行政机构设计合理、分工明确、具有严格的职位等级结构和服从关系；行政机构强调技术化、形式化规则的约束和严格按照程序办事的规范，以行政效率和程序公正为行政之基本准则——科层制的这几个特征可以从 1980 年代中央确定的选拔干部的“四化”（革命化、专业化、知识化和年轻化）标准、1990 年代初中期开始在全国逐步推行的干部交流制度和公务员制度看出雏形）。而从 2001 年开始，中国又经历了一个所谓“行政科层化”的过程，行政体制成为一部设计合理、运转有效的庞大机器；而其最大的特征就在于其技术和机构上的强大复制能力，从而派生出更大规模的行政结构及其经营场域（渠敬东、周飞舟、应星：《从总体支配到技术治理——基于中国 30 年改革经验的社会学分析》，《中国社会科学》2009 年第 6 期）。——正是由于行政体制的辐射效应和科层体系的复制能力，才需要一个在技术、结构与合法性上都能够有效承担政府行政职能在基层延伸的机构。

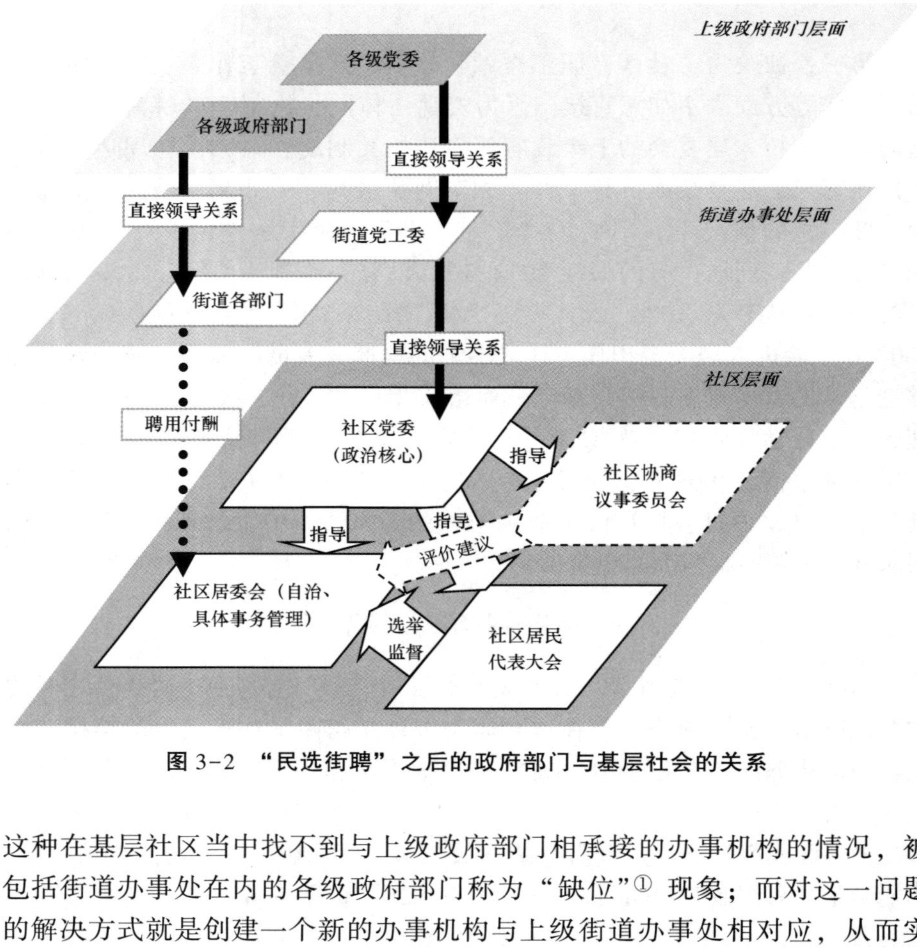

图 3-2 "民选街聘"之后的政府部门与基层社会的关系

这种在基层社区当中找不到与上级政府部门相承接的办事机构的情况，被包括街道办事处在内的各级政府部门称为"缺位"① 现象；而对这一问题的解决方式就是创建一个新的办事机构与上级街道办事处相对应，从而实现组织和职能上的双重"到位"②。二是从社区层面的实际运作来看，居委会由社区居民代表大会选举产生，并受其监督，是名义上的居民自治组织；但同时居委会又由街道办事处聘用付酬，成为国家行政体系的实际支

① 语出 2004 年 3 月《淳化街道社区建设工作报告》："建立社区工作站，承接政府部门下派到社区的工作，减轻居委会负担。推进社区自治的前提是理顺区、街、居之间的关系，解决政府部门在社区的'缺位'、'错位'和社区居委会的'归位'问题。"随后在 2004 年年中，淳化街道与淳风街道合并为阜财街道。

② 与前面提到的"缺位"相对应，"到位"指的是政府部门在社区层面的触角抵达和功能实现。

点，这就在自治组织与办事机构之间形成了居委会角色界定上的“错位”[1]；而其解决办法就是让居委会把附着在自身之上的行政包袱卸下，回归其城市居民自我管理、自我教育、自我服务的自治组织的位置，即居委会的“归位”[2]。

小　结

通过回顾社区治理的历史沿革与当代转型，我们可以看到中国城市“类社区组织”的治理方式，有着丰富的历史经验可以借鉴。新中国成立之后的社区居委会，应国家进入和动员基层社会的需要而生，并在相当长的时间内主要充当国家意志和行政延伸的触角，起到了社会动员的作用。虽然其作为居民自治组织的职能在不断地生长和发展，但在 20 世纪 90 年代中国城市社会风起云涌的改革浪潮中，不断出现的社会问题再次凸显了城市基层社会治理的重要性，也对居委会的人员构成和工作模式提出了更高的要求。

在这一背景下产生的居委会“民选街聘”是一个具有重大意义的事件，不仅仅因为它部分地解决了当时城市社会中存在的一些问题，更重要的是，它改变了居委会的组成和面貌，为国家以更加技术化、策略化、数字化的方式动员基层社会提供了组织和人员上的保证。当然，“民选街聘”产生的问题也有很多，比如居委会的不堪重负、工作人员的不满和抱怨等，使国家动员在基层社区实现的过程遇到了一定程度的抵触和阻力。更重要的问题来自于政府部门聘用“居民自治组织”，并且向其下派工作任务的法理性矛盾，这可以说是国家在基层社会的一种“错位”；当然，如果没有居委会所发挥的“行政平台”的作用，街道办事处及其之上的各级政府部门如何在基层社区实现“到位”又成了新的问题。换句话说，国家的行政指令和任务指派不能再简单地通过以往的“国家动员模式”或“庇护主义模式”来实现，而是要找到或者创制一个更加“法治化、规范化、

---

① 语出 2004 年 3 月《淳化街道社区建设工作报告》。这种“错位”导致居委会在客观事实上成为国家行政体系的基层支点和任务平台，但这是不符合《中华人民共和国城市居民委员会组织法》的。这不仅在法理上讲不通，在实际操作中也遇到了居委会职能范围无限制扩大、工作人员身份界定不清等一系列问题。

② 语出 2004 年 3 月《淳化街道社区建设工作报告》。

技术化和标准化”[①] 的权力支点和工作平台——新一轮的社区居委会改革，就是在这样的背景下产生的。关于这次改革的来龙去脉以及改革背后所呈现的国家角色问题，是我们下一章要讨论的内容。

① 关于“法治化、规范化、技术化和标准化”这“四化”，渠敬东等人认为：为解决社会经济各领域内出现的种种社会矛盾，2004 年之后，中央政府逐步形成了以“科学发展观”为核心的治国理念，将经营性的政府行为转变为以公共服务为本的治理体系，并将法治化、规范化、技术化和标准化作为行政建设和监督的核心议题。2001 年底，中国加入世界贸易组织（WTO），国际化的影响进一步强化了政府与企业的技术化、理性化的意识形态。2001 年前后，中国大幅度修订了两千余件法律、法规和规章及十万余件地方性法规和规章。在加大行政法治化、规范化的同时，各级政府也开始建立各类行政服务中心，积极推行政务公开化和透明化政策，以推动与国际接轨的进程（渠敬东、周飞舟、应星：《从总体支配到技术治理——基于中国 30 年改革经验的社会学分析》，《中国社会科学》2009 年第 6 期）。

第四章 社区改革中的国家角色与实践规范

概言之，“民选街聘”体制是以基层行政能力的强化解决社区问题，由上级政府部门安排居委会的人员和财政等事务，由此带来了三方面的变化：一是在个体层面，居委会成员成为受街道聘用的“准行政”① 人员；二是在职能方面，居委会的社会职能相对萎缩、弱化，行政职责却大大扩展，并在很大程度上接受上级政府机关的指挥和考核；三是在组织形态上，居委会难以成长为居民自治组织，而是向行政组织靠拢，成为国家基层政权的辅助组织、政府部门的派出或延伸机构。② 居委会的“行政化”造成了非常严重的问题：居民自治组织受聘于政府部门，在执行层面产生了行政事务和居民事务之间的矛盾，在法理层面也不符合《中华人民共和国宪法》与《中华人民共和国城市居民委员会组织法》对其性质的规定。鉴于上述情况，城市社区自治组织的改革势在必行。这一改革过程引发了众多学者的讨论，其关注的焦点大致可以分为以下三类。

第一类研究主要讨论社区自治组织改革的理念。核心观点认为，应改变“政社不分”这一传统社会体制的结构性缺陷③，强调国家与社会分离、界限分明、关系规范，从而使二者都可以保持活力。特别要明确社区组织自治性的内涵和外延，根据“功能单一化”的原则④剥离其行政职能，在结构和功能上进行调整、明确和“归位”⑤，使其成为具有政治民主性质、民主管理居民公共事务、维护居民权益的自治组织。⑥ 此类研究对居委会的未来发

---

① 李友梅：《当前社团组织的作用及其管理体系》，《探索与争鸣》2005 年第 12 期。

② 朱健刚：《城市街区的权力变迁：强国家与强社会模式——对一个街区权力结构的分析》，《战略与管理》1997 年第 4 期。

③ 徐永祥：《政社分工与合作：社区建设体制改革与创新研究》，《东南学术》2006 年第 6 期。

④ 于显洋：《城市社区管理与自治组织的发展》，《浙江学刊》2002 年第 2 期。

⑤ 李璐：《社会转型期城市社区组织管理改革的路径选择》，《理论导刊》2011 年第 3 期。

⑥ 徐永祥：《城市社区建设的体制创新与社会工作》，《探索与争鸣》2004 年第 12 期。

展提出了很多应然性的判断，但对于理念如何实践的问题，则涉及不多。同时，“政社分开”的观点普遍带有“国家退出论”的色彩，认为居委会的改革就是要让国家从社会领域有序退出，还权于民众、让权于社会；秉持这样的立场，部分研究局限在“就社区论社区”的层面，没有将政府、国家纳入改革的分析框架中，忽略了社区改革和社区自治空间的发育也并不完全是简单的自发过程，而常常是作为体制改革和国家建设的一部分。[①]

第二类研究归纳了多个城市的改革经验，提出诸多社区自治组织改革的理想模式。其中既有针对社区层面的“一会两站”模式[②]、社区管理委员会模式[③]、自治型模式[④]、“议行分离”体制[⑤]等诸多提法，也有将居委会改革置于“街居体系”之中，作为整个“街居制”改革的一部分而提出的“街道级社区”模式[⑥]，从调整街道办事处的功能入手来实现居委会的改革。[⑦] 这类研究在经验层面提供了大量丰富的事实材料，然而，其面临的主要问题有两点：一是事实陈述多于理论分析，在学理层面的讨论并不充分；二是仅强调类型的归纳，而缺乏对改革实践过程的把握，较少关注某种模式在实际执行中所遇到的问题和改革的效果。

第三类研究则弥补了上述不足，从改革后居委会的实际运作出发，关注社区自治组织改革的效果。尽管各种模式下的新体制都在名义上体现了基层社区脱离国家行政管理范围的趋势[⑧]，但在日常工作的具体运作中，政府仍然试图把社区重新纳入行政控制的范畴中来，导致居委会改革后新的组织形式已经产生，但组织性质和实际运作机制却没有发生根本改变，甚至更深刻地加强其科层化和行政化的特征——有学者称之为“内卷化”(Involution)。[⑨] 论及改革后居委会“换汤不换药”的主要原因，学界较一

---

① 王汉生、吴莹：《基层社会中“看得见”与“看不见”的国家——发生在一个商品房小区中的几个“故事”》，《社会学研究》2011 年第 1 期。

② 范耀登：《中国城市社区管理体制改革的样本研究》，《广东社会科学》2011 年第 3 期。

③ 曾锡环：《城市社区管理模式的改革与创新——深圳市福田区试行“居委会”改“社区管理委员会”实践的理论思考》，《广东社会科学》2000 年第 5 期。

④ 张立荣、李莉：《当代中国城市社区组织管理体制：模式分析与改革探索》，《华中师范大学学报》（人文社会科学版）2001 年第 3 期。

⑤ 张宝锋：《城市社区自治研究综述》，《晋阳学刊》2005 年第 1 期。

⑥ 崔运武、彭艳：《论城镇基层民主政治建设及居委会的改革》，《思想战线》1999 年第 5 期。

⑦ 何海兵：《我国城市社区管理体制的主要问题及其改革走向》，《上海行政学院学报》2007 年第 2 期。

⑧ 李友梅：《基层社区组织的实际生活方式》，《社会学研究》2002 年第 4 期。

⑨ 何艳玲、蔡禾：《中国城市基层自治组织的“内卷化”及其成因》，《中山大学学报》（社会科学版）2005 年第 5 期。

致地将根源归结为特定的制度背景和宏观的国家诉求，认为城市街区管理体制改革是国家在后单位制时期为了贯彻意志、巩固和调整社区中的既定权力格局，而主导和控制的“运动式变革”[①] 和“强制性变迁”[②]，结果是行政权力不可避免地在微型社区权力结构中占据主导地位，居委会难以回归为真正的居民自治组织。上述研究虽然注意到了城市社区自治组织的改革过程往往由国家主导，然而其局限性在于，被纳入分析框架的“国家”角色的复杂性被抹杀了——将国家假设成为整体的而不是分化的，是单一形态的而不是多元的，是一个具有“同质性”的单位而不是动机复杂的行动者。[③] 另外，即便是这种简单化了的“国家”，对其在改革肇始、执行、生效的各个环节中所发挥的不同作用的讨论也并不多见。

可以看到，既有的社区改革研究对于实践中“国家”复杂角色的讨论相对匮乏，而这一点恰是本章通过展现城市社区自治组织改革自上而下开展的过程所要回答的问题：“国家”在这场改革的具体过程中究竟扮演着什么样的角色？具有多面性和复杂性的“国家”在推进改革实践的不同阶段发挥着何种作用？遵循着何种规范？又如何造成了改革成效不明显、社区重归行政化的结果？——回答这一系列问题，不仅在学理上有助于丰富我们对“国家”概念的理解，也可以在现实层面更好地把握社区改革的实践过程及其结果；更重要的是，本章所讨论的“国家”角色能够推广到其他由国家主导的改革领域，从而具有透视中国式改革的运作逻辑的重要意义。

第一节　改革出台：具有自主性的国家及其目标呈现

一　国家目标与“议行分设”

以北京市为例，社区居委会改革采取的主要是“议行分设”体制——在社区中，将议事权、决策权和执行权分由不同的机构来行使的体制。关于“议行分设”体制的特点和利弊，已有很多研究做过讨论，这些研究或者认为“议行分设”代表了基层民主管理扩大的趋势，体现了现代社会管

---

① 黄宇：《社区自治组织“内卷化”及其功能变迁》，《湖北社会科学》2009 年第 1 期。

② 石发勇：《城市社区民主建设与制度性约束——上海市居委会改革个案研究》，《社会》2005 年第 2 期。

③ 李怀：《国家与社会关系视野下的地方社会权力结构研究》，《甘肃社会科学》2007 年第 4 期。

理体制的特点[①]；或者认为“议行分设”离不开调动广大居民和社会各界力量的积极参与[②]；还有的认为由于改革不配套，仅仅改革居委会的运作模式，“议行分设”的运行机制没有给居民真正的自主空间。[③]另外，关于北京市“议行分设”改革的执行过程和详细流程，也可以参见一些学者的介绍。[④]不过，对“议行分设”体制的流程进行描述，或者对其特点进行评价，并不是这里要论述的重点所在，本书所关注的是在出台之初，这项改革本身承载着何种国家意志，以及如何通过政策和规章呈现出来；之后，这种初衷在具体的改革过程中受到怎样的引申和扭曲。

按照“国家中心主义”的理论，国家作为一套组织体系，可以系统地制定并追求自身的目标，并在必要时使用强力执行其决定，而不是简单地反映社会集团、阶级或者整个社会的利益或需求，即国家具有一定的“自主性”[⑤]。从这个意义上讲，中国在20世纪90年代到21世纪初推进行政建设中所贯彻的“法治化、规范化、技术化和标准化”的核心理念，将经营性的政府行为转变为以公共服务为本的治理体系[⑥]，就可以看作国家目标在这个时期的呈现；而在城市基层社会中，为了解决社区行政化所带来的合法性问题和操作性矛盾，将社区的议事权和执行权分开的“议行分设”改革，正是为实现这个国家目标而做出的具有自主性的努力。

1999年，“社区自治、议行分设”原则第一次被写入政府文件，即民政部《全国社区建设实验区工作方案》，成为城市社区建设的一项重要内容。该方案的主要内容包括：

> 逐步完成城市基层管理体制由行政化管理体制向法制保障下的社区自治体制的转变……按照“社区自治、议行分设”的原则，以社区居委会或社区委员会作为社区内的主体组织，探索社区内议事层与执

① 戴燕、许小玲、唐莉：《“议行分设”：中国城市社区管理模式的创新——安徽省合肥市蜀山区社区管理模式分析》，《中共合肥市委党校学报》2009年第1期。

② 王栋：《“政社分离制”在城市社区基层民主建设中的有效探索——对成都锦江区“议行分设，居社分离”调研分析》，《社科纵横》2007年第12期。

③ 姚华、王亚南：《社区自治：自主性空间的缺失与居民参与的困境——以上海市J居委会“议行分设”的实践过程为个案》，《社会科学战线》2010年第8期。

④ 刘建民：《如何选出社区百姓的“腿”和“嘴”——记北京市西城区西四北头条选举“议行分设”社区居委会》，《社区》2003年第1期。

⑤ Evans, et al. eds., *Bringing the State Back in*, New York: Cambridge University Press, 1985, pp. 9-11.

⑥ 渠敬东、周飞舟、应星：《从总体支配到技术治理——基于中国30年改革经验的社会学分析》，《中国社会科学》2009年第6期。

> 行层分开的社区建设组织形式。社区议事层由社区成员直接选举组成，实行兼职制，作为社区成员代表大会闭会期间常设的义务工作机构，行使社区民主议事、民主管理的职能；执行层由议事层按相应标准和程序聘任，人员实行专职制，负责社区事务的管理。

1999年，包含了“社区自治、议行分设”要求的社区建设实验工作先后在上海、沈阳、南京、武汉等城市的26个城区启动。① 2000年，中共中央办公厅、国务院办公厅转发了《民政部关于在全国推进城市社区建设的意见》（中办发［2000］23号），将社区自治的内容进一步明确为：“在社区内实行民主选举、民主决策、民主管理、民主监督，逐步实现社区居民自我管理、自我教育、自我服务、自我监督。”2002年《中国共产党第十六次全国代表大会报告》明确提出了“扩大基层民主”“健全基层自治组织和民主管理制度”“完善城市居民自治”等与民主化相关的要求。之后，城市居委会直选的试点工作在全国范围内迅速扩展，直选产生的居委会也普遍推行了“议行分设”的运作模式。② 2002年8月17日，北京市新城区京东卫社区在全市第一次通过居民直接选举产生了社区居委会。2002年11月16日，古城区丰乐社区选举产生北京市第一个“议行分设”

① 其他一些城市的情况如下：（1）沈阳从1999年开始探索社区自治组织体制改革，其体系可以称为“一个大会，两个机构”，即社区成员代表大会、社区协商议事会、社区委员会。其创新之处在于：推举建立纯义务的社区协商议事会，从而形成“议行分设”自治组织，居民代言人（议事会）和服务提供者（社区委员会）分开，议事层本地化，执行层向社会公开招聘并通过合法选举产生。（2）上海从1999年开始探索对居委会“事业编”干部向“职业化社会工作者”转化的模式。居委会新体制由居委会和工作委员会组成：居委会成员是民选的、不领补贴的社区志愿者，代表居民行使自治权；居委会下属的社区发展、社会保障、市政、综合治理、经费审查5个工作委员会，由民选居委会成员、居民代表和负责执行日常社区工作的职业社工组成。职业社工由居委会专职干部转化而来，无须经居民选举产生，由街道社工站负责培训、聘用并派到各个社区居委会工作，从而把“民选”居委会（议事层）和“街聘”社工（执行层）分开，建立起居民自治和职业化社工相互补充的社区工作机制。（3）广州市从2002年7月试行社区居委会“议行分设”，明确规定：社区居委会是议事层，从本社区居民中选举产生，其成员不脱离生产，实行任期职务补贴。社区居委会聘请专职人员具体负责社区日常工作事务。社区居委会下设社区服务、文化教育、治安调解、计生卫生、环境等工作委员会，由居委会成员兼任各委员会主任，专职人员、社区单位及居民代表为委员会成员（许娓：《街聘民选还是议行分设？——现行居委会体制改革现象透视》，《中国社会报》2003年1月8日）。

② 姚华、王亚南：《社区自治：自主性空间的缺失与居民参与的困境——以上海市J居委会“议行分设”的实践过程为个案》，《社会科学战线》2010年第8期。

居委会。92位居民代表选举产生9名“新居委会”[①]（议事层）成员，他们由社区内有威望的人士组成，不领取报酬，行使在居民代表大会闭会期间社区重大事情的决策权及社区人权、财权等民主管理权力。社区各项日常事务则交给下设的工作办公室（执行层），该办公室由居委会选聘的社区专干组成，有月薪。执行层如果干不好工作，议事层有权将其解聘——这种工作模式在北京市社区建设进程中属于突破性的重大变革。[②]

二 “民主化”与“职业化”的可行性问题

具体而言，我们可以从几个方面解读这轮改革所强调的内容：第一，针对“议行分设”中的议事层而言，实行居民直接选举，还原社区自治；改造传统居委会，将行政职能从其中剥离出来，恢复《中华人民共和国宪法》与《中华人民共和国城市居民委员会组织法》规定的基层群众性自治组织的社会属性，重新赋予其民主议事和民主管理的组织职能，以使居委会能够在社区自治中发挥主体作用。第二，针对“议行分设”中的执行层，强调相应标准和聘任程序，建立专业化、职业化的社区工作者队伍来完成社区事务管理等具体工作。第三，在二者的关系方面，强调议事层聘任执行层。第四，在垂直隶属关系方面，并没有说明受聘于议事层的执行层需要接受来自上级政府部门的任务指派（后文会介绍，这点在改革的具体执行过程中发生了最为直观的变化）。

于是，“议行分设”改革自身所体现的国家初衷及其附带的原则和规范就较为清晰地呈现出来，即在城市基层社区治理当中的“民主化”与“职业化”。民主化表现在议事层面上，就是居民直接选举、居委会的去行政化及其自治功能；职业化则表现在执行层面上，就是人员聘任的标准、程序及其专业化。由于议事层对执行层的聘任关系，我们又可以说，在这两种规范之间，民主化具有比职业化相对更重要的位置。从这里来看，至少在社区自治组织改革这一领域，以中央政府为代表的“国家”并不像某些学者所认为的“目标不明”[③]或“不够具体”[④]，而是作为具有自主性的

① “议行分设”改革前后的居委会发生了很大变化。因此在本章中，如需要将改革后的居委会与传统意义上的居委会区分开来时，则称之为“新居委会”，否则不予区分。下文不再另做说明。

② 刘建民：《如何选出社区百姓的“腿”和“嘴”——记北京市西城区西四北头条选举“议行分设”社区居委会》，《社区》2003年第1期。

③ Sebastian Heilmann：《中国经济腾飞中的分级制政策试验》，《开放时代》2008年第5期。

④ 刘培伟：《基于中央选择性控制的试验——中国改革“实践”机制的一种新解释》，《开放时代》2010年第4期。

行动者，在改革出台之时就将其具体的政策目标较为清晰地展现出来，并通过系统的政策、制度和方案来贯彻国家意志，力图实现其初衷。

在我们看到的改革推行的最初阶段的各种政策文件和实践操作当中，民主化的确成为（至少在纸面上）屡屡被强调的规范；而职业化原则也通过公开招聘社工专职人员以及必要的考核解聘机制而得以保证。

然而，这种从中央俯瞰基层、树立目标并加以贯彻的国家视角忽略了很多细节问题，如“议事层”聘用“执行层”的设想如何实现？居委会聘用他人所需的资源从何而来？失去了居委会这样一个基层触角的地方政府要如何将自身的工作任务在社区层面落实？更为重要的是，在改革层层下沉、逐级落实的过程中，改革的目标会在各级地方政府层面发生何种变化？——这些都为改革的推进和执行留下了隐患。对改革实际情况的考察，我们将通过追问以下几个问题来完成：

第一，执行层（通常是社区工作站或社区工作办公室）的人员如何构成？在人员的选择上，是否真的遵循专业化和职业化的原则？

第二，执行层的月薪从哪里来？他们到底是受聘于社区议事层（通常是新居委会）还是其他机构或部门？相应地，他们究竟为谁服务？对谁负责？

第三，社区事务的议事权、决策权和管理权是否真的在居民手中？新居委会是否真的是社区自治主体？能否做到对社区工作站进行监督、评议、考核？

第四，社区居民对新居委会的选举过程是怎样的？所谓的“直接选举”是否能够保证？从候选人到正式委员的产生过程，是否能够体现居民的真正意愿？

关于前面三个问题，我们将在本章中逐一加以回答；而第四个关于选举的问题，将会在第五章中找到答案。对这一系列问题的回答，都有助于我们在改革推行和制度形成的过程中更好地观察民主化和职业化规范如何被各方行动者解读、扭曲并最终达成妥协。

第二节　改革实践：具有异质性的国家与目标转移

“国家中心论”的理论框架是不是能够用来解释整个改革过程中的国家角色及其行为呢？从理论上讲，已有研究指出，“国家中心论”认为，国家是一个统一整体，将其拟人化地看作理性行动的主体，掩盖了国家形态和权力争夺过程的复杂性，因此需要打破国家一体化的概念，来分析国家的不同部分如何与社会的不同部分发生联系。① 从改革的实际情况来看，人们常常用“各级政府部门”的说法来泛指一项改革的实施者，似乎政府是一个利益、动机、原则、规范都高度统一的行动整体。然而，在改革推广的实际操作当中，不同层级的政府部门所面临的压力、所拥有的自主性往往有所不同，对改革的态度也不尽相同，其所援引、使用或树立的规范便会与最初的改革目标有所差别。正如在“议行分设”这项改革当中，中央政府决策所体现出来的民主化和职业化的规范，到地方政府执行的时候，就成为另外一套逻辑。

一　从“议行分设”到“一心两会一站”

以笔者所调查的北京市古城区为例，该区对“议行分设”改革的具体执行方式是这样的：

> 自2001年起，经过6年的探索和实践，逐步确立并全面推行了符合古城区的区位特征的自治组织管理新模式“一心两会一站”社区管理体制，即以社区党组织为领导核心，以社区居民代表大会和社区居委会为居民自治载体，以社区工作站为政务、居务服务平台的管理体制，被国家民政部认可为以古城区为代表的“下属模式”。②

在“下属模式”中，社区工作站是社区居委会的执行机构，接受街道办事处的工作指导，在社区党组织和社区居委会的双重领导下开展工作，社区居委会与社区工作站是决策与执行的关系，社区居委会对社区工作站的工作进行监督、评议、考核；在街道办事处协助下由社区居委会负责对社工专干进行招聘、录用和评议，由社区居委会与被录用的社工专干签订聘用协议书（古城区执行的“一心两会一站”模式如图4-1所示）。经过分析对比可以看出，“下属模式”或“一心两会一站”管理体制与最早由民政部等中央部门出台的“议行分设”改革方案之间的不同主要有以下两点。

第一，在民政部等中央部门发出的改革方案中，并没有强调“社区党组织为领导核心”，或者说因为改革之前的社区党组织已经是政治核心，

---

① 李姿姿：《国家与社会互动理论研究述评》，《学术界》2008年第1期。

② 引自2010年2月23日古城区委社会工委书记、区社会办主任常芸在全区小区党组织书记、居委会主任培训班开班仪式上的动员讲话。

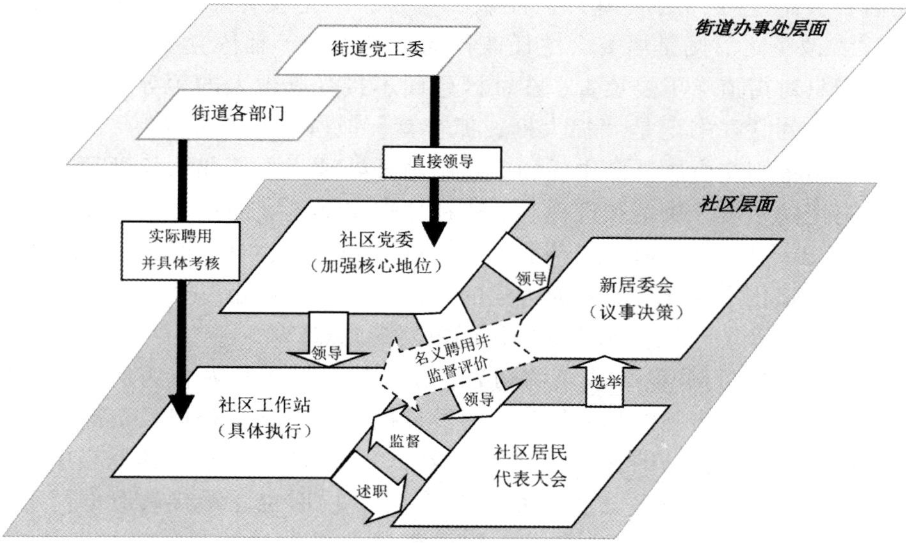

图 4-1　“议行分设”改革后，古城区实际形成的“一心两会一站”运作模式

而无须再把这一项纳入方案当中；但在“一心两会一站”体制下，党的领导核心地位不仅被重申，而且被增强了。这不仅仅在政策文件的规定和安排上要充分强调，而且在具体的选举顺序、职位关系和分工安排当中也都要处处体现出党在社区的领导核心地位。从范围来看，党委在社区内的领导范围扩大，从狭隘的“居委会的支部”扩大到整个社区的范围：

> 从我们刚一来的时候，支部就是居委会的支部，后来从 1996 年开始，就是加强基层的党组织建设。为什么现在叫“一心两会一站”？“心”就是一个核心，核心就是社区党组织核心，这个党支部不仅是这个居委会的党支部，而且是整个社区的党支部，包括社区的党组织。①

从顺序来看，往届社区领导班子都是居委会先换届，然后党组织跟着换届；2006 年及其后的选举，则是先选举产生书记人选，后进行支部换届，然后再确定工作站站长和居委会主任——党委书记的产生和党委换届成为社区改革和选举的前提条件。改革之前是“行政一把手，党委书记兼

① 引自 2005 年 12 月 15 日永平社区时任居委会主任宋金鹏在座谈会上的发言。

任居委会副主任，给居委会主任做二把手；书记就是辅佐帮助，把家看好”[①]；改革之后则是居委会主任兼任党委副书记、辅佐党委书记的工作，而书记只对街道党工委负责、在社区层面不接受其他人的领导。于是，改革后产生的党委书记是“抓大框、抓全盘、抓形势、抓方向”[②] 的，具体琐碎的事情则交由居委会主任和工作站站长处理；主任和站长必须接受和服从书记的领导、决定和管理。上述种种现象都是党的核心地位在社区加强的明证。可以说，通过“一心两会一站”的改革，社区党组织扩大了影响范围、强化了领导力度，成为党的方针政策进入城市基层社会、动员社区居委会（及工作站）和广大居民的重要落脚点。

第二，“议行分设”改革的初衷，是要让社区工作站作为居委会的执行层，负责社区事务的具体执行，而没有提及街道办事处以及更高级别政府部门与社区工作站的关系；但在古城区“一心两会一站”体制当中，明确指出社区工作站不仅是“居务服务平台”，同时也是承接政府部门下派工作的“政务服务平台”，名义上接受街道办事处的“工作指导”，实则是“工作指派”；社区工作站成员名义上由新组成的社区居委会招聘、录用和评议，实则由街道各部门聘用并进行具体考核、付酬（如图 4-1 所示）。[③] 这就在对原有居委会完成去行政化的同时，将新生的社区工作站作为替代品，纳入行政化的体系中来，成为街道办事处的派出机构和下属平台，从而解决了前文所说的上级政府部门在基层社区当中找不到对应抓手的“缺位”问题，实现了组织上和职能上的“到位”。

至此，中央部门以政策文件形式呈现的改革初衷所强调的民主化和职业化的目标，在地方政府的实际操作中，被一定程度地扭曲和转向了“再行政化”的逻辑和规范，这对基层改革的执行过程和社区组织的人员构成情况都提出了不同的要求，即能够扮演与原有行政化的居委会相似的角色，能够发挥与原有居委会相同的作用。

二 “再行政化”的趋势

基于社会组织“再行政化”所产生的需求，街道办事处对社区工作站的

---

① 引自 2005 年 12 月 2 日对民丰园社区时任居委会主任马文惠的访谈。

② 引自 2005 年 12 月 2 日对民丰园社区时任居委会主任马文惠的访谈。

③ 2009 年之后，这种关系得到了进一步落实：“工作站改为服务站，由街道办事处直接聘用，不再归居委会聘用，居委会对服务站工作进行监督，党组织整体引导，街道办事处对社区实施直接领导。”——引自 2008 年 11 月 20 日民丰园社区时任党委书记马文惠在社区内部会议上的发言。

人员聘用提出了具体的要求和安排："工作站原则上要把关，最好就是原来的街道干部，还有一些这几年从事过居委会工作的人，他毕竟比较熟悉业务，我们尽可能用这些人。"① 事实上，以阜财街街道的民丰园社区为例，经过"一心两会一站"改革之后的社区工作站，确实几乎沿用了原有居委会的人员构成；仅有的几处人员变动，也是从其他社区居委会调过来的（见表4-1）。这样做的原因，就是这些人曾经在原来行政化的居委会工作，熟悉街道办事处下派到社区的业务；进入社区工作站之后，几乎不需要任何磨合、适应和过渡的过程，就可以迅速接替原有居委会的角色，承担政府下派的指令性工作；他们受聘于街道办事处，也自然为包括街道办事处在内的各级政府所用、为政府部门服务、对政府部门负责。

表4-1　**民丰园社区工作站成员情况（2006）**

姓名	年龄	性别	学历	政治面貌	就业情况	职务	来源地
毕妍	33	女	大本	党员	执证	站长	阜财街街道其他社区
陆白茹	54	女	中专	党员	退休	站员	阜财街街道其他社区
蒋丽艳	48	女	高中	群众	失业	站员	原民丰园社区居委会
刘金芸	45	女	高中	群众	内退	站员	原民丰园社区居委会
李珍华	54	女	初中	群众	退休	站员	原民丰园社区居委会
康瑶	46	女	高中	群众	内退	站员	原民丰园社区居委会
郑志鹏	56	男	中专	党员	失业	站员	原民丰园社区居委会

同时，社区工作站不仅在人员上，而且在空间、地位和职能上都实现了对原有居委会的置换。第一，在工作空间方面，因为在改革后的新居委会当中，除了主任之外其他委员并不坐班，只是定期开会；而社区工作站人员每天上班，完全占据了原有社区居委会的办公场所。第二，在地位方面，工作站借用了原有居委会在居民心中的位置，或者说，居民将以前对居委会的印象投射到工作站身上，因为"在居民的脑子里面，认为工作站就是居委会，一到工作站就说是找居委会，不是说找工作站。居民的概念就是，工作站的人就是居委会的人"②。第三，在职能方面，因为受到街道

① 引自2005年12月15日在阜财街各社区负责人座谈会上阜财街街道社区办毛一涵的发言。

② 引自2005年12月15日在阜财街各社区负责人座谈会上的记录。

办事处和新居委会的双重领导和监督，又形成了必须同时应对社区事务和政府事务的尴尬局面。基于上述情况，可以说社区工作站沿用了原有居委会的人员班底，复刻了其角色、职能及组织架构，依然按原来的传统方式运行，形成了城市社区"再行政化"的局面，改变相当有限。

从"旧居委会"到工作站的变与不变之间，最重要的一点就是解决了政府部门在城市基层社区"缺位"和"错位"的问题，政府可以摆脱人们对"居委会行政化"的批评和《中华人民共和国城市居民委员会组织法》的合法性限制，名正言顺地向新设立的工作站下派任务。社区工作站成为在社区党组织贯彻党的方针决策之外，另一条在基层社会中实现国家意志的制度脉络和合法渠道。

三　改革背后的政绩驱动

除了"再行政化"的逻辑之外，各级政府部门执行的改革实践背后还有另外一种规范，即对政绩的追求。按照中国的政治体制，大政方针和国民经济宏观规划由中央政府制定，然后各级地方政府根据具体情况制定各自的目标，并交由更下一级地方政府去实施。因此，对每一级地方政府而言，首先要服从上级政府的领导，将上级政府的方针政策予以规划实施并完成，这是地方政府作为一个政治分支机构而必须履行的责任。于是，从1999年民政部《全国社区建设实验区工作方案》到2000年中共中央办公厅、国务院办公厅转发《民政部关于在全国推进城市社区建设的意见》，已经使"议行分设"改革成为各级地方政府不得不完成的一项行政任务。但是地方政府的运作逻辑又不仅仅是机械性地办事交差而已，在如何更好、更有创造性地完成上级任务的问题上，地方政府之间存在一种竞争关系，或者说一项"绩效竞赛"①。地方政府竞争目标的实现同时也暗含着上级政府目标的实现；各个地方政府相互竞争的过程，实际上也是上级政府目标的实现过程。只要在地方政府竞争主体的层级之上还存在一个具有绝对控制权的上级政府，并且地方政府主要扮演上级政府的下设机构的角色，那么地方政府间竞争就一定带有政绩性。② 北京市古城区及其下属的阜财街街道办事处在推行"议行分设"改革的过程中，就明显带有政绩性的色彩：不仅将改革作为上级政府下派的硬性任务来完成，而且不断探索和挖掘能够成为本辖区特色和政绩的新模式。

---

① 程臻宇：《中国同级地方政府间的政绩性竞争》，《上海经济研究》2003年第12期。

② 程臻宇：《中国同级地方政府间的政绩性竞争》，《上海经济研究》2003年第12期。

从前文引用过的古城区委社会工委书记、区社会办主任常芸的发言中我们可以看到，古城区具有创新性地推行“议行分设”改革，并发展出“一心两会一站”等若干独特做法的最终落脚点是：获得国家民政部的认可，并成为某种模式的代表。而这样的考虑方式并不是某级政府部门专属的秘密武器，而成为一种广为人知的工作思路。在我们对社区工作人员的访谈中，就能看到普通基层工作者对政府思路的“破译”：之所以推行“议行分设”的改革，是因为“这个改革是古城区的亮点，是极力推动的一项工作；现在区委书记主抓这件事情，他对这个感兴趣。从实际效果来看，未必行得通”①。社区党委书记口中的“亮点”，正是区级政府政绩的体现。

阜财街街道办事处作为区领导下的政府派出机关，也有着强烈的政绩冲动。2003 年 4 月，古城区出台《关于在全区范围内推进社区居委会管理体制改革试点工作指导意见》（古政办［2003］4 号），明确在社区推行“一心两会一站”的管理体制和运行模式。经过三年一届的试点和磨合，阜财街街道在 2006 年开始全面推行具有一定创新的“一心两会一站”模式。从附录 7《阜财街街道 2006 年街道工作指导意见（节选）》中可以看出，同上级区政府一样，街道办事处也期望通过对改革进行创新的过程，实现自身的政绩。这种创新一方面体现在 80%的社区居委会采取户代表直选的方式完成换届选举，这是街道办事处预期的工作亮点之一，符合改革的民主化规范和要求；并且在 2006 年底的街道工作总结②中，户代表选举以及超高的选举参与率和投票率，都成为其年度政绩的一部分。另一方面则体现在通过“一居一特”（每一个居委会都有一项特色）来实现各社区乃至整个街道的“品牌建设”，也成为政绩工程的重要内容。

四　政府官员：“执行者”和“代言人”

政府和国家之间不能够简单地画上等号，同样，政府组织和政府官员对某件事情的态度和看法，也不能完全混为一谈——政府内部是有其

① 引自 2005 年 7 月 1 日对民丰园社区时任党委书记梁文燕的访谈。

② 第一，以居委会换届选举工作为契机，提高社区建设水平。制定选举工作方案，加强指导与协调，在工作中严格落实五项制度，全力保证居委会选举工作按计划依法、顺利推进。本次居委会换届选举共登记选民 36706 人，涵盖了社区内 18 岁以上具有选民资格的全部社区居民。15 个社区实行户代表选举，4 个社区实行居民代表选举。提名居委会正式候选人 142 名。户代表选举参选率为 97.98%，投票率为 97.77%。居民代表选举参选率为 98.9%，投票率为 98.98%，差额选举出第六届居委会成员 123 名。——引自电子档案《阜财街街道 2006 年工作总结》。

复杂性和多样性的。比如，在古城区推行“议行分设”改革的过程中，阜财街街道的一些领导在考虑问题的时候并不是从政绩观出发，也不是凭空设想这一模式会有怎样的运作优势，而是从其主抓的实际工作着眼，实实在在地讨论和分析可能出现的问题（诸如“议事层”和“执行层”之间的矛盾），甚至会直指改革目标不明确，是“行政体制推行的结果”。

> 现在解决这个问题主要是，因为过去就是议事层，议事不干事，这样真的有一些情况，甚至议事的人还得指挥那些干事的人，你说不满意；你要是觉得不满意，我们还能干什么呢！这次咱们古城区搞这个“一心两会一站”的模式，主要是调整改进这个方面，不能再延续过去那种叫“议事层”“执行层”的——“执行层”就是工作站，“议事层”就是居委会，这次就是要调整改变这种状况。原来我们“议行分设”就是，议事层、居民代表就是议事，议事完了就让执行层干：这就造成了议事不干事，你又是社区居委会，你又不干事，我对你社区居委会有意见，你们不干实事，具体事情他也不处理，不了解干不了事，威信不是特别高，到社区具体的作用不一定有，所以这个事我觉得我们为什么老议着这个事，讨论这个事，究竟怎么回事，实际上对原来的议事层是一种改良，就是他老议事不干事，不坐班这个。
>
> ……这个“议行分设”社区和那个“评议委员会”是两回事，（“评议委员会”）到最后没弄成，现在不说了——弄不成的事情就不说了。书记你不敢说，我敢说，你不能说区里怎么、怎么样，我常春桥敢说这个话。开始你（区里）改革想什么，要说明白。比如这次说难听的话，找他、找我，这件事情都没有用，因为是行政推的，这是磨合的一个东西。①

为了解决一些困惑，时任阜财街街道工委书记和副主任两位领导还专程来到北京大学，同社会学系的老师讨论改革的初衷，以及产生的一些新的困境。在某种程度上，这些连接国家意志与基层工作的领导，既是政府行政体系中没有太多自主决定权的政策执行者，又是国家政策和改革方略进入社区的直接代言人，代表着与社会力量发生互动的国家体系的最末

① 引自2005年11月28日时任阜财街街道办事处副主任的常春桥在座谈上的讲话。

梢。如果说中央政府层次的“国家”考虑的是政策方向和改革初衷，各级地方政府更多地考虑的是任务完成和政绩竞赛，这些基层政府官员甚至工作人员所考虑的，则是具体工作如何开展层面的问题，难免会对改革的方案进行“选择性执行”①。

到这里，我们可以在一定程度上回答前面提出的第一个和第二个问题：在“议行分设”改革实际执行的过程中，包括街道办事处在内的各级政府根据自身的工作需要，对改革的实际形式进行了一定程度的调整，这种调整具体表现在社区各组织（党委、居委会、工作站）之间关系的重新界定、执行层（工作站）的人员构成以及工作站的具体职能上。如古城区的改革方案，强调党的领导核心地位、要求工作站的成员熟悉政务业务（聘用原街道干部或居委会人员）、将工作站打造成新的政务服务平台（受聘于街道办事处并对其负责），并将这种模式创新作为其政绩来源，这些共同体现了改革推行和实践过程中的规范扭曲，即从原定的民主化、职业化的规范，转向了对行政化结果和政绩目标的追求。

第三节 “议事层”的具体实践与民主化的消解

在改革初衷被部分转变的情况下，最初设想的民主化规范是不是完全得不到体现呢？这涉及前文所提出的第三个问题：社区事务的议事权、决策权和管理权能否回到居民手中？即作为“议事层”的“新居委会”能否成为社区自治的主体？这要从“一心两会一站”管理体制推行后的第一届新居委会的人员构成说起。

一 新居委会的人员构成

仍以笔者所调查的阜财街街道民丰园社区为例。该社区在 2006 年 4 月完成了“一心两会一站”社区管理体制确立之后的第一次居委会换届选举②，选举产生了 9 名新居委会成员，其具体分工及主要身份特征如表 4-2 所示。从表 4-2 中我们可以发现他们在来源上有两个特点：第一，9 名委员中有多达 7 人以各种形式参加过社区层面的工作（如参加过老年人协

① 姚华、王亚南：《社区自治：自主性空间的缺失与居民参与的困境——以上海市 J 居委会“议行分设”的实践过程为个案》，《社会科学战线》2010 年第 8 期。

② 具体换届选举的流程可参见附录 8《民丰园社区第六届居委会选举工作总结》。

表 4-2　　民丰园社区居委会成员情况（2006）

姓名	年龄	性别	学历	政治面貌	就业情况	负责工作	居住地	是否曾参加社区工作
于慧真	33	女	大专	党员	2003 年社区专职工作者	居委会主任、负责全面工作	本区其他街道	本街道其他居委会主任
吴志华	67	男	本科	党员	部队文职干部，1994 年退休	居委会副主任、协助主任	本社区居民	民丰园社区老年人协会副会长 2004—2006 年社区评议委员会理事
谢立扬	59	女	中师	党员	小学教师，2001 年退休	社区教育、文化科普	本社区居民	社区老年人协会副秘书长
尹秀莲	60	女	高中	群众	医疗仪器厂工人，1993 年退休	社区环境、物业管理	本社区居民	1997—2000 年在民丰园居委会工作
高春敏	49	女	大专	党员	土产公司工人，2003 年退休	社区卫生、计划生育	本社区居民	1999—2003 年在民丰园居委会工作
季秋雨	70	男	初中	党员	警卫员、司机、工人，1996 年退休	社区治安、人民调解	本社区居民	民丰园社区老年人协会理事 2004—2006 年社区评议委员会理事
纪晓舟	55	女	小学	党员	针织厂、毛纺厂工人，2000 年退休	社区共建、协调发展	本社区居民	无
丁国艳	64	女	初中	党员	军属、食品厂干部，1993 年病退	社区服务、社会保障	本社区居民	无
匡青藏	71	男	初中	党员	鞋厂、钢厂工人，1991 年退休	社区治安、人民调解	本社区居民	2004—2006 年社区评议委员会理事

会、评议委员会[1]等)，或者曾经是居委会的成员。另外，没有这方面经验的两人的履历中也有“退休后积极参加社区组织的各项活动、义务巡逻”“退休后积极参加社区活动、安全巡逻、慈善事业捐助”[2] 这样的说法，可以被看作社区中的积极分子。第二，除了主任于慧真是由街道办事处指派(并经过居民选举)，从其他社区调到民丰园社区“赴任”之外，其他居委会的委员都是居住在该社区的居民，而且全都是已经退休的普通居民。综合这两点来看，虽然这些人员具有一定的特殊性，较之一般居民，他们有着更强烈的社区参与意识、更配合政府工作，但归根到底，他们仍然是社区居民中的一部分，代表着普通甚至稍有些弱势的居民的一般利益。如果他们能够真正掌握社区的议事权、决策权和管理权，则居民自治将很有可能落到实处。

二　民主议事、决策和管理的无力

前文讨论了改革过程中不断确立并强化的党的领导核心地位，分析了成为新的行政化平台的社区工作站的人员构成和隶属关系，也看到了新居委会的成员来源和身份特征——这一系列由于“议行分设”改革和“一心两会一站”管理体制确立所带来的前后变化和人员更替，可以用图 4-2 来简要标示；特别重要的两点变化，一是民间组织成员和社区积极分子进入新居委会成为委员（图 4-2 中线索①所示)；二是原社区居委会成员基本上得以保留、进入社区工作站，成为新的行政化平台（图 4-2 中线索②所示)。与这种表面上的变化相比，更重要的问题隐藏在结构背后：社区中真正议事、决策和管理的主体有没有变化？这一角色是否由新居委会扮演？

一方面，从规章制度的角度来看，新居委会议事、决策和管理的职能并没有得到足够的保障。在成立之初，居委会设立的与此有关的制度包括：每月召开一次居委会议事会议，根据居民需要，提出切实可行的议案；每季度召开一次居委会与工作站联席会议，由工作站站长向居委会报告本季度工作和下季度计划，由居委会主任对工作站进行评估并提出意见

① 在此前的 2004 年，阜财街街道的部分社区成立了“评议委员会”，由社区离退休的老干部、社区单位代表、卫生站工作人员、社区居民、流动人员代表等组成，主要任务是完善民主监督机制，保证群众民主监督的权利并落到实处。但以民丰园为例，2004 年成立评议委员会之后，直到 2005 年 7 月才召开有关会议，所发挥的作用非常有限。随后推进的“议行分设”改革，逐渐冲淡其作用，并最终终结了评议委员会短暂的生命历程。

② 引自民丰园社区第六届居委会候选人简介。

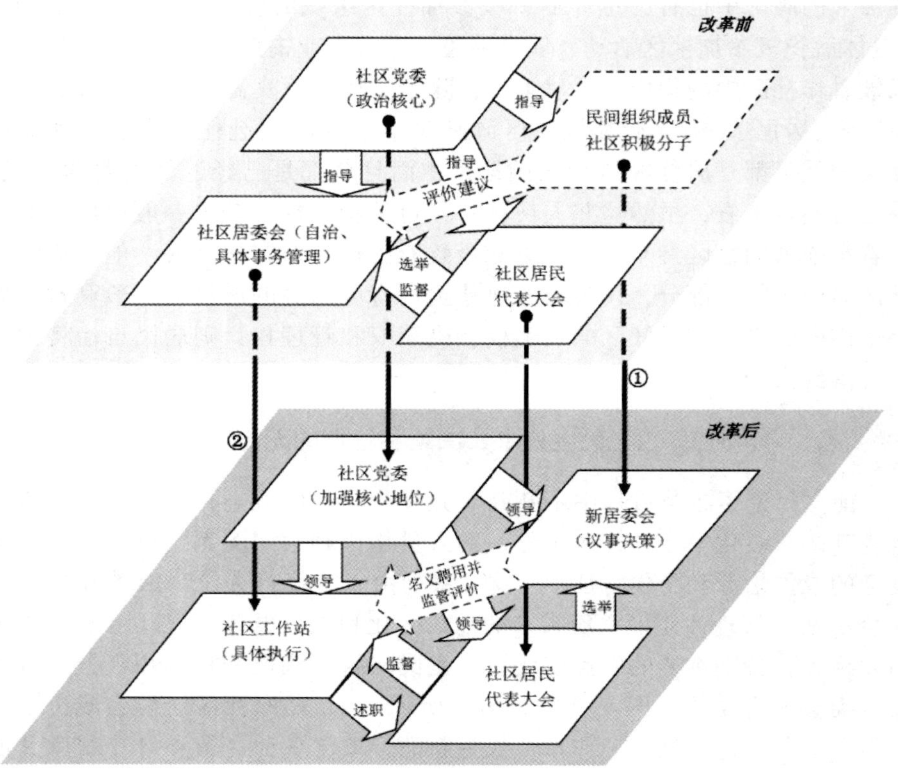

图 4-2　“议行分设”改革前后的社区组织变化及人员更替关系

和建议；居委会设立接待日，包括副主任在内每位成员每月值班两次。[①]然而，社区中很多事务性工作的商议和决定都需要即时完成，工作站的常规化任务更是每天更新、逐日推进，无论是每月一次的居委会议事会议，还是每季度一次的联席会议，周期都显得太过漫长；而居委会中大多数人又不坐班，只是隔周一次地值班，因此就从制度上将议事权、决策权和管理权让渡给了坐班的社区党委书记、居委会主任以及社区工作站站长，而事实上，由于“再行政化”的态势，书记、主任、站长也是以完成上级街道办事处指派的工作为目标。

① 比如 10 月第一、三周的周一至周四分别是吴志华、谢立扬、尹秀莲、高春敏值班，第二、四周的周一至周四分别是季秋雨、纪晓舟、丁国艳、匡青藏值班，依此循环；值班时间为上午 8：30—11：30。

另一方面，以我在社区田野调查的实际经验来看，日常工作的商议和决策多由坐班的社区工作人员完成（这一点在第六章关于日常工作的讨论中会有比较明显的体现）；在涉及选举、奥运、人口普查等重大事件时，日程安排、工作流程和具体做法都由上级政府部门拟定文件并下发通知，甚至派专员（如选举期间的干事、人口普查期间的指导员）来社区督导。而新居委会的几位不坐班的委员，并没有实质意义上的议事权、决策权和管理权；以我的观察，就连制度性的每月、每季度例会的召开都不能够得到完全保证。另外，在民丰园社区的文字档案中，也几乎找不到新居委会不坐班委员的工作信息（如会议记录、意见建议或计划总结）；为数不多地提到的这几人名字的材料是《民丰园社区居委会2006年工作总结》①，但总结中所列举的业绩仍然停留在社区积极分子和民间组织成员（如老年人协会）的层面，仅仅是对社区党委和工作站的事务性工作起到了配合和帮衬的作用，丝毫不能体现出自主议事、自主决策、自我管理的意味。可以说，从新居委会的实践情况来看，确实发生了关于“自治权利”的让渡。

探究这个问题，我们可以从几个方面寻找答案。第一个原因是当事人的心态和自我定位，民丰园社区第六届居委会副主任吴志华对自身的定位是“半个局内人、半个旁观者”②，也就是社区“一心两会一站”体制的边缘人。相比于其他居委会委员，吴志华作为副主任，与社区日常工作的联系比较紧密；即便如此，他还将自己定位为“边缘人”，更不用说其他

---

① 在这份总结中写道：“对于分管的工作，大家也都积极主动，负责治保的季秋雨同志每天在社区内进行安全巡视，遇到问题能及时解决；负责调解的匡青藏同志遇到问题能主动解决，对于比较难解决的问题立即与居委会主任取得联系，寻求解决方法；负责文体活动的谢立扬同志为社区文体活动出谋划策，并积极组织；负责卫生的尹秀莲同志经常下社区检查卫生，遇到不文明现象积极制止；居委会副主任吴志华同志更是认真负责，基本每天都要到社区居委会了解情况，遇到问题及时解决，并经常对社区居委会和工作站提出建设性意见，对于产生家庭纠纷的一户居民，吴志华主动与其谈心，并自己书写了‘家和万事兴’的书法作品，又自费装裱好后送给了这个家庭，使其非常感动。”而安全巡视、出谋划策、积极组织、检查卫生、调解纠纷等行为，与新居委会的自治主体定位尚有距离。即便是其中提到的一些与居民联系、为居民服务的说法，也未必能够得到大多数居民的认同——因为在第六届居委会任期结束、第七届居委会选举的时候，很多居民代表都表示：“上届的居委会都有谁啊？都不记得了！”——这间接反映出居委会与居民之间的关系状态。

② 吴志华在2006年9月一篇题为“我为三姐妹鼓掌”的文章中，开篇这样写道：“今年，北京古城区的社区建设，实行了新体制，配备了新班子。大家普遍关注的是新体制、新班子，究竟运行得如何？我做为社区居委会不坐班的副主任，以半个局内人、半个旁观者的身份，谈谈自己的看法。”

那些每月值班两次的居委会委员了。正所谓“不在其位、不谋其政”，这种边缘化的自我认同，也就决定了他们不可能具有当家做主、民主自治的心态，放权也是自然而然的事情。

第二个原因是，政策赋予居委会的民主自治地位，缺乏必要的资源和权力作为支撑——这是可以从下面这段访谈记录中看到的事实。从这位坐班的居委会主任的口中，我们也能够看到一些新居委会的无奈：由于掌握的资源不足、权力不够，因此解决问题的能力不强，严重制约其作为“议事层”研究社区问题和执行社区决策的有效性，同时也打击了社区居民向其反映问题的积极性。新居委会主任所领导的这个团队，也只能是通过每半年一次的居民代表汇报制度，向居民通报上级政府和工作站的业绩。

> 从三年来工作情况来讲，我感觉我们那儿还是“通报得多、研究得少”，这是一个特点。大部分委员不坐班，所以有一些工作，就是社区工作站做的这些工作，大部分都是交叉在一起的，很难说哪些属于自治部分，哪些属于政府部门的部分，比如说像人民调解工作就不是上级派下来的，都是从居民当中直接采取的，这些按道理来说应该属于居民服务范畴的，但就是说你又不好严格分清。所以我们这个就是多进行通报，通报的同时坚持每半年一次的居民代表汇报制度，这个是三年来一直坚持的，我们还有一个社区居民代表大会，就是汇报每一年的工作并进行评议，所以作为研究来讲，感觉少一点。
>
> 从理论上讲，议事层主要是议事，为什么议得少？我们感觉有一个突出的特点，就是社区居委会现在掌握的资源比较少，这块儿即使议了，有一些因为它掌握的资源少，他就办不到，没有什么意义，感觉有点不太到位。比如居民老提我们那儿洗澡难、买菜难，这个问题回回大家都提，但是提了以后不光我没有办法，政府在这块儿也非常为难。我那天开会说了，你们有什么合理化建议，有什么你就提。他们（居民）说还提这个问题，就看解决不解决，就是狗的问题——我们有19条狗办了证的，有22条没办证的，你怎么管？没法管，我们怎么管？我们没有这么大的权力，只能说“你办证去吧”，人家说“我办什么？我这狗不咬人”。居委会也是，谁谁养狗了，你去查查去？我们没有这个权力，只能做做工作，你看我们说话不管用吧，不听。路窄，车也多，老从我们这边这么掉头走，其实也不是我们的事，解决不了，还有装修房子、做工问题，这个也只能提一提，也不是我们能解决的问题。（居民）遇到这个，就是提的问题总解决不了，

就丧失信心了。所以有时候“议”也就是一个形式，一般还是通报，就是我们工作站最近办了多少“低保”了，或者我们帮助其他的孤寡老人解决多少困难了，等等，就是这些让群众了解社区工作站，包括政府，因为政府的一些行为主要是通过工作站体现的，让居民群众了解，就是我们政府在社区建设和关心弱势群体都做了哪些工作，主要是通过这些手段。①

第三个原因是，从社区党委、工作站等其他人员的表述当中，我们也可以看到一些居委会委员自身存在的精力问题和态度问题。比如在年龄方面，民丰园社区新居委会不坐班的几位委员的平均年龄达到了 61.9 岁，最年长的已经七十开外，最年轻的也年近五十（如表 4-2 所示），这些人的精力和体力都制约了他们议事、决策和管理的能力。针对这一点，民丰园社区党委书记马文惠就说过：“他们是居民选出来的，选出来的都是老头、老太太，因为年轻人没时间；年轻人说，你要是选我，我还得上班呢，这些人在年龄上没有我们有优势，没有精力，他岁数大了，还有（缺乏）各方面的协调能力。他会用电脑吗？他会组织文件吗？……”② 在阜财街各社区负责人的座谈会上，也有其他社区的工作站站长表达过类似的看法。

“议行分设”选上的这部分（新居委会的）人，年龄结构还是相当老化的，60 多岁还是占相当多的，文化水平低，小学的、不识字的，真正一些高学历的，说白话就是有点能力的人，他不愿意投入这项工作上来，造成了这个队伍老化比较严重，有的岁数大了就是这样，体力、精力都不行了，想让他议点儿更多的东西，他也议不出来。看 80 多岁的老头儿，还是居委会的成员，你再是退休局长，你再有热情，你什么都糊涂了，坐一会儿就要睡着了！要是居委会都是这样的成员，那也不行呀。你让他到工作站、到居委会干吗去！天一冷还得拽着个枕头。热心是热心了，他能议什么呀？这是现在的不足。③

---

① 引自 2005 年 12 月 15 日永平社区时任居委会主任宋金鹏在座谈会上的发言。
② 引自 2005 年 7 月 1 日对民丰园社区时任居委会主任马文惠的访谈。
③ 引自 2005 年 12 月 15 日阜财街各社区负责人座谈会上的记录。

又如责任心问题也是大家讨论的焦点——从各社区反映的情况来看，在实际工作中，新居委会中的一部分不坐班的成员既不正常参加例会，又不深入居民当中；导致既不熟悉上面的政策，也不了解居民的需求。

> 实际上，居委会这些不坐班的委员本身就是局外人，一个是不知道底下，一个是不知道上面，他只知道他自己那块儿，他是居民里面的一员，但是他不一定知道居民里面的好多事儿。你看他们，都不坐班；比如说让他们来旁听关于“低保”的什么政策，他说：“今天我出去办事儿去”“明天遛弯儿”“后天我又有事儿去”，还不来。这些成员都在家里待着，有的好的话是一个月议一次，有的三个月都不议一次，虽然不一定一个月议一次，但是他不坚持。有些（社区）单位（产生）的委员，这些人就更请不动了。再有，居委会这块儿根本就不下去（了解居民），怎么能反映大多数人的意见？肯定有一定的片面性，有的人纯粹就是自己的意见。可是这和居委会的工作完全相反，（居委会）就是要反映大多数人的意见。①

上述这类问题在很大程度上正是由于责任感的缺失所造成的：“（居委会）这些人不需要坐班，每个季度开次会。有时居委会的主任都忘记开会了，得站长通知，他没有责任感。你才给 200 块钱谁给你干活？人家都有退休金，人家有毛病吗？”② 就这样，自身的精力问题和态度问题共同决定了一个客观事实：新居委会中不坐班的委员们，有相当一部分人（如果不是大多数）无心而且无力行使民主自治的权利，加上前已述及的自身定位问题、资源和权力问题，“议行分设”改革之后的新居委会将自己手中的议事权、决策权、管理权让渡出去，进而造成民主化规范在一定程度上的消解，也就成为再正常不过的事情了。

类似的情况在推行“议行分设”的其他城市的社区中也有不同程度的体现，有学者指出，“议行分设”的运行机制没有给居民在社区内实行“民主决策、民主管理、民主监督”提供自主性空间。③ 一些研究中所展示的访谈记录，与我们在北京看到的情况如出一辙，只是把议事层（新居委会）委员不发挥作用的原因解释为“没有时间”而非“不负责任”：“‘议

---

① 引自 2005 年 12 月 15 日阜财街各社区负责人座谈会上的记录。

② 引自 2005 年 7 月 1 日对民丰园社区时任居委会主任马文惠的访谈。

③ 姚华、王亚南：《社区自治：自主性空间的缺失与居民参与的困境——以上海市 J 居委会“议行分设”的实践过程为个案》，《社会科学战线》2010 年第 8 期。

行分设’意义不大，只是形式，表面上是民主。议事层主任有多大的权？他难道真正有权聘任或解聘社工？人都是街道定的。议事层的委员挂名的也很多，他们也不是不负责，而是没有时间。”①

三　民主监督背后的困局

既然新产生的社区居委会无法充分行使议事权、决策权和管理权等民主权利，新居委会与社区工作站之间也不是真正意义上的决策与执行、管理与被管理的关系，那么，新居委会能否做到对社区工作站的监督、评议、考核呢？

表 4-3　　民丰园工作站人员面试考核表（2006 年 4 月 29 日）

序号	姓名	应聘岗位	自我表述			业务水平			服务意识			总体评价		
			好	较好	一般	好	较好	一般	好	较好	一般	好	较好	一般
1	刘金芸	社区服务	√			√			√			√		
2	郑志鹏	治保调解	√			√			√			√		
3	陆白茹	治保调解	√			√			√			√		
4	康瑶	计划生育	√			√			√			√		
5	李珍华	文化科普	√			√			√			√		
6	蒋丽艳	共建协调	√			√			√			√		
7	毕妍	站长	√			√			√			√		

首先，虽然前文介绍过，在社区内聘用工作站的主体实际上是上级街道办事处，但新居委会在名义上聘用社区工作站的权利还是行使得比较充分的。在 2006 年 4 月 29 日，也就是 4 月 13 日民丰园居委会换届选举结束的 16 天之后，该居委会召开了对工作站的面试会议，我全程旁听了这次会议：在会议上，首先由七名社区工作站的应聘者（甚至包括已经由街道办事处指派好了的工作站站长）向社区党委和居委会的委员们做自我陈述；然后是委员们对应聘者进行提问、由应聘者答辩；最后是委员们在《民丰园工作站人员面试考核表》（见表 4-3）上对应聘者进行打分评判（分为“好”“较好”“一般”三档），并决定是否录用。虽然几名居委会

① 李骏：《真实社区生活中的国家—社会关系特征——实践社会学的一项个案考察》，《上海行政学院学报》2006 年第 3 期。

的面试官和应聘者很多都是街坊邻居或老“同事”，早已熟识，整个面试过程一团和气、轻松融洽，大家一边唠着家常，一边开着玩笑地就把考核表中所有的“好”都画上了勾，看起来是一场走形式的例行公事[①]；但实际上，这种应聘时面试、年终述职、任期结束时考评的形式和程序，为新居委会与工作站之间的监督与被监督的关系提供了极其有力的制度保障，从一个新的工作周期伊始，就对工作站的人员做出了鞭策和约束：

> 用人机制还是变了，你不管怎么着，工作站也要想“我得好好干了，不然不和我签合同了”。——他起码有这方面的考虑，以前就是干好、干坏一个样，现在最起码他有点儿危机感。写鉴定的时候，我们居委会主任特别认真，弄得他们拿着那个（表）直哆嗦。说“李主任你这么一提我特别害怕，下一年还能再聘我吗？”主任说，你别这么紧张，是自己家人才这么说的。原来没这感觉，就从（新）居委会加入感觉极大，起了这么一个监督的作用，这是好的一方面。[②]

其次，在实际的日常工作中，新居委会中的一些委员对工作站的监督作用也是始终存在的。比如在街道座谈会上有些社区人员向我们介绍：

> 居委会来监督、考察工作站，有时候开会提意见了：“你们上班有时候纪律不好，发现你们上班出去买东西，发现你们上班聊天了，你们怎么着、怎么着”，这么一说，工作站就害怕，因为他还要签署考评意见啊。所以爱提意见的治安主任一来，这边（我们）就害怕，“呦，过来了，我们今天可没怎么着……”害怕他，到现在都怕他，因为他一来就抓着你。像我们的总结，一般就是实实在在地写出来，找多少居民谈话，走访了多少户……实在一点儿，这样写还能减轻点儿压力。人家（爱提意见的治安主任）不答应：“你们的总结不能这么写啊，你管哪方面的工作，你得从哪方面开始写，执行党的政策，我们执行得怎么样，走偏、没走偏，是不是按照国家的政策办事了……”他让你非要从这方面开始写。[③]

---

① 类似的情况在每年年末的述职会以及2008年这一届工作站任期结束时的考评会议上也都有出现。

② 引自2005年12月15日在阜财街各社区负责人座谈会上的记录。

③ 引自2005年12月15日在阜财街各社区负责人座谈会上的记录。

从这些表述中我们可以看出，部分居委会委员对工作站的监督有时候体现在工作纪律上，有时候体现在政治方向上，但无论如何都是一种检查、“挑毛病”、让人不太容易接受的态度，以至于很多工作站的成员都把这种关系称为很不和谐的“婆媳关系”，认为新居委会的出现就是在原有的街道办事处管辖的基础上，又增加了一个难伺候的“婆婆”。

细想起来，新居委会里年纪稍微大一些的委员们，对实际工作的难度不甚了解，对现代化的办公设备和技术手段也不会使用，前面还提到过他们在精力、责任心方面没有什么优势，他们对工作站的聘用和考核也存在走形式的嫌疑，并没有实际解聘的权力，那么新居委会对工作站的权威从何而来？从实际交流的过程来看，这种权威或者说“底气”在一定程度上来自于二者的年龄差（新居委会委员的平均年龄为61.9岁，而工作站成员的平均年龄为48岁）。——当一个60多岁的居委会委员对40多岁甚至更年轻的工作站人员提出要求的时候，哪怕这个要求并不合理、完全无法实现，年轻人也不好当面违背年长者的意愿、驳年长者的面子，只能口头上“好、好、好，是、是、是”地应承下来，等老人扭过头去，轻则阳奉阴违地说一套做一套、依旧故我；重则背地里发一通牢骚，甚至指责老人什么都不懂地瞎指挥，等等。这种情况在笔者所观察到的日常工作中时常出现，而这样的关系跟中国的婆媳关系、晚辈与长辈的关系确实有些相似。与其说居委会对工作站的监督是民主化规范的体现，倒不如说这是借用了民主化的躯壳，践行着中国社会中长幼关系的传统规范。

新居委会和工作站这种“婆媳关系”发生激化的情况并不少见：在我走访过的阜财街街道所辖的社区中，国富园社区、永泰社区的居委会和工作站之间的矛盾都曾经达到了不可调和的程度；在惠众社区，社区党委书记被撤职，也与没能妥善处理好这类矛盾有关系。而在本书主要调查的民丰园社区，“婆媳冲突”虽然没有大规模爆发，但是少数过于强势的居委会委员还是引起了工作站成员的普遍不满。比如在第六届居委会中负责社区治安的季秋雨老人，是所有居委会成员中最经常发出不同声音的人。从他2005年担任社区评议委员会理事的时候开始，一直到他2009年不再担任居委会委员结束，在我旁听的每一次有他参与的社区会议上，他总会很严肃地、不讲究方式地、不留情面地提出一些社区中存在的问题，包括社区内买菜难、治安差、驻区单位（甚至是部队）扰民的问题，等等，而这其中大多数都是社区层面无法解决的。在得不到满意的答复并且看不到明显改观的情况下，季老仍然执着地一次又一次地提出自己的看法。——这本身无可厚非，但在工作站成员们、社区党委书记听起来，却一次比一次刺耳。在这样的背景下，那些坐班的社区工作人员对季老作为居委会委员的评价也越来越负面，比如，说他“以居委会的名义在社区里检查违章菜摊，其实就是为了买便宜菜”；说他“每天来工作站办公室好几趟，每次都是为了上厕所，省得在家还得冲水花钱，还把办公室的厕所弄得特别脏”；说他“社区里只要发东西，肯定得来要，什么好事儿也不能少了他的”[①] ……在这些事情当中，有些与笔者观察到的情况接近[②]，有些则并未亲见，但情况复杂而且微妙，让人无法确切地判定其中的实际情况，可以确定的只有以下两点：

第一，不同于伯当斯基和泰弗诺所总结的西方人解决问题时尽可能使情境“纯化”（clarification），以使用在某种情境下唯一的最高原则来判定对错[③]，中国人往往喜欢用混淆情境、引入其他原则和规范的方式来对某个人、某件事做出判断。比如对季老评价这件事，已经不只是用工作领域的规范、以一个履行民主监督职责的新居委会委员的标准来衡量他，而是引入了其他范畴的原则，从道德、人品、性格的角度进行综合评价，甚至对其加以“污名化”[④]。这不能不说是社区民主监督所遭遇的一种非常尴尬的局面。

第二，鉴于季老的这种情况，以及其他与季老相类似的居委会委员给社区实际工作所带来的“阻碍”[⑤]，社区党委书记、工作站站长，也包括新居委会中坐班的主任，都达成了一个共识：对居委会委员的人选一定要有所控制。“议行分设”改革执行到社区层面，最基层的行动者们所看重的不再是民主化、职业化的规范，也不是行政化和政绩性的考量，

① 引自对吴洪天、郑志鹏等人的日常访谈记录。

② 根据田野观察，每次季老来工作站，确实都会上趟厕所；至于这是因为要给家里节省水费、贪小便宜，还是因为70多岁的人身体机能衰退，每次来都忍不住，则不敢在这里断言。但我个人比较倾向于后者：季老的家住得离工作站办公地点很近，但是住在6楼；通常情况下，年逾古稀的老人不会为了节省冲厕所的水费而专门上下一趟6楼。

③ 参见 Boltanski，L.，Thévenot，L.，*On Justification*：*Economies of Worth*，Princeton：Princeton University Press，2006.

④ 关于“污名化”的概念及其应用，参见张友庭《污名化情境及其应对策略：流动人口的城市适应及其社区变迁的个案研究》，《社会》2008年第4期；李建新、丁立军《“污名化”的流动人口问题》，《社会科学》2009年第9期；张乐、童星《污名化：对突发事件后果的一种深度解析》，《社会科学研究》2010年第6期，等等。

⑤ 这里的“阻碍”是站在社区工作站成员的立场上说的，其实，尖锐的意见对社区发展而言也是一种促进。

而是实际工作中的便利性①、运作方式的稳定性②、遇事决策的一致性③。在社区党委书记马文惠看来，如果一些“爱惹事儿的人”进入居委会，将会对上述规范造成严重破坏，因此在选举的时候就要“尽量选好了，不要那么多事儿（的人）”，否则“时间长了就该打架了”④。——至于在选举中如何做到控制人选、什么样的标准才算是“选好了”，则是下一章要讨论的问题。

小　结

“议行分设”改革从1999年开始在上海、沈阳、南京、武汉等城市的26个社区进行实验工作，逐步向全国多地扩展；直到社区工作站取代居委会，成为城市基层社会中真正发挥作用的“再行政化”的组织。——这样一个从“轰轰烈烈”到“新瓶装旧酒”的过程在很大程度上是由“国家”在中央层

---

① 便利性的原则指的是，如果所有新居委会委员都把民主监督的工作做到季秋雨老人的那种程度，社区工作就“没法干了”；社区党委和工作站都希望选出的新居委会委员能够多提供帮助、少做些考核，尽可能为实际工作提供便利。如当事人所说：“刚一宣布他（吴志华）当副主任的时候，他马上就说了，‘我怎么考核你，弄个几条几项……’毕竟是老干部。我们一看这个情况不对劲了，要这么考核我们，我们没法干了。”为了让委员们扭转观念、改变关系，社区党委书记说“明天开会吧，把所有人（工作站成员）干多少活儿，全拿来，挨个给委员们汇报。最后我们召集过来，他们（居委会委员）一听，说‘原来你们这么辛苦呢’，这样才让他们转变过来。”才能够在后续的工作中把考核的关系放在第二位，而首先理解党委、工作站的难度，帮助他们把事情做好：“到现在仍然是我们的铁杆儿，什么时候都能帮我们，后来搞得特别棒。为什么这样，因为他理解你，你说要考核就不是那种关系了。”——引自对民丰园社区时任党委书记马文惠的访谈。

② 不仅仅社区的书记和主任等负责人在口头上都一再强调“尽量把它（社区）稳定了，其实多一个人，少一个人也不是很重要”，而且在实际执行中也是如此。从我2005年进入民丰园社区开始田野调查之后，对其运作方式的稳定性深有感触。虽然工作人员也有相当程度的更替，但是工作氛围、人际关系、交谈方式、应对任务的态度和习惯都没有发生什么变化（具体的处理方式可以参见第六章对日常工作的讨论）。

③ “选一个人第一就是团结……‘议行分设’这种理论是对的，但在社区里分开行不通……应该是大家融入一个社区里面，不应该是分层次的，不管是居委会，还是工作站，抑或是社区党委，都是为了居民群众工作的，你分得那么多、分得那么细，是行不通的。”——引自对民丰园社区时任党委书记马文惠的访谈。

④ “一开始有的人说觉得他挺好的，当时就把他选上来了；结果来了之后不是那么回事，就成了居委会爱惹事儿的人了，处世不是说都是公正的态度。”——引自对民丰园社区时任党委书记马文惠的访谈。

面的自主性和在地方层面的异质性之间的张力造成的。[①]

一方面，在中国的国家体系当中，大政方针和宏观规划由中央政府制定，然后各级地方政府根据各地情况定出各自的目标，并交由更下一级地方政府去实施。因此，中央政府对某个领域的改革具有较大的决策权、相当的自主性和切实的推动能力。[②] 从这个意义上讲，"议行分设"改革是各级地方政府的硬性压力和行政任务，不得不被动接受或应对；并且，在如何更好、更有创造性地完成上级任务的问题上，地方政府之间存在一种竞争关系，或者说一项"政绩竞赛"[③]。正如北京市古城区在推进"议行分设"改革时，就不断探索和挖掘能够成为本辖区特色和政绩的新模式。中央主导的硬性任务加上地方政府的政绩驱动，是决定这项改革能够在全国各地开展得轰轰烈烈的重要原因。

另一方面，在改革取得了表面上的进展之后，由于国家体系不同层级所面临的情境有所不同，它们对于改革的态度差异也逐渐体现出来。可以说，越靠近中央的政府部门，具有越大的自主性，也可以更纯粹地考虑理念和政绩层面的问题；而越靠近基层的政府机构，则越多地考虑实际工作开展方面的困难。作为工作任务层层向下派发的"压力型体制"[④] 最底端的基层政府机构，需要把自身承受的指标考核压力和行政任务继续向下传导，也需要把整套"科层体系"[⑤] 的技术设计和结构设置继续向下复制和辐射，因此非常希望看到居委会长期以来的"行政化"态势延续下去，并将基层政府机构和社区自治组织之间的控制关系"固定化"[⑥]。于是就有了我们所看到的古城区政府与下辖街道办事处力推的改革策略：以"工作站"之名履行旧有的居委会之实，维持原有的"行政化"社区模式，将改革带来的冲击降至最低，将既定的改革目标化解于无形。

---

① 有学者将这一过程概括为：在中央部委主导下、多部门配合的政策推动机制和"创新性试验+典型推动"的上下互动机制（参见郭圣莉、张良《改革开放 40 年中国城市社区治理的实践与创新机制》，上海人民出版社 2018 年版，第 397 页）。

② 周雪光：《权威体制与有效治理：当代中国国家治理的制度逻辑》，《开放时代》2011 年第 10 期。

③ 程臻宇：《中国同级地方政府间的政绩性竞争》，《上海经济研究》2003 年第 12 期；周飞舟：《锦标赛体制》，《社会学研究》2009 年第 3 期。

④ 参见荣敬本、崔之元《从压力型体制向民主合作体制的转变：县乡两级政治体制改革》，中央编译出版社 1998 年版。

⑤ 渠敬东、周飞舟、应星：《从总体支配到技术治理——基于中国 30 年改革经验的社会学分析》，《中国社会科学》2009 年第 6 期。

⑥ 石发勇：《城市社区民主建设与制度性约束——上海市居委会改革个案研究》，《社会》2005 年第 2 期。

回溯城市社区自治组织的改革过程，我们可以看到，社区改革的“内卷化”或者说“换汤不换药”的原因不能简单地归结为宏观的国家意志，更重要的在于国家角色及其发挥作用的多面性和流变性：具有自主性的国家决策层所建构的改革目标、与具有异质性的国家执行层所践行的改革规范之间的张力，造成改革没有按照既定的轨迹加以实行；而导致国家体系内部差异性和复杂性的原因，不仅仅是局部的制度或单纯的利益诉求，也来自于整个科层体系中各层级所面临的政绩竞赛和指标考核的情境。

从某种意义上讲，对于国家角色的理解有助于重新审视更广义上的改革得失，可以为今后由国家主导的改革提供这样一些启示：首先，在改革出台之前，要避免仅从清晰化、简单化、标准化、集权化的“国家的视角”① 规划改革项目，而应反复论证、多次试验，充分考察各地区、各部门、各层级的实际需要、具体困难、反馈意见和创新能力，利用各种实践经验和试验去修正改革方案、推动改革进程②，以防顶层设计脱离实际情况，变成一厢情愿地推行某种本不适宜的理念或者模式。其次，经历了基层经验和政策试验的反复拷问之后，改革目标（如“议行分设”改革中的“民主化”方向）就应成为长期的“政策重心”（policy prioritization）③，并在执行过程中充分贯彻改革思路、坚持政策方向；在尊重和克服实际困难并进行一定的地方分权的同时，防止打着地方特色、基层特色、部门特色的旗号，偷换概念、避重就轻、借尸还魂、“旧瓶装新酒”等一系列扭曲改革规范、偏移改革目标、消解改革成效的行为，尤其应避免改革思路不稳定或缺乏连续性，成为“游击队式”的政策风格（Guerrilla policy style）。④ 最后，在如何鉴定改革落实的情况和实际收效的问题上，切忌以新说法、新模式、新品牌等表面功夫作为考核标准和政绩所在，而应该少听汇报、多做调查，使城市基层社会的治理方式，从对组织形式和档案文件的治理与考察，转向对运作过程和实际效果的监督与控制。

---

① 〔美〕詹姆斯·C. 斯科特：《国家的视角：那些试图改善人类状况的项目是如何失败的》，王晓毅译，社会科学文献出版社 2004 年版，第 94—103 页。

② 王绍光：《学习机制与适应能力：中国农村合作医疗体制变迁的启示》，《中国社会科学》2008 年第 6 期。

③ Sebastian Heilmann：《中国异乎常规的政策制定过程：不确定情况下反复试验》，《开放时代》2009 年第 7 期。

④ Heilmann, Sebastian and Elizabeth, J. Perry, “Embracing Uncertainty: Guerrilla Policy Style and Adaptive Governance,” in Heilmann and Perry (eds.), *Mao's Invisible Hand: The Political Foundations of Adaptive Governance in China*, Cambridge, MA: Harvard University Press, 2011, pp. 1-29.

第五章　社区改革中的选举控制

对城市社区自治组织改革的分析加深了我们对于“国家”角色的认识：随着体制改革的深化以及利益的多元化，“国家”不断地被多元行动者进行着解构。从形式上看，国家近似地等同于各级政府职能部门的总和，是一套可以自我协作的组织行动体系，表现为能够制定并且有能力追逐自身目标的、具有自主性的实体行动者。[①] 但在“国家”这个概念框架下，不同的政府部门控制着不同领域，不同层级之间也有着不同的政绩目标和发展计划；即使这些政府部门能够在发展目标上达成一致，在具体执行上仍旧持有不同意见，并且在执行过程中可能会根据其处境，有意扩大自身的利益诉求，采取不同的行为方式和运作逻辑，从而造成了国家“碎片化”[②] 的复杂局面。因此，国家政策的制定和执行反映了不同行动者基于不同压力下的不同行为的集合，这就要求我们在研究城市社区改革以及其他领域改革时，将国家概念分为不同的层次加以分析，将关注点从国家高层转向国家的不同部分，尤其是组织结构与社会相连接的国家底层，将各部分的不同意志及相互之间的矛盾彰显出来。

同时，改革成效不仅仅是“国家”单方面发挥作用的产物，而往往是国家与社会相互作用的结果。在中央层面的国家意志主导、地方层面的政府政绩竞争、基层政府官员出于实际情况的考虑而迂回执行的情况下，“议行分设”改革以上一章中所介绍的方式进入基层社区。接下来，处于此种情境之下的社区工作人员有着怎样的态度和反应？在同街道办事处所代表的“国家行动者”进行互动的过程中，他们如何表达自己的看法和利益诉求，并最终在何种程度上控制了改革带来的社区人员更替、影响了改革推动的进程，进而消解了改革带来的震荡？最终如何维持实际工作中的

---

① Evans, et al. eds., *Bringing the State Back in*, New York: Cambridge University Press, 1985, pp. 9-11.

② 马卫红、桂勇、骆天珏：《城市社区研究中的国家社会视角：局限、经验与发展可能》，《学术研究》2008 年第 11 期。

便利性、运作方式的稳定性、遇事决策的一致性？——这些是本章要回答的问题。

对于一个组织而言，维持模式的稳定性和内部一致性并不是一件容易的事情，首先要保证的是对人员的选择和控制；对于社区居委会来说，就是要把那些“爱惹事儿的人”排除在外，而尽量把特别支持和配合工作的人员选进来①，这样才能够实现便利性、稳定性和一致性的结合。那么，这就涉及我们在上一章中提出但尚未得到回答的第四个问题：新居委会到底是不是由居民直接选举的？或者，从候选人到正式委员的产生过程，究竟是居民意愿的体现，还是人为控制的结果？这就要从选举的具体过程入手进行分析。需要说明的是，关于2006年第六届居委会换届选举的情况，我通过访谈和档案梳理的方式获得了一些认识；而在2009年第七届居委会换届时，我则以参与观察的方式追踪了整个选举的过程，对情况的了解会更细致深入。以下的分析和结论，正是基于这两次换届选举的田野材料而做出的。

第一节　从户代表选举到居民代表选举

据前文介绍过的《阜财街街道2006年工作指导意见（节选）》（详见附录7）记载，在第六届居委会换届选举中，为保证街道80%的社区采取户代表直接选举的方式，民丰园社区也一度被选为户代表选举的试点和重点。但是，选举前担任社区居委会主任、后任社区党委书记的马文惠等人向街道办事处提出申请，认为民丰园社区不具备户代表直接选举的条件，希望能够继续沿用居民代表选举的方式（即先选出居民代表，再由居民代表选举居委会成员）。

民丰园社区如此排斥户代表直选，其原因主要有两点。一是用来说给上级政府部门听的：在第六届居委会换届选举时，民丰园社区总户数为2681户，户籍人口为6946人；其中常住户数为1891户，常住人口为5871人（2006年数据）。社区主要负责人向街道办事处反映，将近2700个户代表直接选举，具体工作会有极大的难度，肯定会影响投票率；而投票率是街道办事处非常看重的政绩指标，在换届年份的年终工作总结中往往成

① 用社区党委书记马文惠的话来说，就是“特别支持我们的工作，是我们的人”。——引自2006年居委会换届选举期间的观察记录。

为重要的内容。比如《阜财街街道2006年工作总结》就列举了一组惊人的投票率数字：

> ……以居委会换届选举工作为契机，提高社区建设水平。制定选举工作方案，加强指导与协调，在工作中严格落实五项制度，全力保证居委会选举工作按计划依法、顺利推进。本次居委会换届选举共登记选民36706人，涵盖了社区内18岁以上具有选民资格的全部社区居民。15个社区实行户代表选举，4个社区实行居民代表选举。提名居委会正式候选人142名。户代表选举社区参选率97.98%，投票率97.77%；居民代表选举参选率98.90%，投票率98.98%，差额选举出第六届居委会成员123名。

在这样的情况下，影响投票率是街道办事处的相关领导极其不愿意看到的情况，也是社区层面在同街道办事处讨价还价时的“撒手锏”：我们社区这么大，如果街道逼我们采取户代表直选，那么对不起，这一片儿的参选率和投票率很难给你保证。也正是采用这样的谈判策略，民丰园获得了免于户代表直选的特权，成为4个继续实行居民代表选举的社区之一；而与民丰园相邻的国富园，因为常住人口数相对较少，为1526户，仅为民丰园户数的56.9%，就不得不采取每户派代表参加投票的直选方式。

二是出于更加实际的考虑，试想如果真的让2700多个户代表直接选举居委会委员，会有很多操作中的问题：首先，相比于57个居民代表（2006年、2009年均为这一数字）投票，户代表选举会使工作量扩大很多倍；其次，由于票数分散，很难确保投票过程顺利完成（未过半数要重新投票）；最后也是最重要的一点是，户代表人数太多，对选票的流向很难控制，选出来的居委会委员未必能了解、支持和帮助社区工作站的工作，甚至可能会打破原有的平衡、形成反力和产生负面效应，造成社区不和谐。综合上述几点，坚持居民代表（而非户代表）选举是社区组织内实现便利性、稳定性和一致性规范的最佳选择。用社区工作站成员赵春桦的话说就是：

> 以前我们那个居委会是户代表选举，得挨家挨户登记、发选民证，刚开始跟这一样，都得下去，而且到后来选的时候（票数）比较散，不好控制，选谁的都有；像咱们这个居民代表（选举），都是跟

居委会比较熟的人，事先打好招呼，人选就相对集中一些。①

经过2006—2009年新居委会的运行，以及类似于季秋雨老人这样被“污名化”而且“爱惹事儿的人”的存在，坐班的社区成员们更加认定居民代表选举是唯一出路，而且对居民代表产生、居委会委员人选认定的控制更加严格。

第二节 居民代表的产生——“酝酿”还是选举

2009年民丰园社区第七届居委会换届选举的第一阶段，名义上是由社区居民推选居民代表的阶段，其目标是以选民签字认可的方式，推选产生25个居民小组长、57个居民代表。

而实际上居民代表人选，与其说是完全公开选举，不如说是先经过私下酝酿、再进行选举流程产生的。2009年2月16日（周一），社区党委、工作站、现任居委会（坐班的主任）召开内部会议，酝酿居民代表人选，这里主要有三种方式：一是上届居民代表愿意继续担任，可以顺延；二是上届代表不再担任，可以推荐其他朋友或亲属担任；三是经常在社区中活动的积极分子和活跃分子，对社区工作比较热心。而不论采取哪种方式，居民代表都必须是较为配合工作、不会多生事端的，特别是处世能比较通融、在选举阶段相对容易接受工作站所推荐的居委会委员人选的。其实，在工作人员入户登记之前，居民小组长（召集人）和居民代表的理想人选就已经酝酿好了，下一步的工作就是需要用一定比例居民的签字来将他们的组长或代表身份合法化。

这里的居民签字由两部分构成，简单来说，一部分是“入户的”，另一部分是“不入户的”。其中，入户的一部分是这样操作的：社区工作站的站员，每人负责3—4个小组，随同每组已经被内部推荐的2—3名“准代表”入户宣传、介绍情况，并由每户选民在“我同意推选为第N居民小组组长，为居民代表”的纸上填写所选人姓名并签字。在入户之前，社区工作站站长毕妍对大家有几点交代：一方面特别强调了对居民的区分对待、谨慎推荐，针对不同类型采取不同的策略；另一方面让大家在“尽量做”的同时不要有顾虑，最后“按照往届的经验，肯定没问题”，总有解

① 引自2009年2月17日的田野观察记录。

决的办法。

> 第一，如果居民没有意见选谁、态度无所谓的，咱们可以直接推荐已有人选："您家院里的负责人啊、上届居民代表啊、上届代表的亲属啊、熟悉情况又热心活动的居民……"但是一定要说是建议名单，不能说有内部名单！
>
> 第二，居民愿意另选他人的，一定要尊重居民意愿，不另加劝说；特别是××局的那些人文化程度高，容易较真儿，提谁就是谁吧；如果有人坚持拒签，也一样，别逼人家，明确记录原因和情况，不要造成有人"反水"①。如果家里没人，留下《致居民的一封信》，说明截止时间，请居民于某日前与工作站联系。
>
> 第三，从明天（2 月 17 日，周二）早上开始，入户找人登记签字，看看反馈情况；周三、周四两天晚上加班，周四下午前收口，回来汇总，周五出第一期公报。时间有点儿紧，实在不行，就按照上届的情况，数不够咱再调整、回来关上门再凑一凑。我现在只能说这么多，已经很明白了，大家尽量做，不行回来咱们再看，大家谁的任务太重咱们再协调。按照往届的经验，最后肯定没问题。②

2 月 17 日（周二）开始，社区工作站全体动员下户进行选民登记。从这一天的情况来看，楼房和平房的情况不大相同。负责平房区的陆白茹说：

> 站长对我好，给我分这么大一片儿地方（笑），不过我还不喜欢楼房那种，家里没有多少人，像这平房，我一上午跑了 69 户，下午又跑了 40 多户。我现在回趟家，给我老妈做口饭，晚上再回来加会儿班。尽量挨家都跑到，我不愿意在我手里出什么问题，到时候麻烦……（居民）基本上都挺配合，一般都是选谁都行，就让咱们写了就完了。其实咱这么跑一圈也改变不了什么，就是走一个程序。③

---

① 站长这里所担心的"反水"，是指可能发生的居民举报事件，比如举报居委会在选举中暗箱操作、内定名单、强制签字，等等。

② 引自 2009 年 2 月 16 日的社区工作站内部会议记录。

③ 引自 2009 年 2 月 17 日的田野观察记录。

负责楼房的赵春桦则说："一上午跑了两门栋，只签了 12 户，多数都不在家，晚上还得再跑一遍，实在不在家的就给他们留个条，让他们跟工作站联系。"[①] 就这样，17 日晚上党委书记赵冰和工作站全体成员加班到九点左右，总共完成了六七百户。

18 日（周三）下午，民丰园社区已经把居民代表和居民小组长名单上报街道："实际住户 1682 户，1617 户参加了选民登记，分为 25 个小组，通过推选，产生 57 名居民代表，其中新当选 10 人。"[②] 这时，虽然已经上报了结果，但是下户登记的工作还在继续，还要再加一天班，用前面引用过的陆白茹的话来说就是"走一个程序"，要把整个过程完成而已。

到了 19 日（周四），需要汇总、收口的时候，实际签字居民的人数定格在 800 多人，距离"1617 户"的数字还差一半，于是工作站就开始制造居民签名中"不入户"的部分了，即前面站长所谓的"数不够咱再调整、回来关上门再凑一凑"：工作站成员依照居民户册，找到还没有签过字的居民，代替他们推选居民代表。以第 16 居民小组为例，应有 68 户居民，签了 36 户，就需要采取这种方式代替另外 32 户来完成推选。到最后，其他各组的工作都已经结束了，只剩下站员魏文负责的组还没有完，站长还嘱咐他"总数还差着呢，你们这组多弄几个出来！"[③]

最终，57 名居民代表（其中 25 人为居民小组长）的名单在 2 月 20 日的第七届居民代表大会第一次会议上公布，并表决通过了居委会候选人提名方式：在两周的时间里，由居民代表征求并汇总居民意见、3 月 5 日召开会议、每小组的代表们联合提名（而非单个代表投票），并以签字投票的形式确定候选人。也就是说，想要协调好进入居委会的人选，只要在这 57 个居民代表中间达成一致，至少在 25 个小组的 25 张提名票中超过半数即可，而不需要在更大的范围内进行宣传动员。这也是民丰园社区拒绝接受户代表选举，而坚持延续居民代表选举的原因之一。

另外，这个形成居民代表名单的流程，其实也是为了"实际住户 1682 户，1617 户参加了选民登记"这样一个 96. 1%的比例[④]，这一方面

---

① 引自 2009 年 2 月 17 日的田野观察记录。

② 引自民丰园社区第七届居民代表选举报告单。

③ 引自 2009 年 2 月 19 日的田野观察记录。

④ 这也在一定程度上解释了上一章《阜财街街道 2006 年工作总结》中所提到的"户代表选举社区参选率 97. 98%，投票率 97. 77%；居民代表选举参选率 98. 9%，投票率 98. 98%"这一系列数据背后的生产机制。

意味着换届选举中的社区居民有着极高的知晓率、参与率和投票率，57名居民代表的产生无疑具有合法性；另一方面也与上级政府间的竞争密切相关——街道办事处之间在投票率方面存在的比较和竞争，直接决定了社区选举过程中更看重的是数字，而不仅仅是具体操作能否符合民主化的规范。这种考虑方式在社区党委、居委会、工作站的印象当中是非常清楚的：

> 居委会选举这个东西，其实真的有60%、70%的居民来投票了，就已经很不错了。咱们可倒好，非得要90%，甚至95%，为什么？别的街道报到区里的选举投票率都是95%、97%，咱们要是报一个80%，就说不过去了，说出来也不好听。所以都得往高了努力。这些事啊没法儿说。实际操作可能会让你感觉到失望的。[①]

一些研究对社区选举中的“高投票率”进行了解释。比如熊易寒基于上海市2006年社区选举的过程，指出了“一人多票”的现象：一方面在户代表选举模式下，家庭（而非个人）是最基本的投票单位，通常一个家庭只有一名成员亲自投票——这对本书所讨论的居民代表选举的情况是一种必要的补充和对照；另一方面，“委托投票”赋予了社区积极分子（包括本书中的社区工作站成员）事实上的“复票权”，而这种局面实际上是政府、社区党委、居委会、社区工作者、积极分子和“政治冷漠”的选民之间“共谋的结果”[②]；这与郭圣莉在分析社区选举时提出的“基层政府、居委会和积极分子之间的合意机制”[③] 是非常相似的。

第三节　居委会名单：从内部商定到正式确定

居委会换届选举的第二阶段，是居民代表提名候选人并选举居委会委员的过程。在第六届居委会换届（2006年）甚至更早的时候，这一阶段就体现出社区工作人员对过程的控制，不过其力度并不算大，只是在居民

---

① 引自2009年2月17日民丰园社区党委书记赵冰的讲述。

② 熊易寒：《社区选举：在政治冷漠与高投票率之间》，《社会》2008年第3期。

③ 郭圣莉：《加入核心团队：社区选举的合意机制及其运作基础分析》，《公共行政评论》2010年第1期。

提名的基础上进行筛选。[①] 然而，2006—2009年工作中的“教训”告诉他们，这样的筛选并不足以保证将那些可能破坏居委会既有工作秩序和运行模式的委员排除在外。于是各社区向街道办事处请求获得更有利于日常工作的居委会选举政策，这一点也确实得到了街道办事处的满意答复：2009年换届时实行的政策在极大程度上保证了社区人员的稳定性，且有利于党委、居委会和工作站人员之间的交叉融合（交叉任职情况详见附录4）：

> 未来（2009年以后）阜财街街道是70%的书记、主任“一肩挑”[②]，给书记配一个专职的副书记，如果站长是党员，也进入党组织里面做副书记。然后居委会设3—4人坐班，包括主任、副主任和一两个委员。[③]

这种政策变更存在几方面的意义：第一，书记和主任由同一人担任，也就是党委委员、居委会委员，甚至包括担任党委副书记的站长，都接受党委书记的领导，在有利于确保内部团结的同时，也可以保证党组织在社区中的绝对权威。第二，由于党委和居委会的双重工作压力巨大，专职副书记可以分担一部分党务工作，可以让书记拿出更多的精力去统筹协调“党—居—站”三者之间的关系。第三，增加居委会坐班的委员人数，与工作站成员一同处理日常事务，可以在一定程度上解决2006—2009年出现的现象，即居委会委员不了解实际工作难度，提出一些不合理的要求，或者在考评的时候苛责坐班人员。另外，居委会在经历了几年的“去行政化”过程之后，又重新回到了半行政化的轨道上来。但是，有一点值得注意：前面看到那些不坐班的居委会委员的日常监督已经让工作站成员们非

---

① 2006年，永平社区时任居委会主任宋金鹏在座谈会上的发言告诉我们，当时确定候选人需要严格按照法律程序走，但是一些“挺复杂的”、可能会在日常工作中让人“受不了”的，而且不适合“管理”的人选，就会采取劝退的方式将其筛选下去。这与我在民丰园社区所看到的选人标准如出一辙：“（候选人的确定）就是一层、一层上来的。我们当时就是每一个处级干部挂一个社区，当时在我们那儿刘某和黄某是民政科长，加上我们办事处一个副主任在那儿（盯着），刘科长本身是管法制这块儿的，所以他要求严格按照法律程序走。所以就是一步一步地，大家先记名，记完名以后就是筛选，凡是觉得不让上来的，觉得这个可能不行的，让他自己书面写出来，‘我不参加了’。之所以这么选，就是选来选去，有一些能力的人，看着挺复杂的，看着确实受不了；包括当时说的管理方面的一些设想，他觉得自己适应不了，自动就退出了。一开始我们提了40多个人，后来筛选到20多个人，到第三关的时候是11个人（候选人），就是这种情况。”

② 所谓“一肩挑”，即党委书记兼居委会主任。

③ 引自2008年11月20日民丰园社区时任党委书记马文惠在社区内部会议上的发言。

常头疼，现在又增加了几个每天坐班的委员来盯着他们，这难道不会造成更大的困扰么？这就要具体看一看坐班的居委会委员是哪些人了。

一 商定名单背后的权衡

以我在2009年2—3月的参与观察来看，不同于2006年换届选举时先由居民提名人选、再由社区负责人筛选的做法，2009年的居委会委员人选基本上是由党委书记（兼居委会主任）和工作站站长协商确定的。在2008年12月18日，阜财街街道办事处副主任常春桥就在民丰园社区的党居联席会议上宣布了人员变动的消息：社区原党委书记马文惠调至街道党工委，另有任用；社区居委会原主任于慧真被调至永泰社区，准备担任书记兼主任职务；国富园原党委书记赵冰即日起开始在民丰园主持工作，经党委换届选举（2009年1月16日）和居委会换届选举（2009年3月14日）后，正式担任社区党委书记兼主任职务；社区工作站站长毕妍继续担任原职，并在居委会换届之后担任副主任，协助赵冰的工作。也正是从这一天起，赵冰和毕妍根据原有的社区人员构成以及现实工作的具体需要，开始着手酝酿新一届的居委会委员人选（最终安排如表5-1所示）。

表5-1 2009年居委会人员更替情况

第六届	姓名	去向	第七届	姓名	来源	兼职情况
主任	于慧真	调往永泰社区任职	主任	赵冰	国富园社区	党委书记
副主任	吴志华	搬家，主动请辞	副主任	毕妍	民丰园工作站	工作站站长
委员	高春敏	繁忙，主动请辞	副主任	郑志鹏	民丰园工作站	党委委员
委员	季秋雨	继续参选、未入候选人名单	委员	蒋丽艳	民丰园工作站	无
委员	尹秀莲	继续参选、成为候选人、落选	委员	汪红	原居委会	党委委员
委员	谢立扬	继续参选、成为候选人并当选	委员	谢立扬	上届连任	无
委员	纪晓舟	继续参选、成为候选人并当选	委员	纪晓舟	上届连任	无
委员	丁国艳	继续参选、成为候选人并当选	委员	丁国艳	上届连任	无
委员	匡青藏	继续参选、成为候选人并当选	委员	匡青藏	上届连任	无

说明：阴影部分表示不坐班人员。

在表5-1中，除了赵冰和毕妍作为主任和副主任理所当然地入选之外，郑志鹏和蒋丽艳是另外两名坐班的委员人选，原因是他们在民丰园社区工作多年，对居委会和工作站的事务极其熟悉，人际关系也颇为融洽，不需要任何磨合和协调的过程；更重要的是，他们两人（分别为59岁、51岁）都已经超过了街道办事处聘用工作站站员的年龄上限，唯有进入居委会、成为坐班的委员，才能继续获得稳定的收入。汪红的情况与郑志鹏、蒋丽艳二人类似，也曾经在民丰园居委会工作多年（2006 年卸任），此次再次成为居委会和党委的双重委员人选，是赵冰和毕妍希望能够用她的经验保持社区工作的连续性，她历年来的好人缘也可以起到润滑人际关系的作用。尹秀莲、谢立扬、纪晓舟、丁国艳、匡青藏五人是上届委员，三年来与工作站配合良好、关系融洽，因此希望能够把他们留在新一届居委会中（虽然因为差额选举的原因，尹秀莲最终落选）。

被排除在候选人之外的三人情况各异：吴志华是因为年事已高、健康状况欠佳，而且已经搬家离开了民丰园，来往不便，主动请辞。高春敏是当时所有委员中最年轻的，退休之后仍在经营其他副业，无暇顾及居委会工作，主动请辞。而季秋雨本人的参选热情很高，希望继续留在居委会当中，但由于上一章已经讨论过的原因，工作站站长、即将担任居委会副主任的毕妍和其他工作站人员都不希望他继续留任；作为书记兼主任的赵冰初来乍到不太了解情况，但基本尊重民丰园社区旧班底的集体意见，也将季老排除在候选人的理想名单之外。

这样，在赵冰和毕妍等工作人员内部，初步拟定的居委会候选名单就出炉了：主任赵冰、副主任毕妍、郑志鹏，委员蒋丽艳、汪红、尹秀莲、谢立扬、纪晓舟、丁国艳、匡青藏。其中，主任和副主任可以说是由上级街道办事处指定；郑志鹏、蒋丽艳、汪红有利于居委会工作的连续性和内部模式的稳定性——这 5 人都是必须入选的；而后面 5 人中只要任选 4 人，与前面 5 人共同构成 9 人的居委会，就可以完成一套理想中的配置。问题是，如何让这份内部商定的名单变成正式、公开的候选人名单呢？

二　推荐人选的层层渗透与选举的仪式感

2009 年 2 月 26 日，为了让内部商定的候选人名单为居民代表们所接受，党委书记赵冰和工作站站长毕妍召集 25 名居民小组长开会（会议实到 23 人）。之所以没有直接在 57 名代表中间召开会议，是因为相比于其他居民代表而言，这 25 名居民小组长与社区党、居、站的关系更加密切，很多都是常年跟社区居委会走得非常近的积极分子，如汪瑞璇、王春桂等，其中更有郑志鹏、蒋丽艳、汪红、谢立扬、纪晓舟、丁国艳、匡青藏这些“准”委员。会议召集人面对这些“关键群众”① 和

---

① 刘春荣：《另类的邻里动员：关键群众与社区选举的实践》，载赵汀阳主编《年度学术 2007：“治与乱”》，中国人民大学出版社 2007 年版，第 378—398 页。

“核心团队”① 成员会少些顾虑，很多话就可以说得更直白、明确一些。在这次会上，赵冰书记（兼主任）讲话的内容主要有这样几点。

首先，关于制度和政策，重申居委会候选人提名方式，是由居民代表征求并汇总居民意见、以小组为单位联合提名候选人，具体形式是每小组在本组的提名票上填写不超过9个人名，并由该组的2名（或3名）代表签字确认。同时，介绍居委会换届之后的9人设置：1名主任（由街道办事处指派，即赵冰本人，不可更改）+2名副主任（工作站站长兼任其中之一，即毕妍，也不可更改）+1名坐班委员+4名不坐班委员。

其次，在人选方面明确提出，党委和工作站建议的候选人是郑志鹏（为人正直、威信较高）和蒋丽艳（已经退休、工作能力强），这已经非常清楚地表达了对这两人近乎“保送”的态度。上届居委会成员中的吴志华（由于身体原因和已经搬离社区）和高春敏（个人比较忙，顾不上居委会工作）明确表示不再参选，其他委员如尹秀莲、谢立扬、纪晓舟、丁国艳、匡青藏等同志的民意反映很不错，有广泛的群众基础，并愿意继续为大家服务。需要注意的是，这里的“等同志”并不是笔者加上的，而是赵冰书记发言的原话，发言中没有点出季秋雨的名字是有深意的。就在这次会上，坐在我旁边的一位姓章的居民代表还在抱怨：“上届的居委会都有谁啊？都不记得了！”这意味着，在这次会上被点名和没有直接点名有着巨大的差异——点名大家才知道，不点名可能就不会被人记起，更不用说被投票提名了。而3月5日产生的候选人提名结果也证实，在这次会上没有被点名的季秋雨确实没有进入候选人名单。

最后，要求居民小组长跟本小组的另外一或两名代表沟通和征求意见，传达会议精神，避免出现意见不一致的情况。② 而且赵冰书记在会上

① 郭圣莉：《加入核心团队：社区选举的合意机制及其运作基础分析》，《公共行政评论》2010年第1期。

② 居民小组内的协调过程远比这里介绍的复杂，赵冰和毕妍要做的是逐一分析25个居民小组的情况和问题：比如民丰园第2小组的小佟是新当选的代表，对情况不太了解，该组组长是老曲，他给小佟一个原则：“一方面要把领导选上，另一方面争取保持原班子稳定。”第8小组的两名代表意见有分歧，需要书记和站长出面协调沟通；“组内能达成一致意见最好，达成不了共识就少提几个，别把票弄得太分散就行”。第12、13小组是驻区单位的小组，毕妍表示：“他们文化程度高，有自己的想法，比较较真儿，还是按民主原则来办，让他们提吧，提谁就是谁，保证是有效票就行。”其他如第11小组有汪红、第16小组有汪瑞璇、第17小组有蒋丽艳，都是工作站的同志或者社区积极分子中的骨干；第14、15小组毕妍已经沟通好了，也没什么问题；平房区一些代表的工作，让刘金芸多做一做，“说话的时候注意点儿，宣传一定要讲清楚”，等等。各个居民小组的情况就是这样逐一排查，并且解决问题的。——引自2009年3月2日对民丰园社区内部工作会议的记录。

把话说得很明白："今天关上门都是自己家人，咱们议一议；今天出了门就按照咱们会上的情况下去宣传。"[①] 这句话明确传达了一个信息：这次会上的讨论结果就是共识性意见、不会更改，需要各位居民小组长做的就是向其他居民代表宣传上述提名，并在各小组的提名票上体现出此次会议的意见。如图 5-1 所示，由居委会候选人社区书记兼主任、工作站站长和少数站员协商出来的候选人名单，就是通过这次会议以及会后居民小组长的层层渗透和宣传，在 57 名代表中扩散开来，并最终影响了居民代表提名时的选择。

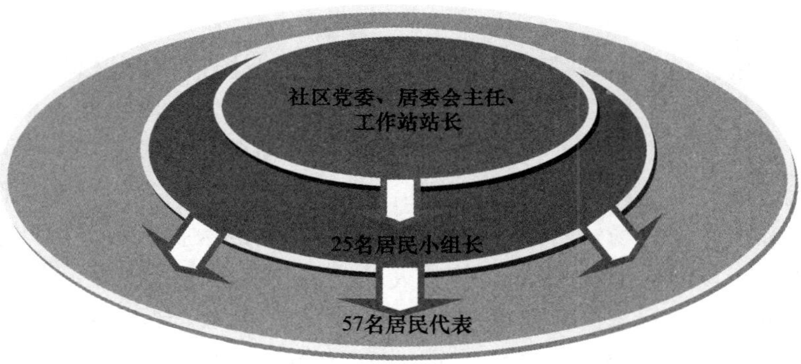

图 5-1　居委会委员候选人内部名单的扩散示意

2009 年 3 月 5 日，到了 57 名居民代表召开会议投提名票的现场，仍然可以看到大家在填写提名票的时候指指点点，特别是每组的组长在向不了解情况的居民代表介绍 2 月 26 日会议上被推荐的"准候选人"。到计票、唱票结束，我发现提名结果与之前社区内部拟定的人选呈现出惊人的吻合（如下报告单所示）。

民丰园社区第七届居委会正式候选人报告单

居民委员会主任正式候选人：赵冰 24 票

居民委员会副主任正式候选人：毕妍 23 票、郑志鹏 22 票

居民委员会委员正式候选人：蒋丽艳 23 票、丁国艳 21 票、纪晓舟 20 票、谢立扬 17 票、尹秀莲 14 票、匡青藏 12 票、汪红 9 票

民丰园社区第七届居民选举委员会

2009 年 3 月 5 日

---

① 引自 2009 年 3 月 26 日的会议记录。

更不能仅仅用偶然或巧合来解释的情况是，除了入围正式候选人的10人之外，排在第11位、得票仅次于汪红的人，正是被工作站站员们所排斥，甚至遭到"污名化"的季秋雨（得票为7票）。这让会议之前还满心期待再次当选居委会委员的季秋雨老人充满了失望的神情。或许党委书记赵冰的一段话可以非常准确地解释这个结果：

> 很多时候我们做工作就应该多听些不同意见，可有些人提了意见就容易得罪人，再选就选不上了。咱们这种选举就愿意选听话的，顺情说好话的。①

到这里，居委会换届选举的过程只差最后一场投票的仪式即可完成。2009年3月14日，民丰园社区居委会第七届选举大会的召开，就是一次充分重视细节的仪式化过程。当日，社区工作站全体人员到岗，发放代表证、代表佩戴的红花，并请代表签到；蒋丽艳和郑志鹏专门守在楼门口进行迎宾和引领；会场外安排了社区民警和卫生站的医护人员，以防意外情况发生；会场门口摆放了10名候选人的大幅彩照和个人简介；会场的前、左、后分别有"民丰园社区第七届居民委员会选举大会""珍惜民主权利，投下庄严一票"和"充分发扬民主，严格依法选举"的横幅，左边墙上还立着"坚持以人为本，充分保障居民群众民主权利""社区居民参与是建设和谐社会的基础"两块黑板报；右边墙上悬挂着计票板。会场设立了代书处、写票处、秘密写票处，为选民准备的老花镜、小药箱、饮用水、茶叶、暖壶、纪念品等细节考虑得非常周到，签字笔、计票的粗笔、播放国歌的音响也都准备得相当充分。街道选举办的两名领导、街道指导小组的两名干部一直在场；街道工委书记、街道副主任中途前来视察。在整个会议的进行中，工作站成员魏文负责全程摄像，保留完整影像资料，一方面证明选举的公正性，另一方面也显示了仪式的重要性。平时不修边幅的陆白茹专门做了染发、烫发，还不好意思地说："还不都是为了今天这个会么。"站长毕妍换了一身崭新的正装，解释说："我觉得毕竟是一个仪式，还是稍微正式一点儿比较好。"② 就在这样仪式性的氛围当中，56名代表（1人缺席）投票选出了第七届居委会的9名成员，尹秀莲因票数最低落选，而当选的9人全都在社区党委和工作站的预期计划之内，均是那些不

---

① 引自2009年3月10日对社区党委书记赵冰的访谈。

② 引自2009年3月14日的现场观察记录。

会给日常事务带来阻力、不会破坏社区工作既有氛围和常规模式、不会威胁到社区组织内部团结的人选。本章所介绍的复杂的选举过程，可以在表5-2中清晰地呈现出来。

表 5-2　　第七届民丰园社区居委会选举过程大事记

<table>
<tr><th>时间</th><th>事件</th><th>作用</th></tr>
<tr><td>2008. 12. 12</td><td>街道办事处领导到社区宣布人员变动的消息</td><td>新任党委书记兼居委会主任赵冰提前进入角色，熟悉社区情况</td></tr>
<tr><td>2009. 1. 16</td><td>社区党委换届选举</td><td>正式产生社区党委书记及委员</td></tr>
<tr><td>2009. 2. 16</td><td>社区党委、工作站、居委会（坐班成员）内部会议</td><td>酝酿居民小组长、居民代表人选</td></tr>
<tr><td>2009. 2. 17</td><td>工作站人员入户进行选民登记</td><td rowspan="3">将57名居民代表（含25名居民小组长）人选合法化</td></tr>
<tr><td>2009. 2. 18</td><td>将居民小组长和居民代表名单上报街道办事处</td></tr>
<tr><td>2009. 2. 19</td><td>工作站人员补全居民提名及签字</td></tr>
<tr><td>2009. 2. 20</td><td>第七届居民代表大会第一次会议</td><td>通过居委会候选人提名方式：
居民代表征求居民意见；每小组2—3名代表联合提名</td></tr>
<tr><td>2009. 2. 26</td><td>党委书记、工作站站长召集25名居民小组长开会</td><td rowspan="2">给出明确候选人提名建议；
要求各组长与本组其他代表进行沟通、传达，统一组内意见</td></tr>
<tr><td>2009. 2. 27—2009. 3. 4</td><td>各居民小组内部协调</td></tr>
<tr><td>2009. 3. 5</td><td>第七届居民代表大会第二次会议，投候选人提名票</td><td>将内部拟定人选确定为正式入围的候选人，排除其他人选</td></tr>
<tr><td>2009. 3. 14</td><td>社区居委会选举大会</td><td>通过仪式化的过程正式产生9名居委会委员</td></tr>
</table>

第四节　选举过程中的居民和街道办事处

从前面的描述中我们可以看到，社区工作人员对选举过程的控制程度是相当高的，面对这样的情况，名义上被赋予而实际上却被部分剥夺了民主自治权利的社区居民们是否知情？制定改革方案和换届政策的上级政府部门是否知情？他们又表现出什么样的态度呢？

首先要说的是，很多居民完全明白选举过程中的玄机，就像前面提到过的那位姓章的居民代表所说的："两个退了，补上两个，这还用选么？这都没意义啊！有这工夫还不如在家歇着呢！"① 还有前面老曲同志所说的："一方面要把领导选上，另一方面争取保持原班子稳定。"② 这些都表明了居民完全明白选举过程中的人为控制。但之所以没有人提出反对的声音，主要是因为，其一很多居民确实不知道该如何提名来行使这份民主权利，由于不了解情况、不认识人，因此自愿将推荐候选人的权利出让给了社区工作人员：

> 很多人都不认识，也不知道应该提谁。社区这么大，住平房的不认识住楼房的、住小街的也不认识住前街的，只知道自己住的那片儿的人。所以还是得让居委会（工作站）推荐十几个人，否则都不认识……③

其二是普通社区居民的关注点并不在选举这件事情上，在2月20日的居民代表会议上，居民的发言就抛开了选举的主题，而主要针对物业、卫生、治安以及与驻区单位的关系等方面提出问题和建议；在2月26日的会议上更是有代表催促赶紧散会，要赶着去买菜、遛弯儿或者接孙子放学，等等。——这些都体现出社区居民的关注点主要集中在一些现实的、具体的事务上，而至于是张三还是李四当选居委会委员甚至主任，他们会觉得"那还不都一样么！"④ 正是由于居民的这种态度，才让控制人选这件事情显得无足轻重，也让便利性、稳定性和一致性的规范几乎可以毫无阻力地替代民主化的规范。

街道办事处对控制人选这件事情显然也是明了的，甚至提出了"按照既定的人选，尽可能做到通过提名都提出来"⑤ 的要求；而且从第七届换届选举中新的政策制定来看，街道办事处对控制选举过程这件事情给予了足够的制度保障（如工作站站长进入居委会担任副主任、增加坐班委员人

① 引自2009年2月26日在居民小组长会议上的记录。

② 引自2009年3月2日对民丰园社区内部工作会议的记录。

③ 引自2009年2月26日在民丰园社区居民小组长会议上的记录。

④ 引自2009年2月26日在民丰园社区居民小组长会议上的记录。

⑤ 引自2009年2月23日阜财街街道办事处副主任常春桥布置工作时的讲话。

数，等等）。但是，以街道办事处为代表的上级政府部门对选举过程并非放任，只是提出要求的角度有所不同。第一，前已述及街道办事处对选举投票率的要求，这里不再赘述。——这可以被看作是对数字化政绩的重视。第二，街道办事处在每个社区都指派了两名街道干部列席所有的公开会议、全程指导工作，并要求社区工作站在选举的各个环节都及时上报各种数据、名单、材料、照片和信息。同时，会议时间、会议内容、报告格式、选举会场的布置、条幅、展板、票样等各个细节，全都由街道办事处统一安排，保持一致，甚至选举大会的主持语都要上报街道社区办审核。——这可以被视为对行政一体化的追求。第三，街道办事处一再强调"增加政治敏锐性，将问题消灭在萌芽中""在居民中宣传时要注意说话的分寸""对候选人的宣传和介绍要保持公平公正的原则""封存的提名票一定要保证是有效票、必须要签字齐备"，特别要"注意不能出现居民的群体意见、上访的情况"①。——这都可以看作对政治合法性的强调。

这样的要求让社区层面的行动者深知，街道办事处所看重的规范还是我们上一章讨论过的政绩追求、行政化和正当性，而并不过多强调过程中是否真正践行了民主化的规范；因此这些基层的行动者有相当大的操作空间，掌握选举过程、把控提名人选，选出合适的居民代表和居委会委员，进而使这些委员能够最大限度地配合党委、工作站的工作，使社区组织运作的模式保持统一且稳定。——这可以被看作在基层操作与实践中，用便利性、稳定性和一致性的原则弱化了民主化的规范。

小　　结

从第四章和第五章中我们看到了在"议行分设"改革实际推行和居委会重新组成的过程中，由中央政府、地方政府和社区工作人员等各方行动者所分别秉持的不同规范，以及各种规范之间变通、替代并最终达成妥协的轨迹。实际结果是，由于此项政策在不同层级会遇到情形各异的境况，牵涉到不同部门、组织、群体和个人对其所处情境的考察和应对、回应与选择，因此改革初衷所体现的民主化和职业化的规范被逐层消解，并在地方政府执行层面体现为行政化和政绩追求的规范，而在社区层面则一再强

① 引自2009年2月23日阜财街街道办事处副主任常春桥、社区办主任汪宏平、副主任毛一涵等人在布置工作时的讲话。

调对固有工作模式的维持。在这里我们无意在各种规范之间评判高低优劣，也并不认为各级政府部门及社区行动者的变通做法有何不合理之处；相反，这恰恰是他们在制度框架下的各种可能性中、在可变与不可变的选择空间当中所做出的最合理的选择，充分体现了行动者在实践过程中的自主性、反思性和具有创造力的选择性。[①] 制度的形成和规范的改造，也正是在这种充满了多样性、复杂性和不确定性的日常生活中，行动主体间的选择与互动所造成的结果。

从这一章中我们还可以看到，除了国家内部不同层级的不同考虑会带来改革效果的不确定性外，"国家"角色还会对改革过程中乃至改革之后的其他行动者带来结构性和持续性的影响，决定他们的行为方式、群体目标及其实现手段，重构基层社会内部的一些重要关系和结构。"国家"作为一套制度框架和政策背景，能够在相当大的程度上影响"议行分设"之后的选举过程和投票行为，进而形塑社区党委、居委会和工作站的内部关系。那么，作为具有自主能动性的行动者的社区党委、居委会、工作站为何如此强调模式的维持和稳定？其所要坚持的运作模式和行动逻辑在日常工作中是怎样体现的？这些将是我们下一章要讨论的问题。

---

① 伊莎白、麦港：《分歧与协议：分析社会规范变迁的一种研究路径》，载清华大学社会学系主编《清华社会学评论》（特辑①），鹭江出版社 2000 年版，第 110—132 页。

第六章　数字化治理与日常运作规范的形成

经过“议行分设”等一系列改革之后的城市基层社区，在理论上呈现出社区党委、居委会、工作站有限分开、交叉任职的面貌。党委书记、居委会主任和工作站成员坐班，贯彻党和国家的方针政策，承接街道办事处等各级政府下派的行政工作；居委会主任组织其他不坐班的居委会成员，履行民主自治、建言献策、监督评判的职能。然而，由于前文所讨论的改革过程中的规范妥协与效果消解，社区党委、居委会和工作站的构成、形态及功能都会产生具体的变化，实际上在社区各项事务中发挥作用的变成了由党委、居委会中的坐班成员和社区工作站全体人员组成的新的集体。改革之后，国家与社区之间的关系摆脱了合法性的限制，国家对基层社区的治理方式更加清晰地展现出来。

前已述及，由于单位制改革而产生的大量社会弱势群体与众多涌入社区的公共服务职能，给城市基层社会的治理提出了巨大的难题；加之流动人口增多、社区规模扩大、成员结构日益复杂，使得社区治理方式不得不做出改变。[①] 在以往的街居体制之下，使用的是走街入户、“全景敞视”式[②]的深入治理，在人民公社时期或单位制体制下则有无处不在、无所不包的“总体性控制”[③]，在新型商品化小区里则呈现为仅停留在“国家在场”层面的“抽象式治理”[④]；而本书的实地观察和经验研究发现，以街

---

① 这种改变与中央政府以“科学发展观”为核心的治国理念以及中国加入世界贸易组织（WTO）之后国际化的影响都有关联。

② 米歇尔·福柯的“全景敞视”概念，指的是在封闭的、被割裂的空间中，层级网络、监视、观察和书写实现全面覆盖，权力根据一种连续的等级体制统一运作，以确定无误的方式统治每个人的肉体，以行使统治人的权力、控制人际关系、清理有害的人员混杂（参见〔法〕米歇尔·福柯《规训与惩罚》，刘北成、杨远婴译，生活·读书·新知三联书店2003年版）。

③ 孙立平：《改革前后中国国家、民间统治精英及民众间互动关系的演变》，《中国社会科学季刊》1993年第6期。

④ 王汉生、吴莹：《基层社会中“看得见”与“看不见”的国家——发生在一个商品房小区中的几个“故事”》，《社会学研究》2011年第1期。

道办事处为代表的政府部门对城市基层社会的治理，与上述形式都有所不同，在很多方面表现为一种“数字化治理”的方式：国家治理的对象不再是社区里的人、空间或者实际工作本身，而是档案、数据、文牍、信息、报表、台账等，用这些数字化的内容建立起了国家和基层社会之间的关系纽带，从而将“法治化、规范化、技术化和标准化”[①] 的治理逻辑辐射到社会建设的最基层领域，将“目标责任制”[②]“压力型体制”[③] 传导至改革前“行政化”的旧居委会以及改革后接受政府任务指派的社区组织所构成的集体（由党委、居委会的坐班成员和工作站全体人员共同组成）。

同时，在基层社会中与社区组织紧密联系的行动者，除了以街道办事处为代表的上级政府部门之外，还有社区居民这一重要的群体——自下而上的、具有一定主动性且表现为不同形式的居民参与和诉求，与自上而下的数字化治理、目标责任制和压力型体制，共同构成了社区党委、居委会和工作站所面对的“势”（figuration）[④]，形成了它们需要审视、研判并应对的场景。那么，这样的情势或图景究竟如何体现在日常工作当中？面对时常出现的两难处境，居委会等社区组织会采取何种运作方法，进而在其内部形成了什么样的社区治理模式和运行逻辑？本章通过对一系列工作过程的分析讨论来尝试回答这些问题。

第一节　数字化创建、象征性参与及“可见性”营造

随着理性化、规范化、技术化的意识形态在政府科层体系中扩散，越来越多的政策法规出现在社会经济生活的各个领域当中，并相应地伴有对执行情况的所谓“科学”评价。同时，政府各部门所辖不同领域又未能获得同等的政策重要性和治理紧迫性，由此产生的压力和对工作评判的严格程度也有所不同——于是在一些形式化程度较高的工作中，就出现了上级

---

① 渠敬东、周飞舟、应星：《从总体支配到技术治理——基于中国 30 年改革经验的社会学分析》，《中国社会科学》2009 年第 6 期。

② 中国政府自上而下层级间的行政管理体制，一直实行的是上级政府向下级政府下达指标、分解任务、量化考核的目标责任制（参见王汉生、王一鸽《目标管理责任制：农村基层政权的实践逻辑》，《社会学研究》2009 年第 2 期）。

③ 参见荣敬本、崔之元《从压力型体制向民主合作体制的转变：县乡两级政治体制改革》，中央编译出版社 1998 年版。

④ 参见 Elias，N.，*The Court Society*，New York：Pantheon Books Press，1983.

对下级“频繁检查、细密考核”与“默认、纵容”[①] 并存的现象。加之这些领域往往与居民日常生活距离较远，即产生了政府与居民共同构成的“势”的一种——均不看重社区组织工作的实际成效，而是仅满足形式上的要求即可。

一　政府的数字化检查与居民的象征性参与

有别于“总体性社会”中国家对社会事务与社区邻里的全景式控制，社会治理领域多样化和复杂化之后的社会建设与社区发展，愈发呈现为数字化目标的提出、数字化信息的呈送以及对数字化结果的考察，而对日常性工作的实际执行状况、社会成员的具体态度和做法，则缺乏必要的监督和掌控。

所谓“数字化”治理模式主要有这样几个特征。第一个特征是抽象目标的“指标化”，即将模糊的弹性任务转化为可以量化与评比的指标体系。2008 年 11 月中旬，对民丰园社区的工作人员来说，是一个非常忙碌的阶段。除了日常工作之外[②]，迎接“创建学习型社区居委会”[③] 和“基层党组织先进性建设示范点”两项验收检查的任务几乎同时摆在他们的面前。“迎检”并不是静候上级检查团的光临指导，而是必须围绕有关部门给出的标准，有针对性地做好“临阵磨枪”的工作。在“学习型社区”的检查前，民丰园社区就收到了一份上级下发的评估指标体系（见附录 9），该体系将“创建学习型社区”这样一个偏重于文化教育领域、不容易掌控和评判的弹性任务，转化为一套可以具体量化打分，并在各社区之间进行横向评比的系统——从“学习与宣传”“组织与管理”“条件与保障”“实践与成效”四个方面对创建学习型社区这项工作提出了具体的要求。类似的考核逻辑也在“基层党组织先进性建设示范点”的创建评比中有所表现，

---

① 杨爱平、余雁鸿：《选择性应付：社区居委会行动逻辑的组织分析——以 G 市 L 社区为例》，《社会学研究》2012 年第 4 期。

② 仅以 2008 年 11 月 17 日这一天为例，民丰园工作站的工作就包括：登记 65 岁以上老年人办理优惠卡、筹备“健康北京灭蟑行动”、登记街道团委救助困难中小学生名单、代表红十字会给低保户发放米面、给低保户发放采暖补贴、登记社保家庭名单、登记孕检名单、发放独生子女费、准备综合治理工作汇报、办理社区精神病人认证手续、组织老年人文艺表演、准备书画展等。此外还有一些临时性的工作，如 17 日当天上午调解平房院居民纠纷，回答居民关于拆迁、医疗保险等方面的问题，帮助居民办理申请经济适用房的手续等。

③ 上一章已经介绍过，“新居委会”中除了主任之外，其他成员均不坐班，因此，“创建学习型社区居委会”的迎检工作，基本上是由民丰园居委会主任带领工作站成员完成的。

呈现为《古城区基层党组织先进性建设示范点检查验收工作说明及评分表》这样的评分体系（见附录10）。

第二个特征是考核的“间接性”，上级政府部门或“检查小组”并不会直接考察工作实效，而常常以间接观测的方式，对相关档案、报表、信息进行评价。检查和验收主要体现为三个方面的工作：一是听取社区居委会书记、主任等负责人的工作汇报。二是查阅有关工作档案（如创建学习型社区、建设先进性党组织的工作信息）——这两项基本上是档案文牍方面的功夫，前者是“口述档案”，后者则是“书面档案”。三是实地检查，主要针对宣传栏、橱窗、活动中心、教室、设备等硬件设施。但实际上，“检查小组”往往更注意前两个方面：也就是更多地关注数字化的档案材料是否完备，是否将相关工作转化为可供展示的书面信息；而对于实际硬件设施情况可能存在的各种不足，则不会过分苛求，这方面的问题也不会过多地影响评定的结果。毕竟，硬件达标与否，社区党委、居委会和工作站的决定作用有限，更多的还是要依赖街道及其他政府部门的财力和物力支持。

第三个特征是考核的“临时性”，即仅在某个时间点上进行考察，而不掌握工作的持续性与日常活动的开展情况。比如在2011年出台的《北京市文化社区指导标准细则》中，对于社区图书室的规定包括“静态”的要求（藏书量达到3000册以上，报刊不少于50种）和“动态”的要求（全年免费开放，每周开放时间不少于56小时）；而在检查时，仅能够把握藏书量和报刊种类的维度，对于工作开展的连续性和持久性则缺乏行之有效的监督、控制和检查的手段与机制。类似地，“创建学习型社区”的活动开展情况也只能通过检查当天在社区呈现出来的文化活动的样貌来衡量和判别。

福柯指出，检查导入一种机制，把一种知识形成类型与一种权力行使方式联系起来，借助各种详细档案和文件制度，检查使得个体和活动完全被对象化了，这样就可以对其进行描述、分析、度量、比较、分类，进而有区别地控制和使用。[①] 街道办事处以及更高级别的政府部门，通过数字化的评分体系和验收检查，将日常工作中一些不易评价的活动加以数字化、对象化，变成可以被检查者掌控的项目；这种由文牍检查和量化评价

---

① 〔法〕米歇尔·福柯：《规训与惩罚》，刘北成、杨远婴译，生活·读书·新知三联书店2003年版，第208—216页。

所支撑的、层层传导[①]直至基层的“压力型体制”，正是社区党委、居委会、工作站最常见的工作背景。然而，正如黄宗智在讨论“简约治理”时所指出的，上级政府部门不再直接干预基层社会，而交由准官员来处置决断，却忽视了准官员在处理“细事”时的具体做法，甚或认可某些地方性规范。[②] 当下我们所看到的恰是相似的图景：上级政府部门对于抽象目标的数字化考察，无疑将完成目标的具体手段和方式交由被考察者（即社区组织）自行选择与裁决。

除了政府部门的治理方式外，居民的配合态度也构成了社区组织工作的一部分背景——无论是日常文化工作的开展，还是检查当天文化活动的样貌，都离不开社区居民的参与。相比于前面提到的“福利性参与、志愿性参与、娱乐性参与和权益性参与”[③]“信息性参与、诉求性参与和抗争性参与”[④]“生计型参与和权责型参与”[⑤] 等类型，在诸如创建学习型社区，设置社区文化活动室、图书室、社区课堂等无关日常生活水平和物质利益的工作中，社区居民的参与形式表现出了很大的不同：多数居民并不太在意，也不关心社区的文化氛围、是否有常年开放的社区阅览室，更不认为

---

① 所谓“层层传导”指的是：工作站或居委会在档案文牍方面的工作，主要是来自于街道办事处向区里汇报工作的需要，这一点从下面的访谈内容中可以看到：居委会这些工作你说重要？不知道重要性在哪儿。你说取消了？又是万万不可能的。打个比喻来说，街道类似于原来的经济体制二级公司，它是一个管理公司，底下还有门面或者厂子这些是经营东西，这个比喻我觉得挺恰当。居委会就是经营型的，街道就是管理型的。管理型如果不往经营型转变，它到达不了居民那儿，它只能通过居委会把触角伸到居民区里，所以它往下分派工作是很现成的。就街道办事处来说，假如我是负责这块儿的，他提出什么（工作）汇总了，这个居委会做过什么事，我这个工作就出来了。平时（街道）不下来，除非有检查了，有特殊活动了，他来找你，说材料怎么写，他下来。你看这报了一大堆材料，汇报这一年的工作，复查材料，包罗万象。实际上现在我们是给办事处整材料呢，任务全都放下面了，要不然他怎么向区里汇报？——他让下面汇报，他再汇报给区里。实际上迎检检查的是什么？是你街道办事处的工作；但是办事处的工作进社区了，所以要检查社区——最费事的都在居委会这儿。像这些都不是我主动写的，他们打电话要，给你七天时间写一份报告，一个月交一份信息，或者两个月交一份或者两份信息，数量上还有要求。——引自 2005 年 7 月 12 日对民丰园社区居委会委员聂定钦的访谈。

② 黄宗智：《集权的简约治理——中国以准官员和纠纷解决为主的半正式基层行政》，《开放时代》2008 年第 2 期。

③ 杨敏：《作为国家治理单元的社区——对城市社区建设运动过程中居民社区参与和社区认知的个案研究》，《社会学研究》2007 年第 4 期。

④ 周志家：《环境保护、群体压力还是利益波及——厦门居民 PX 环境运动参与行为的动机分析》，《社会》2011 年第 1 期。

⑤ 王星：《利益分化与居民参与：转型期中国城市基层社会管理的困境及其理论转向》，《社会学研究》2012 年第 2 期。

文化工作与自己有关系。在需要配合社区组织迎接检查时，居民既缺乏充分的权责或诉求的驱动，又没有足够的福利性和娱乐性可言，表现为一种被动加入和毫不关心的“象征性参与”心态。我在调查中接触到的很多居民都表达过类似的观点：“谁不愿意在家歇着啊，可是（居委会）打招呼让你来怎么办啊，他们也挺不容易的是不是，低头不见抬头见的，能帮衬的时候就尽量呗……”至于活动的效果，态度则是“就那么个意思吧，让去就去一趟，也不指（望）着他们怎么着……”[①] 长久以来，居民诸如此类的态度传递给社区工作人员两个信息：第一，即使很多居民并不情愿，也会考虑到“低头不见抬头见”的关系因素而配合社区组织的工作，参加社区或街道层面的文化活动，特别是具有“迎接检查”性质的活动。[②] 第二，对于活动的效果，居民们不大关心。

二　迎接检查的策略：“可见性”的建构

街道等上级政府部门强调可见的、形式化的材料、档案和信息，社区居民则重视维护与社区组织的关系，但二者的共同之处在于并不过多地关心活动的实际效果如何。强调数字化内容、忽略实际效果的这种评判体系和检查方式，是社区工作人员早已熟知的，在很短的准备时间之内，社区的硬件设施无法获得实质性的改进，所以也就注定了他们的应对策略：集中精力在档案文牍上做足功夫，尽可能地实现工作成果的“可见性”[③]。于是，在政府部门的数字化检查和居民的象征性参与的前提下，社区党委、居委会和工作站在应对文化建设等相关领域的工作检查时，具有一定的操作空间，采取的主要做法就是“制造可视化的工作成果”。

首先，在塑造档案文牍的“可见性”方面，社区组织的主要做法是按照评估体系的具体条目，补足、编写原本并不充分的档案文件、图表、活动信息。继续以“创建学习型社区”为例，民丰园社区拿到评估指标体系之后，在 11 月 17 日、18 日所做的准备工作，主要就是补足不充分的工作信息、活动台账等，制作展板、迎检汇报时使用的 PPT、领导小组网络图

---

① 引自 2009 年 1 月 4 日与社区居民汪瑞璇的对话记录。

② 如社区组织的书画展、联欢会、邻里节、老年学校等，或街道等政府部门安排的歌咏比赛、知识竞赛等。另外，带有某些政治意味的纪念活动（如 2009 年 8 月 8 日在大雨中进行的奥运一周年“全民健身日”太极拳表演）或在街道辖区的礼堂举办的汇报演出等，社区也要组织一定人数的居民参与。

③ 该概念译自于“visibilité”，参见奥利维耶·瓦奥尔的研究（Voirol，Olivier，“‘Présentation’ Visibilité et invisibilité：une introduction”，*Réseaux*，2005/1 n° 129-130，pp. 9-36.）。

等。补充档案文件和活动信息的过程和文牍技术极为关键，充分体现了社区居委会在应对检查时的策略和方法，以及“建构可见性的过程”[①]。

举例来说，民丰园社区严重缺乏的是评估指标体系中“4.3 培训下岗失业人员和外来务工人员”方面的活动内容，只能结合以往一些并不一定相关的照片，按照每月一次的频率，“看图说话”似的编写活动信息，而且这种编写是很讲究技巧的。比如找出一张照片，不知何年何月，但从照片上人物的穿着可以判定是冬天，又是围坐在会议室中座谈的形式，就可以编写出一则以“春节前组织外来务工人员座谈，了解其学习需求”为题的活动信息；如果通过照片可以判断出是春夏之交，又是坐在教室里上课或听讲座的形式，就可以编写一则“迎奥运，下岗失业人员（或外来务工人员）英语培训”的信息。凡此种种，都紧扣“学习型社区”的主题。同时，在编写这类信息的时候，民丰园社区的工作人员又很重视细节：日历一定要摆在旁边，编写出来的活动信息要避开日历上的周六、周日或其他法定假日，否则用他们的话来说，“编出来（周末的活动）人家检查的人也不信，哪有节假日主动加班给他们搞活动的”[②]。

除了重视细节外，形式也很重要，为的是使工作成果呈现出“更适宜被看到的样貌”[③]。准备迎接“创建学习型社区”和“先进性党组织”两项检查的时候，民丰园社区居委会主任和党委书记都将迎检材料、档案、展板、汇报时使用的 PPT 美化到极致，甚至出现社区内部（党委和居委会之间）竞争和攀比的情况。比如，在党组织先进性建设档案的封面上，党委书记要求加一个党徽，理由是：“你看学习型社区（迎检档案）的封面上有一个咱社区的 Logo，挺漂亮的，咱们先进性（党组织建设）这边儿也得加一个，不能再用社区 Logo 了，到网上找一个党徽的图案吧。”[④]

对形式的强调直接导致了对各种“要素”[⑤] 的需求。首先是人力资源，在准备迎检的时期，社区工作量增大、人手短缺，社区书记和主任在人员使用方面存在着一定程度的争夺。有些工作人员经常不得不临时放下“党

---

① Voirol, Olivier, “‘Présentation’ Visibilité et invisibilité: une introduction,” *Réseaux*, 2005/1 n° 129-130, pp. 9-36.

② 引自 2008 年 11 月 17 日的田野观察记录。

③ Voirol, Olivier, “‘Présentation’ Visibilité et invisibilité: une introduction,” *Réseaux*, 2005/1 n° 129-130, pp. 9-36.

④ 引自 2008 年 11 月 18 日时任社区党委书记马文惠的工作要求。

⑤ “要素”包括关系、资源等，参见 Jacques Revel 的研究（Revel, Jacques, “L'institution et le social,” in Bernard Lepetit (ed.) *Les formes de l'expérience. Une autre histoire sociale*, Paris: Albin Michel, 1995, pp. 63-84）。

口”的工作，去帮居委会主任准备“学习型社区”方面的材料；或者从居委会方面转来支援党委工作（这种情况在本书关于田野调查过程的说明中也有所体现）。

对外部资源的调动更是各显其能，居委会主任借了街道活动中心的会议室和笔记本电脑，用来汇报工作、播放 PPT；党委书记则动用工作关系和私人关系，请驻民丰园社区中央某单位的领导协助，将迎检的档案信息全部进行了彩色打印；还去国家博物馆借了笔记本电脑和投影仪，在社区会议室挂了白床单作为幕布①，达到了迎检汇报工作时播放 PPT，甚至可以播放党员活动短片的目的（虽然由于时间关系，短片最终没有播放）。二者的做法一方面是要在检查组面前尽可能地展现社区工作成绩，另一方面也是社区党委书记和居委会主任在几乎同时面临相类似的检查时，存在着心理上的竞争关系，不想让自己负责的工作输给对方。

除了上述档案材料和工作汇报方面的可见性外，社区还需要营造出活动场景的“可见性”，即检查当天的居民参与也是必须“被看到的事实”。在这方面，居委会通过电话、上门等方式，社区残疾人、低保户、志愿者（积极分子）② 等享受过社区福利（如志愿者津贴、节日慰问品等）的群众，也包括社区工作站的成员都被动员起来，在 11 月 19 日检查小组来社区的时候，到社区活动室打牌、下棋、唱歌、画画，到图书阅览室翻翻书、看看报，营造“学习型社区”或者“文化社区”的氛围。在 2008 年 11 月 18 日“迎检”前一天站长毕妍的工作部署中，我们可以很清楚地看到这一系列的安排：

---

① 国家博物馆的那个领导曾经是我管辖的一个居民，也是在好多工作当中，他对我们工作特别认可，所以特意给我们借来的，然后又在这儿试了半天。这个单儿大家别笑啊，这是一个床单，因为我们条件确实太差了，我们就这样子把它布置一下。——引自 2008 年 11 月 27 日时任社区党委书记马文惠向检查团的汇报。

② 志愿者或积极分子是社区中常备的、配合社区各项工作的群众力量。志愿者或积极分子分为不同的层次：有些是在类似卫生、宣传等日常工作中被经常动员的，范围较小，比如 37 名楼门院长、57 名社区居民代表；有些是平常不会动用但在“两会”“奥运”等大型活动中被发动起来的，范围较大。也正因为如此，志愿者（积极分子）的规模波动很大，比如 2005 年民丰园社区的《积极分子花名册》上共有 100 人（其中女性为 70 人，100 人中有 91 人在 50 岁以上、68 人在 60 岁以上）；2008 年由于重大活动密集，常备志愿者扩大到 120 人，而参与奥运安保巡逻的积极分子竟多达 428 人。在这里主要是指日常工作中经常参与社区工作的常备积极分子，人数并不多；相应地，在逢年过节的慰问活动中，这部分积极分子也会获得一定程度的物质奖励，如发给米、面、油等。另有学者将荣誉、政治关心、社会交往和小群体活动、重要性和个人价值体现、轻微的权威感以及社会互助感统称为对积极分子参与的“社会报酬”（参见李辉《社会报酬与中国城市社区积极分子：上海市 S 社区楼组长群体的个案研究》，《社会》2008 年第 1 期）。

> 明天早上那个“学习型社区”迎检，是这样的，就是因为档案是一方面、实地是另一方面，这事儿我跟吴硕婷和郑哥（郑志鹏）说了，郑哥负责棋牌，吴硕婷负责书法班。咱们其他人都上午八点半到，比如说图书阅览室没人，那么就安排两人（去）图书阅览室，要是太早了没人，你就过去看会儿书。就是所有人都在这儿随叫随到，包括跟楼上检查的跑跑腿、沟通什么的，明天咱们绝对要把这一仗打好了，因为别的社区有的都验收完了，咱们也知道一些经验，大家一定要把这个做好了。什么场地啊、什么资料啊，我跟于主任（于慧真）负责，包括晚上有康姐（康瑶）、有硕婷跟着我们一块儿摆东西，今天晚上咱们加班儿。①

经过一系列紧锣密鼓的筹备，“创建学习型社区”和“先进性党组织”两项验收检查分别在 11 月 19 日和 11 月 27 日两天进行，最后的检查结果不会出乎人意料：严格按照评分体系精心打造的各种档案文本得到了上级检查小组的肯定；检查当天的社区居民的学习氛围也基本上达到了要求。于是，通过营造档案材料和活动场景的双重“可见性”，使得原本并不完备，甚至不曾开展的工作成为可以被评分考核的检查对象，进而成为社区工作的成绩，并最终被上级政府部门当成基层社会切实存在和“真实”的面貌。② 在这个过程中，文牍技术起到了至关重要的作用，对居民的动员③和对资源的利用则使该过程显得更加丰富和完整。

专注于制造可视化业绩的另一重面向，就是对“常态化”工作的忽视。在环境卫生、文化宣教、人口管理等本应该持续投入精力的社会建设领域，却没能引起日常化的重视，只是在“争创”“迎检”等重要时间节点到来之际，抱着毕其功于一役的心态，突击准备材料，集中营造氛围；在检查之后，“常态化”工作即被搁置。正如有些居民描述的社区图书室“平时都没人管理，那大铁门都锁着，书柜都成了摆设，就只有上边儿来检查时才开放，应付一下”。需要指出的是，街道办事处作为政府部门最低一级的派出机构，有时也会与社区组织形成一种“共谋”关系，共同参与到迎检的“表演”当中。比如，针对社区图书室的量化要求，一些街道会统一采购 3000 册图书给没有这方面基础的社区，帮助其顺利通过检查；而对于检查之后的图书室使用情况，则不再过问，甚至默许“检查后、即弃用”的实际做法。

---

① 引自 2008 年 11 月 18 日的社区内部会议记录。

② Voirol, Olivier, “‘Présentation’ Visibilité et invisibilité: une introduction”, *Réseaux*, 2005/1 n° 129-130, pp. 9-36.

③ 这种动员的结果往往是被动的、象征性的参与。

第二节 数字化管理和“符码化”的个人

上级政府部门并不直接干预工作的过程和效果，而居民也只是低水平地关注和被动地参与——这样的逻辑并不仅仅出现在各种“迎接检查”的情况下，在日常工作的很多领域，社区组织与政府、居民之间关系的“非直接性”①，为他们的实践方式和运作策略提供了大量的选择空间，促成了很多工作策略和技巧的产生。比如对城市人口管理的工作，即是一例。

一 人口管理模式的转变

在如今的社会背景下，虽然技术条件更加先进②、档案信息也更加完备，却不再具备在相对封闭而稳定的空间内通过“小脚侦缉队”“群防群控”来实现连续不断的全面监视，进而对个体活动进行控制的条件。首先是由于管理范围的扩大。以北京市古城区阜财街街道为例，20 世纪 80 年代初其所辖范围内的 68 个居（家）委会，通过不断地合并和裁撤，已经减少到 19 个社区居委会，这意味着平均每个社区所负责的空间范围要在原来的 3 倍以上；而社区层面所承接的政府下派行政任务、社区内所要解决和应对的矛盾与问题、社区人口的绝对数量、异质性和流动性，都已远非 20 世纪 80 年代的情况可比。由此带来的对流动人口管理的困难程度可想而知。其次是人口管理事务中，居民参与程度的降低。这一方面是由于社区规模的扩大、人口流动性的增加所带来的邻里关系减弱与疏离，经常出现“不知道左邻右舍是谁”的情况，更不用说对陌生人的警觉、对异常事件的监控了③；另一方面是随着邻里关系减弱和社区归属感的下降而导

① Giuseppe, Manno, “La politesse et l’indirection: un essai de synthèse,” *Langage et société*, 2002/2 n° 100, pp. 5-47.

② 2004 年民丰园社区居委会还只有 1 台电脑，整个居委会所有档案工作都要依赖它；到 2006 年工作站成立之后，电脑的数量已经增加到 5 台；到 2010 年底，社区工作站可使用的台式机、笔记本电脑共有 15 台，基本实现了“人手一机”。扫描仪、数码相机、数码摄像机等设备也在工作中得到越来越多地应用。

③ 比如民丰园社区居委会聂定钦说：“我们住的那个楼上面有两户对门，哪户人家走了，我们根本就不知道，人家房主早就把那个房子租出去了。就是这么近你就不知道，我一看人不对呀，后来才知道。”永泰社区老人林卫红也表达了类似的意思：“想以前那时候，谁家来个外地亲戚，一进胡同我们就都知道了，那时候还得问问是不是从台湾来的；谁家要是两口子吵架了街坊们都知道，还帮着劝劝什么的。现在搬走的搬走、出租的出租，谁都不认识谁了，哪还管那么多……”——引自多次田野访谈记录。

致的积极性不足，普通群众往往缺乏参与或配合人口管理事务的动力。①

在这种情况下，人口管理已经由过去具体到每一个人的“总体性控制”②，变成政府部门只收取统计信息的数字化管理；从政府和居民之间建立直接的、面对面的关系，变成社区组织从中协调、间接地使基层情况与政府数据联系在一起。街道乃至更高级别的政府部门所关注的只是一系列人口数字与指标，并不执着于掌控人口流动与变化的实际情况；而普通居民对人口管理事务更是持有“事不关己、高高挂起”的态度，与前面所提到的象征性参与模式相类似，是一种漠然处之的态度。上级放松了实际掌控、居民表现得漠不关心，这就给居委会、工作站在人口管理方面的工作提供了很大的选择和操作空间，滋生了诸如下面将要介绍的“删数”“借数”之类的具体方式。

二 “删数”：符码化的流动人口管理

从 2007 年底开始，出于加强奥运安保的考虑，古城区阜财街街道在各社区工作站设立了流动人口协管员（简称“流管员”）的岗位，工资待遇与普通社区工作站人员不同，也不接受工作站站长分派工作，而由街道流动人口管理办公室（简称“流管办”）统一领导。2008 年 6 月，也就是奥运会前夕，阜财街街道又招聘了第二批流动人口协管员。截至 2010 年底，民丰园社区共有流管员两人（楚晨和吴洪天）。

2007 年底，作为第一批上岗的社区流管员，楚晨曾经用了一个多月的时间对民丰园社区的流动人口做了一次摸底，上报社区流动人口有 2600 多人；连同其他社区的上报结果，形成了阜财街街道流动人口信息数据库。

2009 年 3 月 13 日—4 月 13 日，古城区领导要求更新流动人口信息数据库的情况，丰富健全信息内容，增加包括“老家几口人”“户主是谁”等一系列情况，用吴洪天的话来说，就是“问清楚一个人就得说半天，接到这个事儿我们全都傻了”。另外，还要把外国人纳入流动人口管理的范畴，问清楚 13 项问题；古城区为了帮助社区流管员完成对外国人的管理工作，还专门请了一名警员给他们培训英语。2009 年 4 月中旬，区里开始对流动人口信息数据库进行检查，抽查两个街道，每个街道抽查两个社区

---

① 你说靠积极分子配合？真正都像以前 20 世纪 70 年代那么配合吗？现在有几个关心的？——引自 2005 年 7 月 12 日对民丰园社区居委会委员聂定钦的访谈。

② 孙立平：《改革前后中国国家、民间统治精英及民众间互动关系的演变》，《中国社会科学季刊》1993 年第 6 期。

共50个人，检查合格的标准是信息完整率达到97%；而街道对各社区提出了更高的要求，并拿出了明确的惩罚措施：流动人口中有1人信息不全，扣50元工资；有两人信息不全，扣200元；有三人信息不全，解除与该流管员的劳动合同。

社区流管员对这样的要求也很无奈，他们所面对的民丰园社区流动人口信息数据库里仍然是2007年上报的2600多人，如果要按照新的标准来更新2600人的数据库，工作繁重到令人无法想象；他们也“后悔2007年报上去这么多人了”；街道流管办希望各社区党委书记和工作站站长派人协助流管员完成这项工作，但是流管员说：“我们各社区的流管一见面就互相问，没有一个社区有人帮忙的，就靠我们流管员根本弄不完。”面对不可能完成的任务，各社区的流管员在下户走访的同时，把更多的希望寄托在“删数”上：

> 我跟楚晨我们俩每周二上午趁流动人口信息库开放的时候，就到流管办删数儿去，每次删掉几百个这样儿，现在还剩下1000多个吧。后来上头（流管办）也不让删了，各个社区都这么删，最后总数就差太多了。反正这事儿干到哪儿就算哪儿吧，要是真被抽查到了，就认倒霉了。①

整个“删数”事件的结果可以在《阜财街街道2009年流动人口和出租房屋管理工作总结》中得到很清楚地呈现：“从2009年2月1日至7月3日，阜财街街道辖区共有流动人口14147人。登记采集流动人口新增信息：2763人，修改信息：1276条，注销人员：11108条……”② 从这组数据可以看出，各社区的流管员总共注销（删除）了原有数据库中将近一半的流动人口。——当人口成为一种可以被随意增删的数据的时候，他们就成为一个个仅具有数字层面意义的“符码化”的个人，而不是“驯顺的个体”③。而此种弱化了对空间和行动控制的数字化管理、对个人符码的抽查及相应的惩罚机制，也使得社区层面不得不采取类似于“删数”这样的应对策略，一方面减少了更新信息的工作量，另一方面也降低了他们被上级抽查到的概率。

---

① 引自2009年3月18日民丰园社区流管员吴洪天的讲述。

② 引自阜财街街道办事处电子档案。

③ 〔法〕米歇尔·福柯：《规训与惩罚》，刘北成、杨远婴译，生活·读书·新知三联书店2003年版，第153页。

三 “借数”：数字意义上的人口普查

在我亲身参与的全国第六次人口普查民丰园普查区的工作中，也存在着类似情况：各级政府部门最关注的是呈报上来的数据，而缺乏对数据采集过程的足够监控；基层群众由于在普查期间接受了长时间、高强度的有关宣传，对普查工作持有较为配合的态度，但是对信息填写与实际情况是否吻合则并不太在意。[①] 社区工作人员（同时也是普查员）就在这样的背景下，做出了独特的行动逻辑选择，即实际情况让位于档案信息，具体操作服务于数字要求。

2010 年 8 月 15 日至 9 月 15 日，社区工作站和一些社区单位的工作人员一起，完成了入户户口整顿和摸底工作（具体工作流程见表 6-1），这项工作在不同社区的执行情况或粗或细、不尽相同，但最终的目标都是给 11 月的人口普查正式入户提供一份《户主姓名底册》作为参照。然而，我们看到的实际操作是，普查员在填写《户主姓名底册》中诸如“摸底时住在本户的境内人数”“户口在本户，摸底时不在本户居住的人数”等信息时，所依据的并不是在 8 月、9 月入户进行户口整顿时所了解到的实际情况，而是依据从当地公安派出所拿到的 5 份表格：（1）户籍人口核对数据资料表；（2）人户分离（有人无户）与应落未落户人员登记表；（3）暂住人口核对数据资料表；（4）暂住人口登记表；（5）境外人员核对数据资料表，以及同样来自派出所的两份人口变动信息：（1）出生死亡人口信息；（2）迁入迁出人口信息。

表 6-1 北京市第六次全国人口普查·普查员工作流程

阶段	工作	时间
第一步	参加户口整顿和摸底培训	2010. 7. 31—2010. 8. 15
第二步	入户户口整顿和摸底	2010. 8. 15—2010. 9. 15
第三步	参加登记培训	2010. 10. 15 前

① 在入户普查的时候经常会听到“实际上大儿子早就搬走了……甭改了，就按户口本上的填吧”“老头儿（被访者的父亲）去世快两年了……什么？还得到派出所登记信息啊？那就还按老头儿在的时候填吧”之类的说法。而社区工作人员的态度是：如果家属没有特殊要求，而且不愿意很麻烦地更改户口本信息，那么普查员在填写调查表的时候就可以采用听从家属意见的做法。

续表

阶段	工作	时间
第四步	核实《普查小区图》《户主姓名底册》	2010. 10. 15—2010. 10. 25
第五步	入户登记	2010. 11. 1—2010. 11. 10
第六步	全面复查	2010. 11. 11—2010. 11. 15
第七步	快速汇总	2010. 11. 16—2010. 11. 20
第八步	非专项编码	2010. 11. 21—2010. 11. 25
第九步	普查表交接	非专项编码审核工作结束后

之所以《户主姓名底册》要参照当地公安派出所提供的情况，原因主要有两点：一是前期户口整顿期间的工作并不能很好地反映实际人口变动信息。比如我所参与的民丰园普查区第14普查小区是一个中央某局的家属区，前期的户口整顿工作由该局指派的单位职工吴师傅配合社区工作站完成。吴师傅的口头禅是“这片儿我熟极了，不用看!”① 所以几乎没有对户口进行摸底。而从后面入户登记的阶段来看，该普查小区的实际情况与吴师傅所谓“熟极了”的情况还是有很大差别和变动的。

二是要保证《户主姓名底册》与派出所掌握和提供的“权威”数据相吻合。在这个问题上很多普查员也不太理解，认为“怎么能让咱们跟他们（派出所）那个一致？咱们这是摸上来的实际情况，应该他们跟咱们的一致啊!”这种质疑得到普查指导员的回应是：“就按照他们那个来吧，要是有居民搬走了、住进来的，凡是有这样变动的，让他们上派出所改去。他们要是不爱改，咱就给他（按原来情况）登上。”②

尽管要以派出所既有数据为基础，但是民丰园社区的普查员们在2010年11月1日到10日的“入户登记”阶段还是记录了不少的居民人口实际变动情况，在对全国第六次人口普查工作负责的同时，也对派出所的数据进行了有效补充和修正，并最终在11月15日形成了一份“户主姓名底册汇总表”（见表6-2），逐级上报到阜财街街道办事处、古城区有关部门。

然而问题在于，从这张表上报之时起，民丰园普查区的各项总数就不能再做调整和改动了。如果在11月16日至25日的“快速汇总”和“非专项编码”阶段再发现登记人数或户数的错误时，就采用“借数”的办法

① 引自2010年人口普查期间的观察记录。

② 引自2010年人口普查期间的观察记录。

表 6-2

民丰园普查区户主姓名底册汇总表（部分）

古城区（县）阜财街乡（镇、街道）民丰园普查区

普查小区名称	本普查小区户数*		模底时住在本户的境内人数							户口在本户，摸底时不在本户居住的人数						2009年11月2010年10月31日本户		本户港澳台和外籍人数	在本户居住的归侨数	在本户居住的侨眷数	备注
			合计	户口在本居（村）委会	户口在本市其他居（村）委会		户口在外省市		户口待定	合计	在本居（村）委会其他普查小区居住	在本市其他居（村）委会居作		在外省市居住		出生人数	死亡人数				
	户编号为600及以下户数	户编号为600以上户数			2010年5月1日前离开户口登记地	2010年5月1日（含）后离开户口登记地	2010年5月1日前离开户口登记地	2010年5月1日（含）后离开户口登记地				2010年5月1日前离开户口登记地	2010年5月1日（含）后离开户口登记地	2010年5月1日前离开户口登记地	2010年5月1日（含）后离开户口登记地						
1	2	3	4	5	6	7	8	9	10	11	12	13	14	15	16	17	18	19	20	21	22
合计	1795	1292	5147	3260	574	33	1198	80	2	3651	61	3498	51	39	2	47	46	10	1	22	—

填表日期：2010. 11. 15。

* 所谓“户编号为600及以下户数”，指的是“普查时点在本社区居住的户数”；“户编号为600以上户数”，指的是“户口在本社区，但普查时点不在本社区居住的户数”。

来解决。比如014普查小区发现“户编号为600及以下户数”应为93户而不是原来登记的94户，也不能在总数的1795户的基础上减掉1户，而是从其他普查小区“拆户”“借数”；所谓“拆户”就是将其他普查小区（如011普查小区）底册的集体户口，从1户拆成2户，多出的这1户“借数”给014普查小区，弥补减少的那1户，达到了总数不变的目的。

上述关于“删数”和“借数”的两例都表明：随着中国人口数量、结构复杂性和地域流动性的增加，基层社区人口管理工作局部表现出了这样一种特点：强调对数据规范化的检查、对数字准确性的要求，而且与检查和要求相挂钩的奖惩力度不断加大，但是对实际情况的关注程度和控制水平则有降低的趋势。针对这种治理模式，基层社区的行动者们也选择以数字化的方式进行应对——数字和档案成为上下级之间关于人口管理问题的标准化语言；同时，也使社区中的居民从若干可见的个体变成了可以被随意增删、拆借的“符码化”对象。

第三节　数字化政绩、利益性诉求与简化工作任务

“迎检”“争创”或者人口管理等工作领域，与社区居民的日常福祉并无太显著、太直接的关联，因此，居民中的相当一部分（如果不是全部）往往采取“象征性参与”的态度，扮演着有限配合的角色。社区党委、居委会、工作站等组织所面临的主要是来自上级政府部门的“数字化”压力。然而，在一些与居民福利密切相关的领域，“维权抗争和利益表达因子”[①] 会诱发居民的“福利性、权益性”[②]“诉求性”[③]“生计型”[④] 等各种参与形式；社区工作中所面临的“势”则不再仅仅是自上而下的压力，也时常包括自下而上的居民的声音和诉求。在下面要介绍的“灭蟑行动”中，就出现了这样的情况。

① 胡荣：《社会资本与城市居民的政治参与》，《社会学研究》2008年第5期。

② 杨敏：《作为国家治理单元的社区——对城市社区建设运动过程中居民社区参与和社区认知的个案研究》，《社会学研究》2007年第4期。

③ 周志家：《环境保护、群体压力还是利益波及——厦门居民PX环境运动参与行为的动机分析》，《社会》2011年第1期。

④ 王星：《利益分化与居民参与：转型期中国城市基层社会管理的困境及其理论转向》，《社会学研究》2012年第2期。

一 上下传导："服务"中的政绩生产

2008年11月8日到12月9日，北京市按惯例开展了"健康北京灭蟑行动"。在前后32天的行动周期当中，实际灭蟑工作在阜财街街道民丰园社区的开展只用了12月5日一天，而且是由北京市爱国卫生运动委员会所聘请的外包公司来执行具体的灭蟑行动；在其他时间里，以街道办事处为代表的各级政府部门在此次"灭蟑行动"中的工作，都是不断统计数字，进行着文档的上传下达。

阜财街街道民丰园社区"健康北京灭蟑行动"大事记

11月8日，北京市爱卫会下发《"健康北京灭蟑行动"致广大市民的一封公开信》。

11月17日，街道向工作站下发"健康北京灭蟑行动家庭登记表"及宣传材料。

11月17日，工作站下户张贴宣传材料，接受居民登记楼号、门号、姓名、电话号码。

11月20日，工作站上交登记表，并录入电脑，统计人数。街道汇总数据上报市爱卫会。

11月20—24日，仍有大量居民反映没有及时看到通知，错过了登记时间。

11月25日，再次贴通知，接受居民登记，"补漏"2天。

11月27日，再次整理、核对登记表，录入电脑，向街道汇报新数据（共330户），街道再次上报。

12月1日，古城区灭蟑行动开始，街道通知，民丰园社区灭蟑具体时间为12月5日。

12月5日，在民丰园社区灭蟑，社区工作人员引领专业技术人员，分为5组，对285户家庭布放了蟑螂胶，并发放了粉末状蟑螂药和蟑螂贴。

12月9日，上报"灭蟑工作信息"，核对实际入户的家庭信息和户数，上交楼房户和平房户的最终家庭登记表。

从上面的"大事记"中可以看到，阜财街街道办事处在这30多天里所做的工作就是：接收通知、下发通知、要求工作站提交数据、再向上呈报；最后接收工作站的灭蟑工作信息，将一系列的数字和文本信息汇总成街道办事处的政绩，并作为更高一级政府部门政绩的基础。而灭蟑这样一项实实在在的工作，在基层是如何操作的、效果如何①，并不被真正了解和掌握。实际上，在这一系列政绩生产的过程当中，街道办事处也只是一个中转站，起到了自上而下传导具体化的压力、自下而上提取数字化的政绩的作用。正如对政府行为的相关研究所分析的：只要下级政府能够如期或超额完成指标，至于它们究竟用哪些办法去完成、这些办法会带来什么样的代价，上级政府一般并不会深究——这就导致下级政府行为具有相当的随意性、短期性和变通性。②

作为压力体制的末端，民丰园社区居委会、工作站是压力的最终承担者和政绩的直接生产者。从阜财街街道 11 月 17 日下发通知和材料到工作站，到 12 月 9 日（最终信息反馈的截止日期），只有 23 天的时间。在这 23 天里，民丰园社区工作站要在没有增加人手的情况下，在常规工作之余，增加 4 项任务：第一，要通知到社区内登记在册的 2690 户（至少是常住的 1700 多户）居民；第二，接受居民的灭蟑申请，逐一填写，并在计算机上录入楼号、门号、姓名、电话号码；第三，在一天的时间内，带领技术人员进入登记居民家庭，介绍情况、布药、发药、讲解药品的使用，并由家庭成员签字确认；第四，在 23 天时间内，前后共三次向街道提交统计报表（纸版+电子版），确保上级街道办事处随时掌握数据信息，并在活动结束后上报工作信息。

特别要指出的是，社区工作人员极为看重工作信息的图文并茂。12 月 5 日，笔者与工作站成员刘金芸一同入户灭蟑，当她发现没有带相机的时候，显得特别遗憾；但随即要求我用手机拍下她给居民发放蟑螂药的场景，并放到上交街道的工作信息中。通过包含入户灭蟑照片的工作信息，完成对“可视化”业绩的生产。

二　选择、区分应对与任务的重新解释

对于社区工作人员来说，信息的编写、政绩的创制，这些都不是困难的事情，毕竟他们熟知上级检查时需要看到的主要是“灭蟑行动”的入户数字和具有可见性的业绩（比如带有照片的工作信息），而这些都是他们惯于而且善于完成的任务。而真正可能给工作过程与结果带来巨大不确定

① 按照古城区防疫站的说法，为居民家中布放的胶状蟑螂药，每支最多只能用于 4 户家庭；而灭杀公司为了节约成本，每支药剂用在多达 10 户家庭中，灭蟑效果恐怕达不到要求。

② 渠敬东、周飞舟、应星：《从总体支配到技术治理——基于中国 30 年改革经验的社会学分析》，《中国社会科学》2009 年第 6 期。

性的，是居民的态度：居民们的参与热情一旦高涨，纷纷到居委会登记要求入户灭蟑，工作量将不堪设想。与文化学习、人口统计这些不受居民关注的领域相比，带有福利性质的活动往往会吸引更多居民的关注、激发他们的意愿，从而对社区服务和公共物品的提供产生诸多的诉求。①

面对这样微妙的局面，社区组织首先要做的是通过对居民的区分和选择，以达到简化工作任务的目的。11 月 17 日，社区工作人员在张贴活动通知的时候，就已经做好了第一步的筛选和区分应对："只在楼房贴通知，平房不用贴"，理由是"楼房里才有蟑螂，平房里没蟑螂"②。这样做的好处是能够极大地减轻工作量：从 2008 年的数字来看，民丰园社区下辖的楼房户为 1150 户，平房为 563 户，就户籍数量而言，"甩掉"平房意味着工作量减少了 1/3 左右。但是考虑到平房院有 96 个之多，且位置比较分散，逐一贴通知要耗费大量的时间和精力；而楼房只有 19 个。所以从张贴通知的角度考虑，"不贴平房"的决定，可以让他们只贴 19 个通知，而避免了其他的 96 个，工作量减少了 80%以上。而由于没有看到通知，平房院来社区工作站要求登记灭蟑的人数也寥寥无几：在最后实际入户灭蟑的 285 户当中，只有 10 户是平房户。从结果来看，似乎平房户确实没有灭蟑的需要③；但是从对灭蟑方案的重新解释，以及选择性、区别性地张贴通知开始，就剥夺了大部分平房户居民的知情权，自然也没有后面的申请、登记和入户了。

"选择"的策略并不是对所有居民都奏效，也有部分居民是瞒不住而且摆不平的。12 月 8 日，在入户灭蟑结束的三天后，有社区居民来居委会"兴师问罪"，原因是他已经在居委会登记过要求灭蟑的信息，但在指定的日期却没有人上门投放或发放灭蟑药剂。"我跟我妈等了一天呢，连买菜

---

① 不久后在社区发放风斗和弯头（防火防煤气中毒的物资）的时候，民丰园社区流管员吴洪天的讲述（2009 年 2 月 17 日）也印证了这一点——每逢福利性物品或服务性资源出现的时候，居民对社区工作人员的态度就会发生转变、诉求会非常强烈："平时下去都不让我们进门、都不搭理我们，这回我们拉了一车风斗下去，恨不能都上来抢，一个劲儿问我们怎么不去他们家。"

② 引自 2008 年 11 月 17 日对社区工作站成员刘金芸的访谈。

③ 实际上，还是有很多平房户的居民通过电视或者报纸等其他途径知道了这次灭蟑行动，来工作站主动询问、登记，说家里蟑螂很多，要求到他们家中灭蟑；在 12 月 5 日灭蟑活动当天，技术人员路过平房院的时候还被部分居民拦住，临时要求入户布放蟑螂药。而且在平时，也有不少平房户居民来工作站购买蟑螂贴或蟑螂药，说明社区平房院中的蟑螂还是不少的，而经常向他们出售灭蟑药具的工作人员也不可能不知道这一点。可以说，社区工作人员是在"平房确实有蟑螂""也知道平房有蟑螂"的情况下，做出了"楼房里才有蟑螂，平房里没蟑螂"的判断，以及"通知只贴楼房"的决定。

都没敢出去；结果你们倒好，压根儿就没人来！这叫什么事儿啊这是?!"[①]在该居民要求补发灭蟑药剂的时候，社区工作人员出于"多一事不如少一事"的考虑，仍然采取了适用于大多数普通居民的策略，敷衍说"药都已经发完了"[②]；这一下子点燃了该居民的怒火，言语上也开始骂骂咧咧："国家投入几千万元的灭蟑经费怎么都没了?！药都买不齐？你们居委会是他妈的干吗吃的?！光拿工资不办事儿，我看就该扣你们工资！……"[③]到了这一步，居委会主任于慧真只好做了两点安排：一是嘱咐所有人"别说话、别言语、别惹他、就听着，让他把话说痛快了"；二是赶紧安排工作人员去居民家中投放灭蟑药——在面对需求没有得到满足而情绪激动的居民的时候，他们非常清楚激化矛盾是无论如何都不能够触碰的底线，因此骂不还口，并且迅速采取安抚措施，用沉默式"认错"和弥补性行动化解其情绪。虽然该居民最后还是拨打了市长热线，举报了民丰园社区漏投灭蟑药的事故，市里也打电话到街道来核实情况；但因为矛盾未被激化，社区居委会也做了补救工作并已如实向街道汇报情况，这件事情也就没有被继续追究。[④]

从整个灭蟑活动的过程来看，社区层面的居委会和工作站深谙各级政府对数字和政绩的追求，因此对信息报送和证据留存的环节小心在意，继续用文牍技术建构前文所提出的"可见性"（这一点后面还会对个人行为和话语做更多的讨论）。同时，他们了解居民对社会服务和公共物品的诉求，因此不敢将宣传的范围扩大到整个社区全部的居民家庭，而是做出了选择、隐瞒和对任务的重新解释。正如朱力在解释"第二种规范"产生原因时所讨论的，如果遵守正式规范（将通知范围扩大化），就意味着要为此投入时间、精力等资源，会发生巨大的遵守规范的成本；而降低行动的成本（包括时间、体力、物资、金钱），提高行动的效率，是行动主体一种自发的需要，因此人们会简化正式规范的行事规则，遵循某些"第二种规范"以达到目标。[⑤]社区组织在应对居民利益性诉求时所实践的"第二

① 引自 2008 年 12 月 8 日在社区的观察记录。

② 实际上社区有一定数量的备用药品，在该居民的情绪进一步升温、把事情闹大之后，工作人员魏文赶忙带着备用药品去该居民家投药，但是为时已晚。

③ 引自 2008 年 12 月 8 日在社区的观察记录。

④ 这件事情的处理结果也在一定程度上说明了街道乃至市级政府部门并不会对基层社区的工作细节做太多的要求，只要在保证政绩的前提下、不发生激烈的矛盾和对抗即可。关于防止群体性事件、剧烈矛盾冲突、民（事）转刑（事）案件等方面的工作，在下一章的讨论中还会有所涉及。

⑤ 朱力：《我国社会生活中的第二种规范——失范的社会机制》，《江海学刊》2006 年第 6 期。

种规范”，就是用诸如“楼房与平房的划分”之类的方式来区分居民群体，从而达到简化工作任务的目标。

到这里我们可以看到，在数字化治理这个大的背景之下，上级政府部门要检查的只是不同领域内的档案信息、数据统计、文字材料，因此社区工作人员将主要精力放在信息报送和档案留存上，继续用文牍技术建构出具有“可见性”的政绩。而对于社区居委会和工作站具体工作中的方式、难度和复杂程度而言，居民的参与类型和实际态度是一个非常重要的变量：如果居民呈现出象征性参与的态度、不关注操作过程和具体成效，则社区工作人员可以将工作停留在比较表面的层次，用文牍技术来应付检查，甚至用增减操作来实现对人口的管理；如果工作内容与居民的切身利益相关，其参与类型变成权益型、福利型或者诉求型，那就对实际工作提出了更细致和迂回的要求：不能泛泛地用数字化的工作来替代具体事务，而是先通过对居民群体的划分、对任务的重新解释和简化来减轻负担，再针对居民的不同反应做出区别性的应对（如图 6-1 所示）。当然，这里仅仅是以灭蟑活动为例来简要地加以说明所谓“重新解释”与“区别应对”的过程，在不同的工作领域和实际情况之下，具体的状况会更加复杂而有趣。

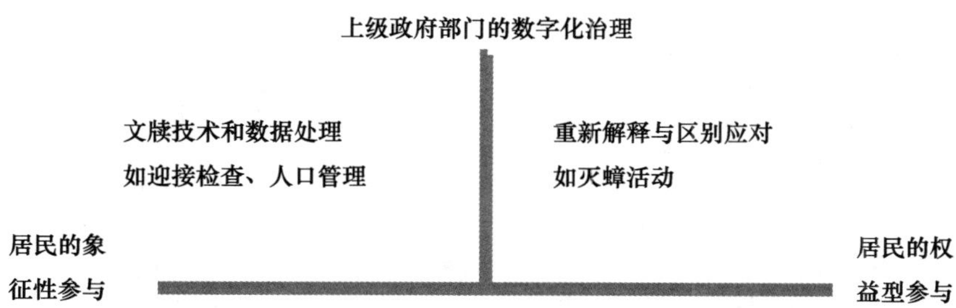

图 6-1　数字化治理和居民参与对社区工作方式的影响

第四节　言必称“数”：选择过程与规范形成

必须强调的是，这里对社区工作从业人员的种种应对策略和实践技术的分析，不涉及任何的价值评判。实际上，虽然不排除某些做法是在长期经验积累基础上的投机行为，但从更一般的意义上说，这些基层行动者所应用的文牍技术、数据处理、重新解释和区别应对常常是一种被动选择。正如雅克·雷维尔所言，不可分割的社会化因素、关系、资源、障碍和限制，要求行动者对周遭环境进行评估并做出策略性的选择[①]，社区居委会（工作站）对于行动方式的选择过程正是如此。

一 选择过程中的考量因素

社区工作中首先要考虑并加以评估的是上级政府部门对自身的要求。社区执行者作为基层社会治理网络中的一个节点，在这套“清晰化、简单化和数字化”[②] 的行政档案文件体系中，不断地与街道办事处及其他上级部门打交道，通过“试探边界”[③] 的方式获得了“我们必须做什么（硬性任务）、不能出现什么（‘一票否决’的情况）、街道希望我们做什么（汇报材料）、我们需要让街道看到我们做了什么（数字化成果）”等一系列认知，并摸索出了一套“选择性关注”[④] 的方案——有些领域需要真抓实干、出不得半点差错（如“两会”、国庆、奥运安全保卫，防火、防煤气中毒等）；有些档案文件不仅要注重细节，还要利用各种正式或非正式关系和资源将其美观化（如前面所举的迎接检查的例子）；还有些工作可以停留在最低限度的文本信息上，多发生在需要按期向上级汇报的日常化工作领域内。[⑤]

---

① Revel, Jacques, “L’institution et le social,” in Bernard Lepetit (ed.), *Les formes de l’expérience. Une autre histoire sociale*, Paris: Albin Michel, 1995, pp. 63-84.

② 〔美〕詹姆斯·C. 斯科特：《国家的视角：那些试图改善人类状况的项目是如何失败的》，王晓毅译，社会科学文献出版社 2004 年版，第 94—103 页。

③ 斯科特把底层民众遮遮掩掩的意识形态斗争和小心翼翼的物质反抗过程描述成“试探边界”或“测试底线”（testing the limits）：统治阶层不停地维持和扩大自身所能达到的物质和符号控制的范围，而被支配者则设计种种策略反对和阻碍这种控制和侵吞；支配者和被支配者都试图获得关于对方相对力量的了解，不断试探对方对“挑衅行为”的反应（〔美〕詹姆斯·C. 斯科特：《弱者的武器》，郑广怀等译，郭玉华等校，译林出版社 2007 年版，第 310—311 页）。

④ 〔美〕詹姆斯·Q. 威尔逊：《官僚机构：政府机构的作为及其原因》，孙艳等译，生活·读书·新知三联书店 2006 年版，第 140 页。

⑤ 比如阜财街街道办事处要求社区工作站每月上交社区“垃圾分类台账”，但是工作站的应对办法是一次性地把一年的表格“编”完，只是按月上交而已，每月的数字几乎不变。社区之所以敢于这样做，是因为这类工作只有呈报数字的意义，其真实性和实际效果从不会有人查问。又比如灭鼠工作信息和卫生清扫信息也是需要定期上交的功课，虽然居委会和工作站确实做了一定数量实实在在的工作，但由于街道办事处所重视的只是报告和信息，以及投放了多少鼠药、清扫了多少道路、清理了多少垃圾箱之类的数字，所以想偷懒应付一下也是很容易的事情：两名工作人员拿着药具在社区鼠药投放处弯腰摆一个姿势、拍一张照片，再粘贴到以前写过的灭鼠工作信息中，就成为一段新的灭鼠信息；卫生清扫的信息也是同理，可以脱离实际工作，纯粹依靠文牍技术，用这种表演、拍照、改写信息的方式来完成。

其次要顾及的是居民的反应，认识到居民在不同的领域内有不同的要求。在这些要求当中，有些是可以满足的，而有些是完全做不到的。所以必须从工作一开始就做出必要的筛选，将触发居民利益诉求的可能性降至最低；在任务执行的过程中也要结合不同的居民状况、与居民之间不同的关系类型，采取不同的态度和应对措施，最大化地降低发生矛盾的可能性。

最后（但绝非不重要）要考察的一点是居委会（工作站）自身所能够动用的资源、媒介和关系。如果是我们在迎接检查的过程中所看到的“培训下岗失业人员和外来务工人员”之类完全没有前期积累的工作内容，工作人员也没有什么资源可以利用，便只能通过文牍技术来创制结果的“可见性”和过程的“不可见性”①；如果是灭蟑活动这类做了一定程度的努力但又未必能完全达到预期效果的工作内容，仍需要借助一些媒介（如照片、文字信息甚至媒体宣传）来彰显业绩。

在这样一种既要应对上级政府又要顾及基层群众，而自身可动用的资源、媒介与关系又不丰富的情况下，居委会及工作站的成员们采取了一些策略性的工作方式。这是一种无可奈何但却合理的选择过程，也形成了这些成员个体的处世逻辑和社区层面的治理策略。

二　从个体行事逻辑到组织行动规范

民丰园社区工作站成员刘金芸于2006年办理了内部退休，2008年时在工作站负责卫生、残疾人、民政和社保四项工作②，同时还负责居委会的财务工作。我对她工作特点的总结是：“日常工作不在意，总结汇报最积极，文字信息有即可，数据统计必须齐。”因为刘金芸不会使用电脑打字，所以在工作站的时间里，我基本上都成为她的“私人打字秘书”，有些时候也跟着她下户。在整理工作档案、进行编目分类的时候，她说的最多的一句话就是“大概齐就行，给堆（对付）上吧”③，也就是说差不多就行了，只要能凑合上就好。据工作站的其他人介绍，在19个社区卫生工作的负责人当中，刘金芸总是第一个完成街道办事处布置的任务，第一个提交信息材料或工作总结。

---

① Voirol, Olivier, "'Présentation' Visibilité et invisibilité: une introduction," *Réseaux*, 2005/1 n° 129-130, pp. 9-36.

② 残疾人工作和社保工作分别有残疾人协管员张满成、劳动协管员郭宝惠协助，所以“四项工作”其实只有两项需要独立负责。

③ 引自2008年11月20日至12月10日的田野观察记录。

刘金芸对待不同类型的工作总结有着不同的态度。2008 年的卫生工作总结是我替她写的，她的要求就是把全年十多篇工作信息串联起来，凑合在一起就行，她对此的解释是“交上去就行，反正没人看”[①]。但在 2008 年工作评议会上的个人总结，是她自己写的，那篇总结中所体现出的她对数据的敏感和执着让人印象深刻：列举了大量数字，对其负责的“卫生、民政、社保、残协”四项工作，全都进行了数字化总结。由于涉及对全年工作成绩的评议，她的这份汇报不再务虚，而是通过扎实的数据，使其工作成绩显得很有说服力[②]：

刘金芸——2008 年个人总结[③]

我叫刘金芸，在工作站主要负责社保、卫生、民政、残协工作。

1. 社保工作。为 5 位社区困难人员办理了社会保障低保金，为 0—6 岁儿童 62 人办理了大病医疗保险，为 60 岁以上无工作老人办理了每人 200 元生活费的人数为 119 人，为 105 名失业人员办理了大病医疗保险。为 16 名社区居民协助办理了经济适用房申请工作，为 17 名居民办理了“两限房”申请工作。

2. 卫生工作。我从 10 月份开始担任卫生主任工作，除每月的周末、周日要进行灭鼠、卫生扫除工作外，目前正在社区内进行灭蟑活动，本月 5 日要在社区内为将近 400 户居民进行入户灭蟑活动。

3. 民政工作。今年为 14 户“低保”和困难边缘家庭办理了爱心卡，为将近 20 户“低保”家庭 60 岁以上老人办理了慈善卡，每年 500 元免费药品可以在社区服务站取用。为两名困难大学生办理了救助申请。为 1 名白血病大学生申请办理了临时救助 5500 元。

4. 残协工作。为 3 户残疾人家庭安装了无障碍设施。为 10 名有需求的家庭申请领用了免费助听器、拐杖、拐头等康复用品，对有需求的残疾人到家中服务。

而前面所介绍的“灭蟑行动”是爱国卫生运动委员会发起的，属于卫生工作，所以刘金芸自然成为这次灭蟑工作的社区负责人，她在工作中的特点也同样表现在这次灭蟑工作中。在“接受居民登记楼号、门号、姓

---

① 引自 2008 年 12 月 10 日与社区工作站成员刘金芸的对话记录。

② 相似的数字化总结还出现在她 2009 年初写的三年（2006—2008）工作总结中，参见附录 11。

③ 引自 2008 年 12 月 3 日，社区工作站成员刘金芸的电子文档。

名、电话号码”的阶段中，刘金芸找到驻民丰园社区E单位家属院的干事，请她协助工作站登记家属院申请灭蟑的名单和家庭电话号码，但前后两次登记的结果存在很大差别。刘金芸觉得“无所谓，就把数都报上去吧……人名和电话没写的就甭管它，差不多就行……就怪他们单位不认真，根本就没登记，就是直接拿着户册抄的……”这种态度遭到了居委会主任于慧真和工作站站长毕妍的一致批评：“你这叫什么态度？不管怎么说，这是你自己的工作，人家E单位的还是帮你呢！”“你得给问清楚了，不能把人家登记了的给落下！”最后还是党委书记马文惠替她解围，“你跟E单位那边儿打个电话说一下这个情况，他们能帮着给核实一下更好，如果不能咱也把话说在前头，把责任摘干净了。”① 到此，这个插曲才算过去。但是与这种态度截然相反的，是她对总体数据的严格要求：在前后三次统计灭蟑户数的时候，她最常说的一句话就是“数对上了就行”，最常问的一个问题就是“还差几个数没对上？”②

对数字化工作成绩的近乎狂热的追求并不是刘金芸一个人的独创，其他社区工作站成员也或多或少地表现出这样的倾向，比如工作站中负责社会治安综合治理的魏文，在汇报2008年底宣传预防煤气中毒的工作时，也摆出了大量的数字证明自己的业绩（见下文）；而这样的数字化汇报方式，正是对《阜财街地区2008—2009年度预防煤气中毒工作方案》中提出的若干个“100%”③ 要求的回应。

民丰园社区预防煤气中毒工作进程④

10月29日，下户走访，宣传预防煤气中毒，张贴宣传提示40多份，覆盖整个平房区。

11月14日，下户走访，宣传预防煤气中毒，发放宣传材料160多份，签订责任书110户。

11月18日，下户走访，宣传预防煤气中毒，发放宣传材料200多份，签订责任书105户。

---

① 引自2008年11月27日在社区的观察记录。

② 引自2008年11月20日至12月10日的田野观察记录。

③ 《阜财街地区2008至2009年度预防煤气中毒工作方案》提出的工作标准是：第一，广泛开展宣传教育，做到“三个100%”：入户宣传100%，张贴安全提示100%，签订安全责任书100%。第二，认真组织安全检查，做到“三个100%”：检查炉具100%，填写检查记录100%，责令整改完成率100%，当时无法整改的，要责令其立即停止使用。

④ 引自2008年11月21日社区工作站成员魏文的电子文档。

目前院门宣传率达100%，本周内将利用晚上时间对白天不在家的居民进行宣传，并签订责任书，确保对居民冬季取暖安全的宣传达到100%。

11月19日，下户走访，宣传检查预防煤气中毒，发放宣传材料60多份，签订责任书30份。

11月20日，下户走访，宣传检查预防煤气中毒，发放宣传材料20多份，签订责任书15份，发现安全隐患两处（小街胡同3号）。

11月21日，下户走访，宣传检查预防煤气中毒，发放宣传材料40多份，签订责任书22户居民、24家商铺，发现安全隐患一处（前街胡同1号最里面）。

以刘金芸等人的做法为代表的工作方式可以简要概括为：简化工作过程，量化工作成果。这既是单个行动主体在上级政府要求和社区居民态度的影响下所采取的行动策略和切实选择，又在主体间形成了社区党委、工作站、居委会这些组织的运作逻辑和内部规范。与以往关于“非正式运作”[①] 的讨论不同，我们更多地将社区组织的逻辑和规范看作一种在组织内部（in-group）通行的正式做法。因为按舒茨[②]的说法，在组织或团体内部已经形成了一套标准的社会文化环境，主体之间构成了一个自洽的系统和氛围，在日常生活情境中的知识体系通过语言、传统、习惯和社会行动表现出来，具有足够的一致性、清晰性和持续性，也就不存在正式与非正式的说法；而只有在组织或团体之外（out-group）的主体才会将局内人习以为常的、正当化、真实存在的事情视作模糊不清、难以理解的非正式运作。究其原因是局外人没有分享与局内人共同的生活经历和过往经验，也就是缺乏同样的“势”。

小　结

通过上述分析我们可以看到，数字化治理模式在很大程度上改变了街

① 孙立平、郭于华：《“软硬兼施”：正式权力非正式运作的过程分析——华北B镇定购粮收购的个案研究》，载王汉生、杨善华主编《农村基层政权运行与村民自治》，中国社会科学出版社2001年版，第27—57页。

② Schutz，A.，“Equality and the Meaning Structure of the Social World，” Brodesen，A.，ed.，*Collected Papers II*：*Studies in Social Theory*，Dordrecht：Springer Netherlands，1976，pp. 226-273.

道办事处所代表的政府部门和社区党、居、站所代表的基层社会之间的关系。一方面，借用对档案、数据、文件等数字化纽带，政府部门将“行政化”了的社区组织及其中的个体行动者纳入具有一致性的国家体系当中，将行政目标和责任逐步落实在经过专业设计的指标体系上，从而奠定了科层化体系的合理性原则，获得了行政过程的程序合法化基础，增强了国家自上而下的形式与话语的统一。同时，数字化治理通过检查、监督和评比等权力手段调动了基层社会的资源、正式与非正式的关系，让社区层面的行动主体尽可能利用各种资源与力量来完成任务，在一定程度上刺激和促进了基层社会的动员和整合。

另一方面，数字化而非“总体性”的治理模式，给基层社会的运作留下了必要的变通空间，使其在与政府部门的关系中具有一定的主动性和灵活性，保留了社区间存在差异性、培育社区特色、发展社区自治的可能。在国家治理体系的最末梢，被“行政化”了的社区党委、居委会、工作站并不是消极怠工或被动接受，这种治理模式促使它们在不断提高文牍技术、注重细节、追求形式化的同时，采取变通、重新解释、选择性关注①等方式，形成了城市基层社会新的运作逻辑和应对策略。

然而，数字化治理模式下的政府部门专注于档案、文件之类的数字化内容，在一定程度上忽略对基层运作的规范性监督和过程控制，无视实际操作中的具体机制和隐性规则，造成社区行动者过分追求档案信息的技巧性、形式化、标准化和美观化，并以纯粹的文牍技术替代了部分实际工作，甚至出现编造工作信息、随意“增删”和“拆借”人口数据、主观重新解释服务对象等情况，使得数字管理的客观性反倒越来越出现“主观化”的倾向，在某种程度上制约了中国城市社会在社区文化建设、公共事业发展、人口信息管理、社会福利提供、基层民主选举等领域的发展和进步。

---

① 〔美〕詹姆斯·Q. 威尔逊：《官僚机构：政府机构的作为及其原因》，孙艳等译，生活·读书·新知三联书店 2006 年版，第 140 页。

第七章　双重指标考核之下的社区调解

在社会生活的日常治理层面，自上而下的指标考核除了以“数字化治理”的方式建立起国家与基层社会之间的关系纽带之外，社会稳定指标的强化使得群众上访、群体性事件、重大安全事故等诸多影响稳定的因素构成对各级政府官员政绩的“一票否决”①。这种考核体制的“双重化”倾向，不仅扩大了行政目标责任制的横向范围，也深化了政府总体治理和控制的纵向力度，在两个向度上构成了地方政府的政治锦标赛和淘汰赛的竞争机制。②

如此双重指标考核的压力传导至作为国家治理单元的基层社区，一方面使得越来越多的项目被纳入数字化控制的范畴，另一方面又有许多领域并不以量化成绩的高低作为衡量标准，而是以对某些现象的杜绝作为评判的尺度，即“一票否决”。相比于上一章讨论的情况，这里所说的“数字考核+一票否决”的双重指标考核是社区组织所面临的更为复杂的制度框架和“抽象意义上的国家”；在这样的条件和情境下，社区组织作为具有自主性和创造性的行动者（agency）③，会在既有的结构限制之下做出怎样的判断与选择④，进而如何形成基层社会的运作实践和应对策略？本章将以社区居委会所面对的纠纷调解工作为例，尝试厘清双重指标考核体制下的社区治理模式。

---

① 关于“一票否决”的讨论，参见向俊杰《地方政府绩效考核中的“一票否决”问题分析》，《黑龙江社会科学》2008 年第 1 期；尚虎平、李逸舒《我国地方政府“一票否决”式绩效评价的泛滥与治理——基于 356 个案例的后实证主义无干涉研究》，《四川大学学报》（哲学社会科学版）2011 年第 4 期。

② 渠敬东、周飞舟、应星：《从总体支配到技术治理——基于中国 30 年改革经验的社会学分析》，《中国社会科学》2009 年第 6 期。

③ 参见 Latour，B.，*Reassembling the Social*：*An Introduction to Actor-Network-Theory*，New York：Oxford University Press，2006.

④ 伊莎白、麦港：《分歧与协议：分析社会规范变迁的一种研究路径》，载清华大学社会学系主编《清华社会学评论》（特辑①），鹭江出版社 2000 年版，第 110—132 页。

第一节　背景：纠纷频发的城市社区

在快速城市化的过程中，城市中的社会形态发生着急速而剧烈的转型——政府职能的转变、单位制的解体、户籍制的松动、贫富差距拉大、社会公平遭遇挑战、在改革中利益受损的弱势群体出现、城市社区中居民成分的日益复杂化、城市流动人口的急剧膨胀[①]，等等。这样的过程在前面几章的讨论中已有过相应的体现。城市社会的转型引发了一系列新的现象，诸如利益格局调整、社会关系重组、人际交往变化、思想观念变革等，这些都影响甚至决定了社区矛盾的基本态势和走向[②]，造成了中国城市社会中纠纷频发的情况。以我所调查的北京市古城区阜财街街道民丰园社区为例，时任该社区调解工作负责人的聂定钦在《民丰园社区人民调解工作调研报告》中这样写道：

> 经改革开放，社会变迁，很多人因失业、下岗等原因，成为生活中的弱者，但却怀有逆反心理。现在社会上这样的人很多，据不完全统计，我社区就有200多人。他们生活在社会底层，对任何事、任何人都有抵触情绪；这些人很少主动参与社会公益活动，是社会不稳定的隐患。[③]

> 社区矛盾……表面上具有偶然性，但实际上是社会变革后人心浮躁，心理失衡，无所事事，人际关系紧张等社会矛盾在社区的反映，也体现出矛盾是社会发展的必然。[④]

---

① 夏建中：《从街居制到社区制：我国城市社区30年的变迁》，《黑龙江社会科学》2008年第5期。

② 参见顾骏等编《社区调解与社会稳定——上海卢湾区五里桥街道研究报告》，上海大学出版社2009年版。

③ 引自2005年3月8日《民丰园社区人民调解工作调研报告》。

④ 引自2005年10月26日《民丰园社区2005年人民调解工作总结》。关于这个问题，聂定钦也曾在访谈中说明了他的看法，认为心理失衡、收入差距拉大、人心浮躁、感情淡漠和金钱至上是造成纠纷的深层次原因："社区里的纠纷越来越多了，以前没这么多。（原因是）心理失衡，收入差距大了：有的人家里有私家车，有的人家里连自行车都经常丢，心理能平衡么？以前的小区都比较单一，现在住的人员成分特别的复杂。以前小区从小到大都是老街坊，所以矛盾少——有感情因素在里面；现在就不一样了，现在就没有感情问题，一点小事儿就磨出火花来。现在不要说邻里之间了，家里面有的都没有感情了：有一家到我这来调解的，家里分了，房子拆了，凭空来了几十万，这怎么分？最后调解不了……说土话就是钱，抢劫、偷窃都是为了钱。有的为了抢东西杀人、不择手段，不都是为了钱嘛……"——引自2005年7月12日对居委会委员聂定钦的访谈记录。

这些表述都是社区工作者对实际经验的总结，也从最基层的视角解释了城市社会发展变革所带来的矛盾与纠纷是如何在社区层面体现出来的。

从具体的数字上看，进入21世纪之后的民丰园社区每年都会发生多起民间纠纷，社区居委会也要承担大量的调解工作：2002年共调解纠纷57起；2003年调解大的纠纷21起，小的矛盾30多起；2004年上半年，共调解各类矛盾、纠纷27起（其中邻里纠纷17起，家庭纠纷3起）；2005年上半年，调解邻里纠纷21起，家庭纠纷1起，财产损失赔偿1起，与施工工地纠纷3起；2005年全年，共调解社区居民各种邻里纠纷47起，家庭矛盾2起，损坏个人财物要求赔偿纠纷1起，与施工工地矛盾3起。[①]从类型上看，这些纠纷和矛盾体现在家庭关系、邻里关系、住房问题、损害赔偿、工地施工等多个方面，也涉及宠物饲养、空调安装等新的内容和领域，种类繁多、情况复杂。[②] 这些频繁发生在城市社区内纷繁复杂的纠纷和矛盾由谁来调解？调解者具有怎样的属性特征？沿用我们上一章中所使用的概念，调解主体面对怎样的条件和情境的限制（即在埃利亚斯的意义上所讨论的“势”）？在这样的条件和情境中又该采取何种调解策略和手段？这些都是本章所要回答的问题。

第二节 调解主体与调解环境

在西方社会，由于根深蒂固的法治理念约束了其在纠纷解决中的创造力，又因为过于注重法律的形式而忽视了最终的和谐目标，所以就纠纷解决的普遍性和途径的多样性来说，西方远不如中国，还是以法律诉讼的解决方式为主。[③] 然而追求“无讼”[④]、注重调解的理念植根于中国传统的“和合”文化[⑤]，是实体主义的传统中华法系的重要表征，其与西方形式主

---

① 从笔者追踪到的数据来看，民丰园社区纠纷调解案例的数字在逐年下滑：2006年调解各类纠纷15起，2008年12月至2009年7月，调解纠纷6起。然而，调解案例数字的下降，并不必然意味着社区纠纷的减少，其中有着调解人员更替而带来的工作风格转变的因素，这一点在后面的介绍中还会看到。

② 有学者在对比村庄纠纷的基础上归纳了城市社区纠纷的性质特征，如“单次纠纷”“家际性纠纷”“刚性纠纷”等，参见王德福《治城：中国城市及社区治理探微》，广西师范大学出版社2021年版，第140—142页。

③ 曾宪义：《关于中国传统调解制度的若干问题研究》，《中国法学》2009年第4期。

④ 参见费孝通《乡土中国》，生活·读书·新知三联书店1985年版。

⑤ 王汉生、王迪：《农村民间纠纷的调解中的公平建构与公平逻辑》，《社会》2012年第2期。

义法律中“以法律为准绳”“捍卫每一寸权利”的理念是截然不同的[①]，因此调解成为中国一直以来解决民间纠纷的最重要的方式，并因其所具有的特点而被誉为“东方经验”[②]。

一　居民志愿者在调解中的参与

调解制度作为一项纠纷解决机制，得到了许多西方国家的注意和局部借鉴。自20世纪70年代以来，西方社会出现了一种ADR（Alternative of Dispute Resolution，“非诉讼纠纷解决机制”）运动。[③] 由于庞大而成熟的市民社会的存在，大量来自民间的私人力量在调解的过程中扮演了重要角色，志愿者组织、民间团体对纠纷调解起到了重要的作用。正如托克维尔在《论美国的民主》中所指出的，民间团体对于维护社会稳定具有显著的积极作用[④]；而政治社会学家康豪瑟（Kornhauser）通过对集权主义的研究也发现，发达的中层组织能够降低社会中发生大规模运动和革命的可能性。[⑤] 中国社会的纠纷调解主体则有着很大不同：在传统中国或当今的农村社会，纠纷当事人双方的邻居、朋友、家族领袖，或其他双方认可的人，以非正式的方式平息了相当多的纠纷；而在当今中国城市社会，居民内部自发调解的作用并不显著，正式而独立的非政府组织并不常见。

比如在笔者调查的北京市民丰园社区，虽然有一支100人左右的志愿者调解队伍[⑥]，但这100人的特点可以概括为：女性占绝对多数（70%）、

---

① 郑杭生、黄家亮：《论现代社会中人民调解制度的合法性危机及其重塑——基于深圳市城市社区实地调查的社会学分析》，《思想战线》2008年第6期。

② 刘松汉、苗成斌、臧佩洪、周兴年、渠慎坤：《东方经验：人民内部矛盾的“大调解”——江苏南通构建大调解体系的调查与思考》，《求是》2010年第15期。

③ 参见郭玉军、甘勇《美国选择性争议解决方式（ADR）介评》，《中国法学》2000年第5期；章武生《论我国大调解机制的构建——兼析大调解与ADR的关系》，《法商研究》2007年第6期。

④ Tocqueville, Alexis de, *Democracy in America*, New York: Perennial Classics, 2000, pp. 513-515.

⑤ 赵鼎新：《社会与政治运动讲义》，社会科学文献出版社2006年版，第260页。

⑥ “我社区调解委员会有9名成员是我社区调解工作的核心力量，还有一支100人的义务调解队伍活跃在社区，为维护社区治安稳定及时化解居民矛盾发挥着积极作用。”——《民丰园社区调解委员会2003年工作总结》。按照街道办事处的要求，各居委会按常住人口的比例成立志愿者队伍（100个人里应该有8个志愿者）。然而，民丰园社区有户籍居民6900多人，只有100个志愿者，远远达不到人数上的要求，也满足不了实际需要。另外，志愿者们的积极性也存在着不足：“积极分子哪能真正都像以前70年代那样，现在有几个（关心的）……尤其现在改革开放，说句难听的话我们国家经济发展到一定程度了，贫富差距拉大到一定程度了，很多居民的眼光、社会的焦点就注重在经济上了，你再用志愿者的形式把他的潜力激发出来是不可能的……配合不配合就是居民的素质问题了。”——引自2005年7月12日对居委会委员聂定钦的访谈。

年龄偏大（平均年龄63.1岁，年龄最大的已经有80岁了，50岁以下的只有9人，离退休人员有91人之多，基本分布如图7-1所示）、文化水平不高（51人只有小学文化水平，24人是初中文化水平，高中或中专毕业的有16人，接受过高等教育的仅有8人，还有1人未受过教育）。① 由于年龄等因素，涉及一些稍有危险性的纠纷案例，这些志愿者的介入就有困难，社区工作人员也不敢轻易动用这支队伍②；而由于文化水平的原因，社区内的一些新的矛盾类型，特别是牵涉法律问题的纠纷，他们更显得能力不足。③ 因此，其最大的优势只在于生活在社区当中，且很多人退休在家，比较了解社区情况，可以及时反映问题，但并不能对社区纠纷的调解贡献出实质性的力量。

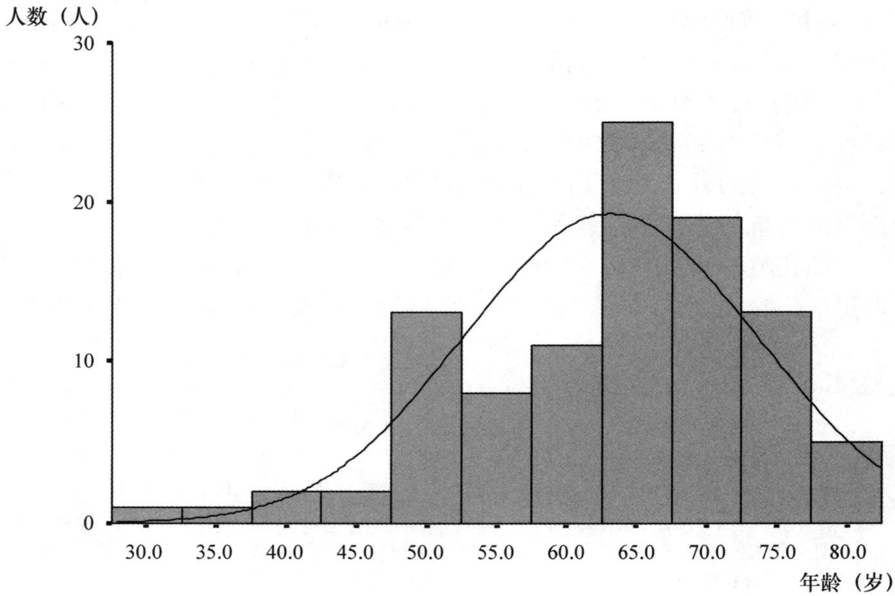

图7-1 民丰园社区义务治安调解员年龄分布

---

① 引自《民丰园社区义务治安调解员花名册》，2003年1月。

② “那么大岁数了，万一有点儿闪失，多不合适……有一些岁数大了、老弱病残的，有一些东西比方说巡逻，我们还不敢用人家，如果摔了，出了一些意外，我们就负不了这个责任。”——引自2005年7月12日对居委会委员聂定钦的访谈。

③ “从社区志愿者单方面论述年岁越大的热情越高，年龄越低的热情越低，反过来说文化程度低的热情高，文化程度高的热情反而低。”——引自2005年7月12日对居委会委员聂定钦的访谈。

二　街道办事处发挥的调解作用

按照《中华人民共和国宪法》《中华人民共和国民事诉讼法》和《人民调解委员会组织条例》等的规定，城市的街道和居民委员会、农村的乡镇和村民委员会均建立了人民调解委员会①；其中，由街道办事处成立的、以司法助理员为核心的人民调解委员会，不仅指导各社区人民调解委员会的工作，同时也对社区无法解决的纠纷进行处理，因此有学者指出："把人民内部矛盾置于社区来解决意味着以街道党工委、办事处为主，协调各职能部门、相关企事业单位以及有关居民共同努力来解决矛盾。街道实际上已经成为调处人民内部矛盾的首要主体。"②

然而，通过对北京市古城区阜财街街道的实际调查和了解，我发现，该街道办事处确实设有综合治理委员会和司法所，并且在司法所下面专门设置了人民调解厅；但从实际发挥的作用来看，这个人民调解厅所承担的纠纷调解功能极为有限，主要体现在两方面：第一，为有矛盾和纠纷的社区居民提供法律咨询和法律服务。第二，每月汇总各个社区的调解工作信息、报表和材料，再上报到区政府相应机构，并将上级政府的政策法规向下宣传。即扮演管理者和上传下达的角色，而将具体处理社区居民纠纷和矛盾的职能，（几乎全部）让渡给了与老百姓日常生活距离更接近的、以城市社区居民委员会（及后来的工作站）为主体的社区调解。社区居民有了矛盾和问题，通常不会找街道一级的调解机构，求助于不了解、不认识的街道调解人员，而是更愿意向其在社区中的"娘家人"③寻求帮助，通

---

① 关于人民调解的法律地位，1982 年颁布的《中华人民共和国宪法》第 111 条规定："居民委员会、村民委员会设人民调解、治安保卫、公共卫生等委员会，办理本居住地区的公共事务和公益事业，调解民间纠纷，协助维护社会治安，并且向人民政府反映群众意见、要求和提出建议。" 1989 年 5 月 5 日，国务院第四十次常务会议通过了《人民调解委员会组织条例》，规定人民调解的组织形式是人民调解委员会，人民调解的基本原则为合理合法原则、自愿平等原则和尊重诉权的原则。人民调解委员会是村民委员会和居民委员会下设的调解民间纠纷的群众性组织，在基层人民政府和人民法院指导下进行工作，任务为调解民间纠纷，并通过调解工作宣传法律、法规、规章和政策，教育公民遵纪守法，尊重社会公德。人民调解委员会调解民间纠纷不收费。2002 年 11 月 1 日，最高人民法院发布的《关于审理涉及人民调解协议的民事案件的若干规定》正式生效，确定人民调解协议具有民事合同性质，人民调解协议首次被授予明确的法律效力，纠纷当事人将不得随意撕毁、拒不履行双方自愿协商达成的调解协议。至此，中国已经形成了较完善的人民调解制度。

② 参见顾骏等编《社区调解与社会稳定——上海卢湾区五里桥街道研究报告》，上海大学出版社 2009 年版。

③ 详见第三章中对"娘家人"的讨论。

过居委会中所设的社区调解委员会来解决纠纷。可以说，在街道办事处主要负责管理和传达、居民内部志愿者作用有限的情况下，社区居委会及工作站实际上已经成为城市纠纷调解制度的核心①、调处人民内部矛盾的主体力量②，对于基层社会治理和秩序控制所起的作用愈发重要。③

三 社区调解人员的更替及特点

在2003年之前，社区调解工作还没有建立起完善的制度和规范，实际上并无专人负责此项工作，调解结果也不具备法律效力。④ 从2003年1月开始，由于街道办事处提出新的要求，居委会有了专门设立的人民调解委员会，其调解工作及调解达成的协议也具备了一定的法律效力。该委员会的主任暂由负责社区卫生工作、时年四十九的汪红（女，初中学历）担任；社区党委书记梁文燕（女，35岁，大专学历）和居委会主任马文惠（女，34岁，大专学历）分别担任副主任。另外，居委会中负责治保、共建、妇女、计生、老龄、福利等工作的几位主任也都是调解委员会的成员（这其中年龄最小的41岁，年龄最大的54岁，教育程度为初中、中专、高中不等）。这样安排一方面是考虑到社区纠纷可能会涉及很多领域的事务，各方面的负责人参与其中，有助于理顺关系、专事专办；另一方面是因为纠纷数量较多，人手多了也便于工作的开展。另外还有三人是社区里的居民代表，均为女性，年龄分别为50岁、51岁、60岁（详见附录12）。

2003年4月，民丰园社区居委会换届，在此后的三年时间里，人民调解委员会的组织建设趋于正式和完善：在调解委员会其他委员基本不变的

---

① 许红霞：《人民调解制度的嬗变——以城市居民委员会为中心》，《云南行政学院学报》2008年第4期。

② 另外，还要提到的是公安派出所的民事调解职能，通常只有在纠纷和矛盾升格的时候才会介入。比如，对家庭内部夫妻打架他们通常不管，造成流血的事件才会介入；对邻居吵架他们不管，动手甚至动用器械了才会介入。所以说派出所进行民事调解的领域和范畴，与人民调解是基本重合的，只是针对情节更为严重的案件。

③ 申剑敏、陈周旺：《“法外治理”：社区调解与中国基层社会的非正式控制》，《上海行政学院学报》2011年第5期。

④ “以前只是街道办事处有一个（调解）点儿，居委会没有专门的调解工作，只有劝架的——就是街坊或者家里有吵架、拌嘴的就去了，也不叫调解，他不是以法律工作者的身份去介入打架和纠纷的方式，他是以和事佬的身份去劝一下，他所达到的结果也不具备法律效力……后来矛盾普遍存在了，所以才层层设点儿。自从司法所在各社区设立调解厅以后，假如我调解一些纠纷要产生法律效力，我可以给你调解完以后提供一些法律文书签字、盖章，生效了，将来再为这件事情去诉讼于法律方面，我这个协议是有效的……为了调解协议书我们还有一个专门章，这个是在法院备过案的。”——引自2005年7月12日对居委会委员聂定钦的访谈。

情况下（仍然包括了居委会的书记、主任、各项工作负责人及部分居民代表），由原来负责社区治保工作的聂定钦（男，时年五十，中专学历）担任调解委员会的主任，并统抓调解和治保两项工作；后来，由于治保工作的任务十分繁重，经过私下协商，聂定钦就把治保工作完全交给了原本负责共建工作的郑志鹏（男，时年五十二，高中学历），自己则专攻调解工作。至此，社区调解工作正式有了专人负责。另外值得注意的是，从这一阶段开始，社区调解委员会还吸收了居民秦殿洪（老年协会会长，退休律师）作为法律顾问，也体现了从简单的“劝架”到人民调解这一转变，法律的作用越来越受到重视。

在2006年换届选举后，阜财街各社区普遍开始正式实行“一心两会一站”的管理模式。原来负责调解工作、居住在民丰园社区、热心调解且能说会道的聂定钦调离民丰园社区，被任命为永泰社区工作站站长；民丰园社区的调解工作先后由工作站成员郑志鹏、陆白茹以及新毕业的大学生高义、魏文负责，并由新居委会中的季秋雨、匡青藏等不坐班的委员配合。虽然看似人数众多，但由于责任不够明确，人选不固定，且工作风格不同[①]，无论在纠纷调解的质量还是数量方面（参见前文所介绍的调解案例数字）都有一定程度的下降。

城市社区居委会中调解委员会的运作模式与农村的民间调解有些类似——都是通过社区中熟人网络和氛围来解决社区纠纷，而不是依靠官方或正式的力量来协调矛盾。然而，与农村社区调解者[②]相比，在城市中负责调解的社区工作人员（无论是先前的居委会委员还是后来的工作站成员）又有着截然不同的特点：

首先，虽然居委会或工作站的办公经费和成员工资全部由街道办事处拨给，而且从根本上讲它们不得不依附于街道办事处，但毕竟这两个组织是处于国家行政体系之外的组织。所以，在纠纷调解的过程中，在调解结

---

① 相比于聂定钦，郑志鹏、陆白茹等人都不善言辞，高义、魏文毕业后初涉社会，对社区情况也不甚了解，均不具备担任调解工作的优势。以我在社区了解到的情况来看，魏文等年轻人在调解过程中，有时不仅不能解决纠纷双方的问题，甚至自己都会与当事人产生冲突。

② 关于农村纠纷的调解，参见强世功《乡村社会的司法实践：知识、技术与权力——一起乡村民事调解案》，《战略与管理》1997年第4期；刘小京《谁在调解？——华北农村家族纠纷的调解过程、策略和一般模式》，载王汉生、杨善华主编《农村基层政权运行与村民自治》，中国社会科学出版社2001年版，第462—487页。

果的执行中，居委会或工作站的调解人员缺乏韦伯意义上的“法理型权威”①，不具备必要的合法性和强制性，存在着哈贝马斯所谓的“合法性危机”②。

其次，居委会（或工作站）成员作为城市社区纠纷的调解人，与农村社区调解者的身份和地位有着很大的不同。乡村的地方精英不仅是国家的代理人、社区的守望者，也常常是地方利益的代表③，并且因其在地位、声望、资源等方面的优势而获得认可和合法性。而城市纠纷调解人并不是社区中的精英，没有明确的身份定位，没有应得的收入和地位，在调解中可以动用的资源也十分有限，在社区关系中处于相对弱势的地位。

最后，居委会或工作站的成员在调解过程中基本上没有利益牵涉，这与农村调解的情况有着很大的不同：农村的村干部、地方精英大多是地方家族利益的代表，所以在纠纷调解中常常要回护家族的利益或面子；而城市社区中的矛盾纠纷很少涉及调解人的家族、家庭、个人利益，他们可以比较容易地独立于利益之外，公正客观地完成调解工作。

四 社区调解工作面临的双重考核

与上一章我们看到的其他领域的工作相类似，街道办事处以及更高级别的政府部门，通过数字化的评分体系和验收检查，将一些不易评价的活动都纳入非常细致量化的指标体系中来考评。在传统意义上很难用数字化方式考核的社会治安综合治理工作，也已经放在量化的指标体系中来评价，而纠纷调解工作正在其中（见附录13：2008年阜财街地区社区居委会社会治安综合治理工作考核检查验收表）。从该表中可以看到，包括“值班巡逻”“人口管理”“两劳帮教”“法制宣传”“纠纷调解”“治安秩序”等在内的多项工作都被量化为可操作的指标，通过评分可以直接判定某社区的社会治安综合治理工作是否达标，是否有资格被评为先进。比如其中“及时发现、调解民间纠纷。调解率达100%，成功率达95%”④ 之类的条目，就可以看作社区调解工作所面临的数字化考核。

---

① 〔德〕马克斯·韦伯：《支配社会学》（韦伯作品集Ⅲ），康乐、简惠美译，广西师范大学出版社2004年版，第19页。

② 参见〔德〕哈贝马斯《在事实与规范之间：关于法律和民主法治国的商谈理论》，童世骏译，生活·读书·新知三联书店2003年版。

③ 参见〔美〕杜赞奇《文化、权力与国家——1900—1942年的华北农村》，王福明译，江苏人民出版社1992年版。

④ 见附录13：2008年度阜财街地区社区居委会社会治安综合治理工作考核检查验收表。

社区调解工作所面临的另外一道约束，虽然不是用可测量的数字进行考察，但却是更加严格且具有强制性的；那就是从维持稳定的角度考虑，避免纠纷转化为刑事案件和群体性事件。在居委会于慧真主任 2006 年撰写的《试论社会主义新形势下的人民调解工作》一文中，她援引了最高人民法院、司法部《关于进一步加强新时期人民调解工作的意见》中的一段话：

> 随着社会主义市场经济体制的建立和发展以及各种利益关系的调整，出现了许多新的社会矛盾纠纷，矛盾纠纷如果不能及时疏导化解，有可能发展成为群体性事件，甚至激化为刑事犯罪案件，严重干扰党和政府的中心工作，影响社会的稳定和经济的持续发展。①

这段话给出了一个明确的信息：加强人民调解工作的重点，就在于防止矛盾纠纷向“群体性事件”和“刑事犯罪案件”转化。极其相似但决非巧合的提法出现在《2005 年民丰园社区“五一”前摸排查工作情况报告》中：

> 调解委员会安排志愿者在“五一”期间，注意社区居民矛盾，能劝解的要及时规劝，不能解决的要马上报社区调委会，要特别注意民（事）转刑（事）和群众性矛盾的预防，维护社区内安定团结的局面。②

在这里，“群众性矛盾”和“民（事）转刑”案件同样被当作破坏安定团结局面的重大敌人，而需加以特别注意。在《民丰园社区 2005 年人民调解工作总结》中也指出“……只有及时排除纠纷，化解矛盾，才能保证社区的稳定与和谐，才能防止发生民转刑案件”③。

社区工作人员之所以如此小心翼翼地避免群体性事件、群众性矛盾、民事纠纷转变为刑事案件，究其原因是这些问题都与“一票否决”的评判方式有关：一旦出现上述情况，社区其他工作做得再好，也会由于维持稳定工作的失误而遭到全盘否定，无法获得任何荣誉和奖励。

---

① 引自 2006 年 10 月 12 日《试论社会主义新形势下的人民调解工作》。

② 引自 2005 年 4 月 28 日《2005 年民丰园社区“五一”前摸排查工作情况报告》。

③ 引自 2005 年 10 月 26 日《民丰园社区 2005 年人民调解工作总结》。

于是，由于“数字化考核”和“一票否决”这双重约束的存在，居委会或工作站的调解者在应对社区纠纷时，往往会因具体事件及其所受到的考核类型的不同，而采取有差别的调解策略。从本书所涉及的做法来看，这里的策略大致可以分为两种，即针对一般纠纷的浅表性调解与针对重点纠纷的实质性调解。

第三节 一般纠纷与浅表性调解

虽然在社会治安综合治理工作考核项目中，“及时发现、调解民间纠纷”[①] 是对社区调解工作的要求之一，但是对于一般的家庭纠纷特别是涉及财产分配的问题，如果居民不申请调解，居委会绝对不会以“及时发现纠纷”为目的而积极了解情况，更不会主动进行干预。对此，原民丰园党委书记马文惠是这样解释的：

> 我们要求（工作人员）不能整天东家长、西家短地到处打听、逢人就说，时间长了（人家）会觉得把事情告诉你没有安全感、不放心，也就没有人跟居委会反映情况了。[②]

可以说，不同于传统社会或村庄中广泛存在的调解人对其他家庭事务的“强制性干预”[③]，也有别于“总体性控制”时代居委会对家家户户情况的了如指掌、“对邻里的完全支配”[④]，当代城市基层社会中的调解工作已不再主动过问家庭内部事务，也不会主动介入当事人的私人生活。

而即便是居民因家庭纠纷、财产争议等事件来到社区居委会（或工作站）要求调解的时候，调解员一方面由于任务繁重、精力有限，另一方面又不具备强制执行、监督过程和检验结果的权力，所以通常只是在简单地

---

① 见附录13：2008年阜财街地区社区居委会社会治安综合治理工作考核检查验收表。

② 引自2008年11月18日的田野观察记录。

③ 在农村社会中，出于家族利益的考虑，家族精英或利益代表常会在未要求调解的情况下，把当事人的事情硬拿过来，代其做主；甚至违背其意愿、逼迫其接受有利于家族利益的解决办法（参见刘小京《谁在调解？——华北农村家族纠纷的调解过程、策略和一般模式》，载王汉生、杨善华主编《农村基层政权运行与村民自治》，中国社会科学出版社2001年版，第462—487页）。

④ 参见 Whyte，Martin King and Parish，William L.，*Urban Life in Contemporary China*，Chicago：University of Chicago Press，1984.

安抚、劝解之后即宣告调解成功，即“以现场劝阻、心理安慰等方法给予解决”①，不再对调解的实际效果予以太多关注。在此过程中所具体使用的策略可以在下面的一些案例中得到一定程度的体现。

一　调解人不扮演“评理人”

关于中国的调解制度，有些观点认为“基本上仍然使用了‘情、理、法’三结合的原则和方法”②，特别是中国人自古以来所强调的“晓之以理、动之以情”在调解过程中的作用仍不可忽视。然而，我们在调查中所看到的是，在当代城市基层社会的纠纷调解中，“说事评理”③ 并不是惯常采用的方法；因社区调解人缺乏必要的权威和声望，在经济状况、文化水平等方面又处于相对弱势的地位，扮演“以说致和”④ 的评理人角色有些勉为其难。

我在社区田野中观察到这样一个案例：家住民丰园某楼房的居民郑荣庭先生和老伴有一子二女，晚年与儿子同住。郑先生去世之后，老太太将郑先生身前所拥有的一套住房和全部存款⑤都转至儿子名下。两个女儿认为母亲偏袒儿子，没有跟她俩商量就决定把房子和存款都给儿子太不公平，所以来居委会要求评理。当时负责接待的调解人员表示，局外人没有能力评这个理：

> 凭空来了这些钱，这怎么分？要不然说很多人能够同患难、不能同享福——如果平分的话多好啊？“那不行，我平时照顾妈多，你在外面打工两三年不回来，你凭什么要求平分？”——各说各的理，这事儿说不清楚。⑥

于是，调解人员只是进行简单的说服劝解，希望两个女儿能够尊重老人的决定，以老人的意愿为准。不久后，两个女儿又来到居委会，以其母亲的名义申请困难补贴，要求居委会开具居住证明和贫困证明；办事人员没有立刻答应她们的要求，而是先向老太太和她的儿子询问这件事情，并

① 引自 2005 年 10 月 26 日《民丰园社区 2005 年人民调解工作总结》。

② 黄宗智、尤陈俊：《调解与中国法律的现代性》，《中国法律》2009 年第 3 期。

③ 谢宝河：《建立“说事评理”机制创新农村社会管理》，《当代江西》2011 年第 9 期。

④ 王汉生、王迪：《农村民间纠纷的调解中的公平建构与公平逻辑》，《社会》2012 年第 2 期。

⑤ 原有存款 30000 元，因老人治病和办丧事，已经花去近 25000 元，只剩下 5000 多元。

⑥ 引自 2006 年 6—7 月在民丰园社区的田野观察与访谈记录。

征求意见，发现母子二人对此事毫不知情——两个女儿是背着母亲、以她的名义申请困难补贴，想冒领补贴款来为没有分到房子和存款的事情寻求心理上的平衡。不过，老太太知道后也没有什么意见，认为“她们要是能靠我挣点儿钱就让她们去吧，反正也没多少（钱）”。于是，居委会依从当事人的意见，满足了两个女儿冒名办理并领取困难补贴的要求，使这件事情得到了还算妥善的解决。①

从这个案例中我们可以看到，在城市社会的异质性生活当中，“理”的存在形态是多元而复杂的，不似传统农村社区中存在一种普遍适用于地方生活世界的、认同较为一致的“社区情理”②，这使得调解人很难在其中找到可以让当事各方都认可的说法，更难以凭借自身的威信、声望和地位让他人接受自己所援引的道理。因此，调解人所采取的往往是一种拒绝评理的做法：从道理上讲，房子和存款应该留给儿子，还是由儿女均分，调解人不做评判，原则就是尊重老太太的决定；老人的女儿冒名顶替、申请补贴这种行为是否合适、合理，居委会也不多加干涉，只要老太太知情且没意见，申请困难补贴的材料就可以盖章通过。这一系列做法都不是建立在评理的基础上的，而完全以当事人的意愿为基准，顺理成章地实现纠纷的消除和调解的完成，达到上级政府部门对社会治安综合治理工作所提出的有关调解成功率的要求即可。

二　以文牍技术塑造名义上的和解

在一些当事人互不相让、意愿无法实现和解的情况下，一致性的合议断难达成，社区调解工作又该如何开展？在实际调查中，我们经常会发现某些纠纷在调解之后仍未得到根本性的解决，且持续反复出现，甚至更加恶化，并最终要诉诸法律的情况，比如家住前街胡同 6 号的李仁丰先生和张惜春女士的夫妻矛盾就是一例。③

64 岁的李先生和 45 岁的张女士是 20 多年的夫妻，两人的结合本来就具有一定的复杂性：张女士出身于干部家庭，曾是音乐学院舞蹈专业的学

① 以上内容引自 2006 年 6—7 月在民丰园社区的田野观察与访谈记录，及 2006 年 7 月 5 日《2006 年上半年调解工作总结》。

② 杨善华、吴愈晓：《中国农村的社区情理与家庭养老》，载王思斌主编《中国社会工作研究》（第一辑），社会科学文献出版社 2002 年版，第 165—175 页。

③ 该案例最早来自 2005 年 4 月 14 日民丰园社区调解工作信息，后来笔者在访谈中对书面材料背后的个人信息、婚姻和家庭背景进行了追访，并追踪了解到该夫妻在 2006 年之后矛盾升级的情况。

生，但是“头脑不是很清楚，有点儿问题”[①]；李先生原本已结婚，在一家公司上班，从事的职业与艺术相关，遂有机会与张女士相识并发展成婚外情关系。本来张女士是不愿意与李先生结婚的，但由于关系已经形成，李先生的原配妻子又去张女士所在的音乐学院大闹大骂，造成了很不好的影响，使得张女士为学校和家庭所不容，被迫以第三者的身份与李先生走到了一起。然而，两人的婚后生活并不和睦，20 多年来争执从未中断，处于所谓的“和了打，打了和，离又离不掉，好也好不了”[②] 的状态。据张女士说，婚姻矛盾的主要原因是丈夫经常对她进行虐待、打骂，在流产之后对其也不管不问，等等。而后两人长期分居，李先生一直住在民丰园社区前街胡同 6 号的个人房产里；而张女士则在外生活 6 年，有人说是住在亲戚家里，也有人说是与他人同居……各种流言蜚语造成张女士在街坊四邻中口碑和人缘都很糟糕，这也为后来没有邻居愿意帮她埋下了伏笔。

2005 年初，因城市建设需要，前街胡同面临拆迁。张女士闻讯，为了能分得拆迁货币补偿款而再次回到家中，表示“我受了这么多年苦，他也该养我几年”[③]；而李先生则打算在张女士不知情的情况下，私下与拆迁办公室签订协议，独自领取拆迁款，并“远走高飞”。为此，2005 年 4 月，张女士来到居委会要求调解，哭诉“如果这样，自己就不想活了，房子没了，钱也没了，人也没了，活着还有什么意思……”[④] 在接到调解申请之后，调解委员会主任聂定钦马上与李先生通电话约定了时间，进行了一次谈话；特别向李先生指出：在未离婚的情况下，房产属于夫妻双方共同所有，房产经拆迁变为货币，同样为夫妻双方共有财产，用隐瞒的方式将共有财产据为己有，侵犯了女方的合法权益，属于违法行为，法律将对侵权者进行制裁，对受害者加以保护；并建议他学习一下《婚姻法》和《妇女儿童权益保障法》，希望他在法律的范围内与女方协商处理家庭矛盾，不要使家庭矛盾激化。[⑤] 在这则调解工作信息的最后写道：“李先生接受了规劝，喏喏离去。”[⑥] 在后来的一份《调解工作材料》中同样提及此事，并通过生动的叙述将调解结果表现得更加圆满：“男方接受了我（聂定钦）

---

① 民丰园社区时任居委会主任于慧真的表述，引自田野访谈记录。

② 引自 2005 年 4 月 14 日《民丰园社区调解工作信息》。

③ 语出时任民丰园社区调解委员会主任聂定钦的转述。

④ 语出时任民丰园社区调解委员会主任聂定钦的转述。

⑤ 在“情、理、法”三种调解武器当中，关于城市社区调解中“以法服人”的介绍，并不是本书所要讨论的重点（参见王迪《城市社区的纠纷类型与居委会的调解功能》，《理论月刊》2011 年第 6 期）。

⑥ 引自 2005 年 4 月 14 日《民丰园社区调解工作信息》。

的规劝，当我把调解后的结果用电话告诉张女士时，她感动得哭了。”[①]——从纸面上看，男方因受到法律的震慑而“喏喏离去”，女方也深受“感动”，又一起家庭纠纷得到了妥善处理，夫妻关系似乎有了影视作品中常见的破镜重圆的大结局。

但到这里，剧情的发展却远没有结束，这起纠纷至少到了2006年9月仍没有得到真正意义上的解决。原来，在2005年4月的调解之后，李先生虽然表面上态度良好，答应平分拆迁款，暗地里却想出各种办法，极力想把张女士撵走，比如换门锁不让她进门，对她进行打骂或恐吓等；张女士也没有再向居委会提出调解诉求，而是直接告到法院，提请法律裁决。法院则要求张女士出示证明，证实她居住在前街胡同6号，才有可能获得货币补偿。张女士聘请了律师，希望在邻居中间取证，证明自己住在该处，但是由于张女士的性格和言行得罪了周围不少人，加上很多人看不惯她的生活作风，所以没有邻居愿意帮她作证。于是，2006年9月，张女士又找到了居委会，希望能够帮她开具一份居住证明，以便诉诸法律。[②]

至此，这宗表面上皆大欢喜、背地里却一波三折的调解案例向我们充分展示了这样的情况：调解工作信息、总结、档案材料里的调解率和成功率，经常是通过文本功夫和案牍工作实现的，在这套由“文牍技术”[③]所构成的话语体系中，总是会有一些“欣然接受”“满意离开”“接受规劝”“喏喏离去”“和好如初”“化干戈为玉帛”“达到调解目的”[④]等说法来粉饰纠纷调解的实效，并在名义上实现了调解成功率达到100%、矛盾和纠纷都化解在社区中的结果，从而建构出一种并不存在，至少并不那么稳定的和谐状态。

针对这类一般意义上的、未被激化也不会产生严重后果的分歧（如家庭矛盾、财产纠纷等），社区居委会（工作站）所执行的往往是一种可以称之为“浅表性调解”的做法：首先，不主动介入纠纷当中，在被要求调解的时候采取不评理的姿态和立场，完全以当事人的意愿为准；同时，不会特别关注纠纷的具体情况和实际后果如何，只是在相关材料中用一些较

---

① 引自2005年9月11日《民丰园社区调解工作材料》。

② 实际上，张女士已经多年不在前街胡同居住，居委会只是担心她“想不开，再真出点儿什么事儿”，所以就为她开具了这份本不合理的居住证明。

③ 〔法〕米歇尔·福柯：《规训与惩罚》，刘北成、杨远婴译，生活·读书·新知三联书店2003年版，第215页。

④ “欣然接受”“满意离开”“接受规劝”“喏喏离去”“和好如初”“化干戈为玉帛”“达到调解目的”等说法均出自民丰园社区调解工作信息、材料和总结。

为乐观与和谐的说辞来建构具体的调解信息，并在总体上形成很高的调解成功率——以此作为对调解工作量化指标考核的回应。

第四节　重点纠纷与实质性调解

然而，并不是所有发生在社区中的分歧都可以采用浅表性调解的策略来处理，特别是有些冲突如不及时疏导化解，就很有可能发展成为对社区工作考核造成“一票否决”的刑事犯罪案件、群众上访或群体性事件，因此这些冲突都被看作需要特殊处理的重点纠纷。具体而言，《2006年民丰园社区国庆前矛盾摸查情况汇报》就曾经把需要重点防范的矛盾和纠纷类型逐一列出：

> 经摸查了解，我社区现无：①因城市房屋拆迁、回迁、“城中村”改造所引发的群体性矛盾纠纷；②因企事业单位改造过程中，涉及职工分流安置、待遇以及变更、终止、解除劳动合同和经济赔偿等引发的群体性矛盾；③因物业管理、公房出售、办理产权证等引发的群体性纠纷；④因与人民群众生活密切相关的水、电、煤气供应，房屋修缮、下水管道堵塞等问题引发的矛盾纠纷；⑤因建筑施工扰民、拖欠农民工工资引发的群体性矛盾；⑥因司法判决、裁定、执行和行政处罚不服反复上访，有过激言行的人和事；⑦到市、区集体上访中仍未解决的问题和遗留问题；⑧本系统、本单位即将实施的重点工作中可能引发的群体性矛盾。[①]

实际调查的情况也说明，社区调解员在出现上述类型的重点纠纷时，所采取的调解策略确实非常有别于前面所讨论的浅表性调解，往往会采取更主动、更直接、更深入的实质性的调解策略。

一　主动介入，防患于未然

正如上一节所提到的，在发生一般纠纷特别是涉及家庭内部矛盾的时候，社区居委会（工作站）往往不会主动了解情况，更不会强加干涉；但对于某些可能激化、升级、范围扩大的矛盾，社区调解则需采取主动介入

---

① 引自2006年10月3日《2006年民丰园社区国庆前矛盾摸查情况汇报》。

的策略，及早规避事态恶化的风险。

有这样一则案例：居民章毅之是民丰园后街胡同2号住户，原本住在阜财街街道其他社区，早年因旧房拆迁，经街道房管所安排，以“标准租私房”① 的形式租下了后街胡同2号的4间住房（2间是公房、2间是房主江达的私房）。2003—2005年，北京市开始陆续腾退此类标准租私房，返还给原来的私房主。经法院判决，章先生须将2间私房退还给私房主江先生，并在2006年4月26日上午由古城区法院执行庭实施强制执行。

这件事情虽然没有当事人申请调解，但因为可能涉及对司法判决、裁定、执行和行政处罚不服的情况，所以整个居委会和工作站的成员们都非常重视，时任民丰园社区居委会主任于惠真，工作站站长毕妍，工作站成员郑志鹏、陆白茹共同来到执行现场，主动介入并全程关注了约1个小时的强迁过程，做好了随时进行调解的准备；同时，居委会通知社区民警来到现场，在对当事人形成震慑的同时，也为潜在的突发事件做足了应对准备。

在强迁现场，章先生对法院的判决表示了强烈不满，并拒绝在现场笔录上签字：他认为自己原本就是拆迁中的受害者，现在又面临着政策调整后的又一次被剥夺；虽然表示不会暴力抗法，但不排除会采取其他方式说明事情的经过②，甚至对私房主江先生有言语上的威胁。在整个执行过程中，当时负责社区调解工作的陆白茹一直对章先生进行劝说，并劝房主江先生暂时不要将收回的两间房屋出租，以避免意外事件的发生。③

从这个案例中可以看到，应对量化考核的文字功夫在遇到真正的考验时无法起到解决矛盾的作用，针对一些问题比较尖锐、冲突容易升级的纠纷，坐等事发后再进行调解的做法是不足取的，而且极有可能触碰到“一票否决”的底线；而是必须在矛盾突现之前就进入现场，先发制人，阻止严重对立事件的发生，至少避免事态的进一步恶化。另外，在主动介入的过程中，社区民警作为执法力量的在场，也在一定程度上弥补了社区调解人员在权威和执行能力方面的不足。

---

① 所谓“标准租私房”，是指“文化大革命”初期由北京市房管部门接管并分配给他人居住、“文化大革命”后落实私房政策、发还产权的私人出租房。但在产权发还之后，产权人和承租人继续维持房屋租赁关系，执行政府规定的租金标准。

② 章先生已印制了一些材料，准备到一些地方张贴，这使得后续形成上访行为的可能性大大增加。

③ 该案例引自2006年4月26日《民丰园社区调解工作信息》，以及本人对此事进行的追访记录。

二　上门调解中的“小题大做”与“情境逼迫”

主动介入、及时调解的一个重要方式是“上门调解”[①]，这不仅是农村民间纠纷调解的有效经验和工作手段，在城市社区的纠纷调解当中也被广泛运用，特别是在矛盾纠纷涉及与人民群众生活密切相关的水、电、煤气供应、房屋修缮、下水管道堵塞等民生问题时，到纠纷发生的现场或当事人家中（或院内）进行调解，往往会起到尤为积极的作用。这种作用可以在下面的案例中得到说明。

民丰园吉祥街62号简易楼住有居民40多户，全院共用一个公共水管。后来居民自行装接水管到家里，形成了33块分水表。全院居民轮流查水表、收水费已经成为惯例。但有些居民因身体或其他原因，不再执行院规，负责查收水费的居民陆续减少，最终承担收水费义务的只剩下了11户，由此产生的矛盾逐渐加深并最终爆发。2004年7月2日，该楼二层住户文奇强，将全院收水费的单据和记录本送到居委会，气愤地表示不再管收水费了。原因是这个月轮到同层居住的廖严负责收水费，但他托病不履行义务，让文奇强替他收，而这项工作又极难进行、无法推进。社区调解人员对愤怒的文先生进行了劝说，并以居委会的名义在62号简易楼院内贴出一个告示，说明廖严不能收水费的原因和文奇强代收水费的情况，希望全院居民配合他收完水费，矛盾才暂告平息。

然而，不久后，文奇强又将收水费记录本和单据送到居委会，原因是接下来应该收水费的沈华强看到廖严可以托病不收水费，自己也称病不管。此时自来水公司已经查完水表，交款单无人接收，只好放在院内一住户的窗台上；如过期不缴水费，自来水公司将罚款或采取停水等其他措施，使居民生活受到影响。在得知情况之后，社区调解委员会的成员立即到62号简易楼院内进行调解，院内居民“群情激愤，众口一词，矛头直指廖严”，说他“经常跳舞、经常锻炼，为什么就不能收水费”[②]。调解人员来到廖严家，他却称病不开门，隔窗问话也不回答，以致无法调解。

经社区调解委员会商议，决定于2004年7月23日晚7点召开全院居民大会，共同协商解决问题的对策。调解委员会4名工作人员，与院中20多位居民促膝长谈，经过两个多小时的说服劝解，使居民情绪冷静下来，

---

① 王汉生、王迪：《农村民间纠纷的调解中的公平建构与公平逻辑》，《社会》2012年第2期。

② 引自时任居委会调解主任聂定钦的转述。

初步达成统一认识：以院内大多数居民的利益为重，由现有的、能收水费的住户继续轮收，直至拆迁。[①]

实际上，这次调解的结果就是不了了之，收水费的规矩还是模棱两可——有能力继续收水费的住户到底是哪些人？能跳舞、能锻炼的廖严是否在能收水费的住户之列？这些在调解的结果中都没有明确体现。民丰园社区调解委员会的工作记录中也写道："通过这次居民会，虽未能彻底解决全院矛盾，但在大多数居民的配合下，缓解了矛盾，恢复了正常生活的平静，维护了全院的稳定，达到了调解的目的。"[②] 那么，既然矛盾没有解决，所谓的"平静"和"稳定"是靠什么方式实现的呢？

通常我们认为，化解这种邻里纠纷应该采取的是一种"大事化小，小事化了"的策略，但在这个案例中，我们看到的却是采取一种"小题大做"的办法来平息居民们的不满情绪：一开始文奇强来居委会要求调解，实际上也只是收缴水费这样的邻里琐事，但是居委会却专门为此发了一个通知，希望全院居民配合。虽然居委会自身没有什么行政地位，但是这个通知却俨然给文奇强戴了一个"收水费专员"的帽子，起到了任命通知的效果。在这种情况下，地位被抬高、收水费相对容易一些的文奇强显然不好再推辞；同时，"病情"被公开的廖严也在舆论和道德上被置于十分被动、尴尬的境地。当然，居委会没有想到这样的通知会起到另外一个效果，就是产生了负面的示范效应：应该站下一班岗的沈华强也要请病假，造成次月的水费问题根本没人管，全院面临着罚款和停水的危险；居委会更加不愿意看到的是，院内居民非常愤慨，矛盾随时都有可能激化，进而产生集体行为，出现前文提到的"因与人民群众生活密切相关的水、电、煤气供应，房屋修缮、下水管道堵塞等问题引发的矛盾纠纷"，这是"一票否决"的考核体制下绝对不能够容许发生的事情。于是，居委会延续了大张旗鼓的调解方式，组织了一次全院居民大会；虽然这次大会对事情的解决并没有起到多大作用，但一方面至少体现了居委会对这件事情的重视程度；另一方面，给那些激愤的居民们搭造一个倾诉甚至是发泄的舞台，经过两个小时的情绪释放，让他们的意见得到充分的表达，从而可以冷静和稳定下来。

---

① 该案例是在2004年7月28日《民丰园社区人民调解委员会工作记录》、2004年10月21日《2004年民丰园社区调解工作总结》、2005年3月8日《民丰园社区人民调解工作调研报告》、2005年9月11日《调解工作材料》进行整理的基础上汇总起来的，其中一些细节来自本人对此事进行的追访记录。

② 引自2004年7月28日《民丰园社区人民调解委员会工作记录》。

同时，由于上门调解的做法将调解活动置放在了发生纠纷的生活场景之中，置放在了周围群众的舆情包围之中，这与之前的“小题大做”共同形成了特殊的氛围，使纠纷中占理的一方获得舆论的支持，而失理的一方被置于道德上被动、尴尬的境地，从而对纠纷中的当事人造成了一种“情境逼迫”[①]，使其迫于情境的压力，而不得不接受和认可调解的结果。换言之，通过“上门”这种形式，调解活动已经公开化，其结果是使舆论和道德的压力在无形中约束着当事人的行为。

另外，调解人员在整个过程中不仅表现出对问题的重视，也体现出解决问题的诚意。从发通知到上门调解，再到牺牲了两个多小时的休息时间开居民大会、进行促膝长谈，付出了极大的辛苦和努力；虽然他们在社区内的地位和声望并不高，通知或者开会也都没有强制力可言，但他们却对事态表示了足够的重视，用表现出的诚意和关切获得了大多数被调解居民的认同和好感，而他们牺牲休息时间的工作努力也为其自身赢得了在社区调解中至关重要的“面子”资源。

三　利用资源，转移视线

除了前面已经提到的矛盾类型之外，居民与社区单位之间的纠纷也广泛存在，这体现了城市社区纠纷主体的多元性：不仅有人与人之间的分歧，也有个人与单位、机构之间的矛盾。以民丰园社区为例，其辖区范围内有大大小小的单位 12 家，这其中包括驻区某部队 E 单位管理处、中央某局、某民主党派 M 单位办事处、某市驻京办事处、古城区某办公室、民丰小学等中央、市区级单位。这些单位与社区居民之间的摩擦是经常发生的，所牵涉的问题又通常得不到彻底解决，一方面是由于这些社区单位的行政级别较高，或者掌握着较多的资源，办什么事情都显得理直气壮，社区党委、居委会、工作站很难与它们平等对话、协商调解[②]；另一方面是作为调解人的居委会（或工作站）在社区中处于相对弱势的地位，没有太多可以使用的资源，充满了对周围环境中可利用资源的敏感与渴求。它们清楚地看到，驻区单位的资源对社区建设和社区组织的工作很有帮助，寄

① 孙立平、郭于华：《“软硬兼施”：正式权力非正式运作的过程分析——华北 B 镇定购粮收购的个案研究》，载王汉生、杨善华主编《农村基层政权运行与村民自治》，中国社会科学出版社 2001 年版，第 27—57 页。

② 我们到单位去说话什么的都要跟人家特别委婉地说，明明是人家的问题也要委婉地说，说心里话当时我挺难受的，也得跟人说，跟人磨叽，最后人家才同意的，好多时候确实挺难的。——引自 2005 年 7 月 1 日对民丰园社区时任党委书记梁文燕的访谈。

望于利用这些单位的资源和力量，打造本社区的亮点和特色[①]，在社区间的各项评比中出奇制胜。

于是，如何调解社区单位与居民的纠纷，不仅关系到能否避免居民抗议社区单位所形成的集体行为和群众矛盾，避免出现由不稳定因素所造成的“一票否决”的情况；同时也是社区组织建立与单位之间的关系、有效利用单位资源的重要环节。在这类调解过程中所采取的策略因此更加值得分析和揣摩，比如，我们从民丰园社区居民与驻区某部队E单位管理处之间的矛盾以及相应的调解过程中就可以看到一些特点：

> 我（马文惠）刚来的时候，这儿（驻区某部队E单位管理处和居民）的关系不是特别好，居民老闹。为什么呢——这条道是防火通道，不允许从这儿出，但是（E单位）放军车了，从建小区开始就有这个矛盾，到现在也解决不了，有的时候还有打架的。据我所知，可能是E单位给物业送钱了，人家给钱了就特别理直气壮；物业又不承认给钱了，但是它没有解决这个问题，应该属于物业的问题，所以解决不了，老百姓老有意见、有矛盾。作为我们来讲，我们是第三方，我主要是做居民的工作；同时，尽量让部队为老百姓做一些好事，比如下雪了扫扫雪，迎检的时候帮我们把卫生搞好了。这个（指宣传栏）就是他们做的，这样他们能做到就尽量做到一点，结果关系就融洽了，现在的关系特别好，现在老百姓再也不说这件事情了，因为你做到这块儿了。有些人说你们居委会干吗对E单位好，当时我就可以说，E单位给你的实惠你拿得少了吗？你们从这儿老去天安门参观去，你是怎么去的？是E单位开车带你们去的，那油钱呢？你不能光考虑这个门（防火通道），人家为你服务没为你服务？时间长了，这样建立起来的感情帮助我们做这些工作。[②]

从这段介绍中可以看到，E单位的军车占道（而且是防火通道）显

---

① M单位帮助我们，现在我们成立了合唱团75个人，每天在文化馆练。现在我已经有两个特别好的歌曲，这个还是非常保守地说，别的社区都没有！这样在明年的时候，我们在比赛的时候，你想我们服装肯定很漂亮——M单位很有钱啊，就能够解决社区的一些问题。日常工作你不能让人家干，但它是民丰园的一部分，它就会为居委会服务，为社区居民服务，所以这样将来我们的工作会更顺了。——引自2008年11月25日时任民丰园居委会主任于慧真的讲述。

② 引自2005年7月1日对民丰园社区时任居委会主任马文惠的访谈。

然是理亏的，居民们有意见是有道理的，不能对他们的声音不管不问。但是作为社区里的重要组成部分，E 单位财大气粗、理直气壮，是居委会得罪不起，也不愿意得罪的；不仅不能得罪，还要好好拉拢、借助其资源和力量，所以它不会要求 E 单位把防火通道让出来，而是只能在调解的时候做居民的工作。回过头来看，为了平息居民的不满和怨气，又要利用部队的资源，为老百姓做一些好事——该单位在扫雪除冰、环境卫生、安全保卫、社区设施等方面的贡献，使得居委会在给居民做调解工作的时候有了很大的余地：可以转移居民的注意，不要只盯着军车占道这一件事情，也想想部队带来的好处，外出用车、图书室、绿地、宣传栏、安全巡逻，全体居民实现了利益均沾，也不好再揪住占道这一件事情不放了。这样，不仅该单位和居民之间矛盾得到了解决，双方之间的关系还成为社区居委会在工作报告中大书特书的一笔；在化解矛盾的基础上，还上升到"军民鱼水深情"的层面，成为民丰园社区工作的一大特色和成绩：

> 创新工作形式，调动社区力量，及时化解矛盾，保障社区稳定……今年年初民丰园小区陆续发生丢自行车的现象，扰乱了居民们的正常生活。居委会多次研究解决的办法，并得到 E 单位管理处大力支持和帮助，最终研究决定，每天晚上这里的驻区部队和小区保安共同监督巡逻，保护小区安全，体现了驻区部队和居民群众之间的鱼水深情。①

E 单位对民丰园社区的帮助还不仅于此：2006 年，它协助创办了社区图书资料室，还出资购买、铺设了几百平方米的草坪，增加了社区的绿化面积；在日常工作中，居委会如有外出活动、筹备文艺演出等方面的需要，E 单位也乐于提供车辆、选送节目。总之，居委会通过适当的调解策略，不仅平息了驻区单位与居民的纷争，还为自身赢得了难得的资源，达到了调动辖区单位参与社区建设、服务群众的效果。

在解决居民与社区单位的矛盾时，社区组织在多数情况下都采取类似于"E 单位事件"的策略：绕开核心问题，换个角度帮居民寻求平衡、获得实惠，同时让相关单位在其他方面对居民进行补偿、对社区做出贡献。比如驻民丰园社区的中央某局在办公楼前的空地上建了一排自行车车棚，

---

① 引自 2005 年 6 月 28 日《民丰园社区居委会 2005 年上半年工作总结》。

而此处原是居民健身、活动的场所，居民纷纷来到居委会表示不满；但是自行车棚已经建好，要求该单位拆除、还原已不太可能。于是，居委会就跟该单位协商，由该单位出资，在社区内另建一处居民活动的场所，也就是在距离原活动区域不远处盖了一座凉亭，亭中有石桌石凳，算作对失去活动场所的居民们的补偿。此后，居民与该单位的敌对情绪也在很大程度上得以缓和。

可以看到，铺草坪、建绿地、建图书室、做宣传栏、搭建凉亭等这些惠民举措，凭社区组织的人力和物力是不可能完成的，但是由于有效地借助了社区单位的力量，巧妙地将调解矛盾的过程转化为利用资源的过程，既转移了群众的视线，又把这些不可能完成的任务变成了现实；既实现了社区建设和社区发展的工作成绩，又营造了社区组织、居民与单位三者之间共存共荣的和谐氛围。从这个意义上讲，对这类重点纠纷的实质性调解已不仅仅是避免冲突、化解矛盾的过程，同时也是社区组织争取资源，为社区工作起到促进作用的重要手段。

小　　结

作为城市社区纠纷调解的主体，居委会（或工作站）的调解人员在处理纠纷时采取不同的策略、形成实际执行和操作的行为逻辑，固然受到其自身地位、可利用资源的影响，但是更为重要的是，自上而下贯穿各级政府部门，并最终达到社区组织的双重指标考核，构成了相对复杂的作为制度框架的“国家”角色，造就了具有差异性的具体情境和现实约束，进而对社区调解工作提出了两种不同的要求；也直接决定了调解者一方面在处理以数字化方式考核的一般纠纷时采取浅表性调解的策略，另一方面在应对以“一票否决”方式考核的重点纠纷时践行实质性调解的规范。浅表性调解主要发生在面对家庭纠纷或财产争议时，调解者避免充当家务事的评理人，而以当事人的意愿为基准、实现调解所达成的合意；或者在合意无法真正达成的时候，用“文牍技术”来建构一种书面上的和解，进而实现数字意义上的调解成功率。实质性调解则常见于那些可能转化为刑事案件、群众上访、群体性事件的纠纷，为了避免这些造成“一票否决”的情况出现，调解者不得不带着主动介入的态度，提供倾诉的平台让当事人的情绪得以释放，采用上门调解、小题大做、情境逼迫等具有仪式性[①]的手段促使当事人接受劝解，借助社区民警的力量增加调解行为的权威性，特别是在居民和驻区单位发生矛盾的时候，利用单位的资源增加居民福利，从而转移群众关注的焦点，在化解纠纷的同时也促进了各方力量的动员和社区工作的开展。

从更大的范围来看，本章所介绍的社区调解工作仅仅是双重指标考核逻辑所覆盖的各个领域中的一个，在今天中国城市社会生活中的很多方面，比如经济发展的目标责任制与经济建设中重大安全事故的“一票否决”，又如人口管理中随意性较强的统计数字[②]与（生育政策放开之前）不容妥协的计生工作执行，等等，都可以看作量化考核与“一票否决”并存的现象。面对某个领域的工作，包括社区组织在内的各类社会行动者都会由他们在实际工作中所遇到的情境或是外部施加的“压力”[③]来确定自身的行为，并在长期权衡中建立关于“压力—行动—后果”的信息库存和反应机制，以便确定在某种压力下做出什么样的行动选择才是适当的、合理的。于是，由双重指标考核现象所带来的双重反应，一方面是行动者可以通过数字化的方式进行应付、粉饰甚至是编造，另一方面则是不能完全无视一些核心任务和重点问题的存在，从而既保留了行动者在日常运作中进行选择的空间和形成内部规范的可能性，又构筑了其行动的底线、限定其变通的边界，避免了无节制地运用数字化手段和文牍技术。

双重考核指标对城市基层社会的另外一个影响在于，它鼓励了民众“把事情闹大”的行为取向。因为很多居民都意识到，一般意义上的分歧或诉求很容易被敷衍甚至被忽略，而只有形成重点纠纷或重大事件，才会引起必要的关注、足够的重视和实质性的解决。从这个角度来看，双重指标中“一票否决”机制的存在，以及各级政府部门和社会组织对群众上访、群体性事件的恐惧，恰恰是很多普通居民实现自身诉求、维护自身权益的重要砝码。

---

① 郭于华：《民间社会与仪式国家：一种权力实践的解释——陕北骥村的仪式与社会变迁研究》，载郭于华主编《仪式与社会变迁》，社会科学文献出版社 2000 年版，第 338—383 页。

② 参见上一章关于城市人口管理工作中数字化操作的介绍。

③ 〔美〕詹姆斯·Q. 威尔逊：《官僚机构：政府机构的作为及其原因》，孙艳等译，生活·读书·新知三联书店 2006 年版，第 47 页。

第八章　制度背景下的组织氛围与内部关系

在回归国家学派看来，国家的自主性并不是统一的，在不同的情境当中有不同的体现，所以必须把国家自主性同具体情境的考察结合起来，通过具体的经验案例来展示国家自主性的存在。这种展示是从两个视角出发的：第一种视角是把国家看作一个行动者，它拥有物质资源和法团组织体系，来维护国内秩序，与其他国际、国内的竞争者进行互动。[①] 在这个视角下，国家自主性主要体现在官僚机构制定和追逐自身的目标上，这种目标有可能与主导阶级和其他社会群体的要求不同；国家实现自身的目标常常需要依靠强制力这类国家角色，这在本书前面对"议行分设"改革的讨论中有所体现。第二种视角是把国家看作一套政治体制，这套体制深刻地影响着社会行动者的群体目标及其实现手段。[②] 这个视角下的国家自主性主要是颠覆了以往的解释逻辑（即把国家看作因变量，受阶级斗争或者选举竞争的影响），而是从新的视角出发发现阶级和社会群体的政治运动目标与方式都是被国家制度塑造的，即国家体制其实是自变量。

前面两章讨论的数字化治理和"一票否决"作为在不同领域中的制度约束和考核框架，对社区组织中行动者的态度和策略产生了差异化的影响。在本章中，我们将讨论"国家"作为一套体制背景如何深刻地影响着城市基层社区中各个行动主体的行为方式、群体目标及其实现手段，并以此实现国家对基层社会的动员和影响。具体而言，基层社区以"忙碌"为关键词的组织氛围、以"加班"为常态的生存状态究竟是由什么因素造成的？它们所身处其中的制度因素又在何种程度上影响了共处在同一屋檐下

---

① Evans, et al. eds., *Bringing the State Back in*, New York: Cambridge University Press, 1985, p. 9.

② Evans, et al. eds., *Bringing the State Back in*, New York: Cambridge University Press, 1985, p. 11.

的集体（包括社区党委、居委会的坐班人员、全体工作站成员以及协管员）内部的关系？——这些是本章要回答的问题。

第一节　竞争氛围、压力机制与赶工行为

前文述及的数字化治理模式（各个领域内的创建和检查、规范档案文牍和信息报送制度、建立健全人口管理的数据库等），是以街道办事处为代表的各级政府部门对城市基层社区实行治理和掌控的主要途径之一：一方面可以使作为行动者的“国家”不需要深入社区，就能了解和掌握基层工作的动态信息；另一方面规范了各个社区与上级政府组织之间的沟通语言，在实现行政体系中话语一体化的同时，为街道办事处在各个社区之间建立一种标准化评比和竞争机制提供了可能。这就使纵向的对干部的规训、横向的竞争性政府的逻辑得以从科层化的政府体系延伸到基层社区：不只是各级政府官员要在横向比较的制度背景下进行政绩比拼，社区党委、居委会、工作站等组织也要在评比与奖惩的竞争框架和压力体制下形成以“赶工”[①] 为主要特征的行为选择。

一　评比与奖惩：竞争性的制度背景

对社区进行考核与评比的维度有很多，“文明社区”的评选（参见附录 14《古城区文明社区建设管理办法》），以及前文提到的“创建学习型社区”的考核是其中的典型代表。另外，我们在调查中看到，仅在中共北京市古城区委社会工作委员会、北京市古城区社会建设工作办公室、北京市古城区民政局联合下发的《2008 年社区光荣册》上，就列有北京市先进社区居委会，北京市先进社区居委会主任，古城区先进社区居委会，古城区先进社区居委会主任，古城区精品社区、特色社区（学习型社区、生态型社区、尊老型社区、共建型社区、文化型社区、科普型社区、服务型社区、环保型社区、健康型社区），古城区志愿者之星，古城区资源共享先进单位和个人等多项荣誉和评比结果；在这份获奖名单中，阜财街街道 19 个社区中有 14 个社区榜上有名，获得了集体或个人的荣誉称号，仅 5 个社区落选。

---

① 参见〔美〕迈可·布若威《制造甘愿——垄断资本主义劳动过程的历史变迁》，林宗弘等译，群学出版有限公司 2005 年版。

可以争取到的荣誉如此名目繁多、落选的社区数量相对较少，从一个侧面体现了被纳入考核与评比的领域之广、范围之大，也变相地对所有社区都形成了巨大的压力和动力。所谓动力是指：各社区有了工作的“奔头儿”，都希望取得更好的业绩，在各奖项中尽可能地多拿荣誉①，而荣誉所带来的物质奖励的作用也不可忽视。② 所谓压力是指：即便哪个社区对成绩的追求和对荣誉的渴望没有那么强烈，也不会甘愿成为少数毫无荣誉的社区中的一员，在别的社区面前明显矮人一等。特别是当某些社区（如民丰园、国富园）成为所在街道树立的“典型”③ 或模范社区之后，在各种评比中赢得荣誉的压力就变得格外巨大，对各类档案文件的提交、各项工作指标的完成都要按照优于其他社区的要求和标准来操作，即形成了对这

---

① 除了长期调查的民丰园社区之外，笔者还走访了阜财街其他一些社区居委会和工作站，他们对所获证书、锦旗、奖状、奖杯的呈现和展示的方式各有不同，但对荣誉的重视程度、对荣誉“可见性”的强调，则没有多大的区别：永平社区专门腾出一个房间作为社区荣誉陈列室，供来社区的领导和访客参观；而国富园社区则用数字说话，一份“1999—2009 年国富园社区获得市区级荣誉称号”的文档记载了 130 余项大大小小的社区成绩，主要用于向上级政府以及有意报道该社区成绩的媒体展示。

② 获奖的社区居委会（或工作站）所获得的物质奖励的分量逐年增加。到 2009 年，被评为北京市级文化活动特色社区的民丰园，可以获得高达 20 万元社区活动经费的奖励。于是，越有工作成绩的社区，就会获得越多的资源流入，也就越有资本进一步开展活动、更好地完成各项任务，从而在各项评比当中占先。另外，对这笔钱，工作站和居委会其实看不见，也拿不到手，只是增加了社区活动经费的上限。类似的“有钱却看不到”的事情也发生在“社区公益金”上。2005 年，在市政府下发的《关于完善市与区县分税制财政管理体制的通知》中，特别新增了“基层公益事业专项补助”的内容；北京市城市社区公益事业按管理规模进行补助，1874 个辖区规模在 2000 户以下的居委会每个补助 8 万元，共计 14992 万元；640 个辖区规模在 2000 户以上的居委会，在每个补助 8 万元的基础上，每增加一户，增加补助 40 元（《北京晚报》2005 年 11 月 9 日）。阜财街街道 2008 年底才落实这项政策，2009 年开始将社区的公益事业金从原来的 3 万元调整到 8 万元，实际使用流程是：扣除办公经费等固定费用外，各社区在年初上报预算，由街道进行分析、审批；经批准的活动可以开展，并在活动结束后报销有关票据，还要做到“前有申请、后有报告”。而阜财街街道社区办毛一涵表示：“这笔钱他们根本花不完，也花不出去。花钱就意味着要搞活动，他们现在根本没那么多时间搞活动。”实际情况也确实如此，即便在 2008 年社区公益金仅为 30000 元限额的情况下，民丰园社区也只花费了其中的 21.16%（6347 元）。

③ “树典型”的动员方式，是政治权威为了加强对基层社会的动员、控制和整合而采取的一种政治治理策略和技术。由于政治文化的影响和现实的政治需要，政治权威对典型有着非常高的期望和要求，并利用话语优势对其进行包装、利用资源优势给予其专门扶持，对典型进行某种程度的重塑。“树典型”在相当长的时间内起到了延伸政治权力和政治文化的作用：一方面有效地将政治权威的意识形态灌输到民众的日常生活中去；另一方面可以在社会中形成一个非正式的、日常形态的权力网络（冯仕政：《典型：一个政治社会学的研究》，《学海》2003 年第 3 期）。

部分典型社区的更严格、更高层次的约束。

当然，辐射到基层社区的行政逻辑不仅有评比，还包括将激励和惩罚结合在一起的行政问责制。这意味着社区层面不仅要在“政治锦标赛”① 的意义上完成甚至超额完成上级政府制定的责任目标和工作指标，而且社区安全、群体性事件等领域，都要被纳入“一票否决”的“政治淘汰赛”② 当中。从附录 14 的《古城区文明社区建设管理办法（节选）》中，我们看到“批评、警告、限期整改、撤销荣誉称号等”处理措施赫然在列；而下面这段对民丰园社区工作站康瑶的访谈内容，在显示了安全治保工作和计划生育工作之特殊性的同时，也让我们找到了前面 5 个社区无法获得任何荣誉的原因，就是在计划生育工作中出现了疏漏，因而遭到“一票否决”式的惩罚：

> （工作成绩）有责任制，是由街道办事处来考察的。我们有两个工作是“一票否决”，一个是计生工作、一个是治保工作。如果这两个工作有一个出了差错，比如她是超生的，你（其他工作）说得再好也没用，就是“一票否决”。治保以案件为标准，就是你这一年超过 4 个案件，一票就完了，就这一条就够了——如果有楼门被撬锁，丢失财物了，4 次以上，一票否决，就没有区里评先进的资格了，这一年就白干了。
>
> 比如咱们这儿就有一个非婚生育的，她户籍在阜财街 6 号，人在西直门外住，户口就在他舅舅家（本社区），结果她没结婚，把小孩给生下来了，可能是年初生下来的，事隔 10 个月了，上个月她来报户口了，就发现她未婚生育的问题了，这个是“一票否决”的。按照评优的条件，上周我给办事处打电话问了问，说就是因为这种情况，有 5 个社区就是因为这个被“一票否决”了，就是没有报“区先进”的资格，就是这一年都白忙了，没办法，这种事情，特别无奈。③

针对某些具体的工作领域而言，前两章所讨论的双重指标考核决定了基层工作人员在应对不同任务时会采取不同的态度和策略；而从总体的组织氛围和内部规范来看，荣誉评比、物质奖励和惩罚措施的制度设计，配

① 周飞舟：《锦标赛体制》，《社会学研究》2009 年第 3 期。

② 渠敬东、周飞舟、应星：《从总体支配到技术治理——基于中国 30 年改革经验的社会学分析》，《中国社会科学》2009 年第 6 期。

③ 引自 2008 年 11 月 25 日对社区工作站成员康瑶的访谈记录。

合“树典型”① 等国家动员手段，构成了城市基层社区组织行动特征的基本背景和压力体制。也就是说，居委会（或工作站）可能会在某项具体工作中选择更流于形式的数字化应对，或是更倾向于脚踏实地的实质性完成；但从一般意义上讲，当社区组织把各项工作的集合看作一个整体的时候，评比与奖惩就会作为一套更广义上的制度背景，孕育出超越具体事务层次的、更加泛化的压力氛围，并迫使行动者在这套背景和氛围中做出关于工作状态和行为逻辑的选择。

二 赶工：竞争背景下的工作状态

在由评比、奖惩机制共同形成的制度背景和竞争模式下，各级政府部门对社区层面施加的压力，被转化为各个社区之间横向竞争所带来的压力。如果是前者，自上而下的支配②可能会带来被支配者的逆反、对抗③或是消极应对④；而横向比拼所形成的压力，激发的却是一种主动拼尽全力、超越对手、赢得竞赛的意愿。在这种类似于竞技赛场的氛围当中，社区组织虽然不排除会在某些领域出现前面两章中的数字化应对、象征性调解等形式的敷衍，但其总体的行为选择与运作的惯常状态却呈现为一种“赶工”⑤ 模式。

迈可·布若威在《制造甘愿——垄断资本主义劳动过程的历史变迁》中将“赶工”描述为一种“游戏”：

> 赶工游戏是把工作现场所发生的活动，视为操作员为了达到可以获得奖励性报酬的生产标准（也就是超过百分之百）所玩的一系列游

---

① 冯仕政：《典型：一个政治社会学的研究》，《学海》2003 年第 3 期。

② 参见〔德〕马克斯·韦伯《支配社会学》（韦伯作品集Ⅲ），康乐、简惠美译，广西师范大学出版社 2004 年版。

③ 马克思与韦伯在权力理论上最大的不同在于：韦伯建立在“合法性”基础上的权力和支配意味着不可逆转的服从；而在马克思那里，被支配一方的服从并不是必然的，劣势群体同样具有反抗甚至反支配的能力。

④ 正如斯科特在分析东南亚农民的行动时，指出他们往往会尽量避免直接的、象征性的反抗，以偷懒、怠工、装糊涂、开小差、假装顺从、装傻卖呆等非正式的网络和手段来对抗权威，通常表现为“心照不宣的理解”和“个体的自助形式”，而这样的方式恰恰是长期以来最有意义、最有效果的“弱者的武器”（参见〔美〕詹姆斯·C. 斯科特《农民的道义经济学：东南亚的反叛与生存》，程立显、刘建等译，译林出版社 2001 年版；〔美〕詹姆斯·C. 斯科特《弱者的武器》，郑广怀等译，郭玉华等校，译林出版社 2007 年版）

⑤ 参见〔美〕迈可·布若威《制造甘愿——垄断资本主义劳动过程的历史变迁》，林宗弘等译，群学出版有限公司 2005 年版。

> 戏……可以将赶工看作由机械操作员与规范工作条件的各种社会或非社会对象间，经历的一系列工作步骤所构成的游戏。游戏的规则在他们的经验中则是一组外在强加的关系；而赶工的艺术，便在于如何操作这些关系，以尽快地由一个步骤进入下一个步骤。[①]

类似地，社区党委、居委会、工作站为了在迎接各类检查验收[②]，进而在与其他社区的评比和竞争中收获成绩、得到荣誉而不断投入工作，也可视作一种主动选择的"赶工"行为。在人员少、任务重、压力大的种种客观条件下，他们经常以集体协作和加班工作的方式来达成目标，甚至常常付出透支、累倒的代价（这方面的具体情况可参见附录 15《民丰园社区居委会 2005 年创建文明城区阶段工作总结》中的事例介绍）。虽然社区组织在执行某些量化任务时存在前文所介绍的一些并不规范的操作行为，但不可否认的是，这些应对策略并没有从整体上减轻社区各组织的负担。由于要应对名目繁多的评比、参与范围广泛的竞争，被迫"加班加点"[③]确实是笔者在多年社区调查里经常可以看到，也亲身参与和经历过的情况。《民丰园社区 2008 年加班奖励登记表》也可以在一定程度上说明这一点：在表 8-1 所呈现的 6 个月时间里，大多数社区工作人员都有多次加班的情况被登记在案；住得离工作站办公地点最近的郑志鹏，每月大概有超过 2/3 的天数都在加班，不能按时离开工作岗位。可见"赶工"和加班对于很多人而言，就是一种惯常存在的工作状态；对于社区党、居、站这个整体而言，则是一种组织文化和大家默认的氛围。

表 8-1　　**民丰园社区 2008 年加班奖励登记表（部分）**　　（次）

姓名	1—3 月加班计次	10—12 月加班计次
马文惠（党委书记）	20	50
于慧真（居委会主任）	20	30
毕妍（工作站站长）	20	30
郑志鹏	60	70

① 〔美〕迈可·布若威：《制造甘愿——垄断资本主义劳动过程的历史变迁》，林宗弘等译，群学出版有限公司 2005 年版，第 183—184 页。

② 如创建精神文明小区、学习化小区、节水型小区、尊老敬老先进居委会、交通安全进社区、爱国卫生先进居委会、计划生育、治保工作等方面的检查验收。

③ 引自附录 15《民丰园社区居委会 2005 年创建文明城区阶段工作总结》。

续表

姓名	1—3月加班计次	10—12月加班计次
刘金芸	40	40
吴硕婷	30	0
蒋丽艳	30	10
康瑶	20	40
魏文	30	40
合计	270	310

社区组织之所以频繁出现加班的情况，一方面是因为正常上班时间需要应对的常规性工作太多（比如第六章中对2008年11月17日当天民丰园社区一系列日常工作的罗列），导致每个人都可能有多项工作要在有限时间内同时开展；另一方面是因为工作人员在上班时间要应付很多政府科层体系中上传下达的文件或会议：以2008年11月18日为例，下午正常工作时间一直都在开会（包括街道办事处各部门的会、回到工作站传达精神的内部会、关于临时调整迎接检查安排和要求的工作会，等等），真正做具体工作（整理和补充档案材料等）的时间竟然是从下班之后才开始的。因此，对于行政化了的社区组织来说，加班就变成了再正常不过的事情。

另外，社区工作的特点决定其有大量入户接触居民的事务，这方面工作又有很多涉及上一章所讨论的“一票否决”的领域，不容拖延，不得不在下班之后、居民家中有人的时候完成。比如防煤气中毒安全宣传材料，要求必须发放到户，并逐户签订安全责任书，但是白天很多居民家里没人，就不得不加班完成。又如每逢元旦、除夕，社区值班不同于其他单位，社区工作站要求从18：00到凌晨1：00全勤到岗，主要也是因为涉及防火、禁放等事宜，防止发生重大安全事故。从具体的事例来看，2009年初元宵节（2月10日）中央电视台大楼的火灾引起了北京市各级政府的安全危机和对防火问题的重视，2月12日夜里，民丰园社区按上级要求全员参与，冒雨到平房区检查安全隐患，如检查风斗、弯头的安装，杜绝乱堆乱放、消防隐患等；在之后一周时间内，又挨家挨户发放风斗和弯头。①可以说，在社区安全等领域内的“一票否决”制度，形成了加班和赶工的

① 工作人员在下户检查安全隐患的同时，还不忘另一项涉及“一票否决”的计生工作：留意和排查社区里的孕妇，并及时向负责计划生育工作的人员（如民丰园工作站的康瑶）通报，以便及时检查其是否登记办理准生证。

另一个重要的驱动因素。

总的来看，正是评比、奖惩所共同构成的竞争氛围，将政府部门的政绩诉求传导至社区层面，并转化为各社区之间横向竞争的压力机制。社区组织为了能够在相互竞争中获得更多的荣誉和奖励、规避各种形式的惩罚（特别是避免出现被“一票否决”的情形），进而成为所在街道树立的典型或者维持典型地位，往往会表现出参与“赶工游戏”的行为取向和频繁加班的日常状态。这可以看作由于社区被纳入“科层化”背景和“一票否决”的压力体制所共同造成的。作为有着一套体制背景的国家，正是这样影响了社区组织作为行动者的目标和行为方式，并在客观上起到了基层动员的效果。

第二节　晋升机会、地位差别与内部竞争

在评比和奖惩的制度背景下，社区组织像各级政府部门一样，被纳入科层体系的政绩压力体制中来，并由此形成了一套参与社区间横向竞争、争取荣誉和奖励、规避惩罚的“赶工”文化。这样的竞争关系不仅出现在社区之间，同样出现在社区内部，特别是在“议行分设”改革[①]之后的党委书记、居委会主任和工作站站长之间。我们不能将这种内部竞争的出现，仅仅归结为组织层面的竞争逻辑在个体层面的投射和延续，而要看到每个行动者的目标及其实现方式以及他们的竞争思维，是受到行政体系内部流动的可能性、组织内部地位关系以及国家制度安排等一系列背景性因素影响的，也是这些行动者在作为政治体制背景的“国家”框架下所选择的个体应对方案和行动逻辑。

一　流动机会引发的业绩竞赛

在“民选街聘”改革[②]之后相当长的一段时间内，社区正职领导[③]和普通工作人员都没有向上流动的机会：第一，社区党委书记、居委会主任和工作站站长基本上来自于“选聘”[④]的“社区事业干部”（后改为“社

① 这种改革在阜财街街道具体表现为“一心两会一站”的模式，详细情况请参见第四、五章的介绍。

② 参见第三章关于“民选街聘”的讨论。

③ 指社区党委、居委会、工作站的负责人，而副书记、副主任、副站长等人则不在此列。

④ 关于“选聘”和“招聘”的区别，在第三章中有过详细介绍。

区专职工作者"[①]），而很少从普通工作人员中提拔[②]；第二，社区领导（如果可以将书记、主任和站长看作领导的话）也几乎没有向上流动进入街道办事处，成为正式的政府公职人员的机会。虽然社区组织被纳入政府行政职能的科层体系当中，但从身份的流动性上看，还没有产生可以在行政系统内递补职缺的"内部劳动市场"[③]。

> 我不会有机会到街道，像山城区（同为北京市区）那边一般都是从居委会往上选到街道，我们这边不是那样的。你像我今年 36 岁了，不可能考公务员了，那个没有时间复习，考不了；而且没往办事处想过，留一个位置出来就有好多人等着它了，所以它不会扩充到我们这块儿。办事处是是非非太多了，我也不太喜欢那地儿，我这人就不喜欢那么多事。其实，如果要好的话我可以到办事处当一个科员，管文化方面的，我完全可以把这个管理好，各个居委会有什么特点我就让它干什么，可以让它干什么，它的本职工作就好干了；它这个（居委会的工作）是整个全盘抓，它都得干。[④]

然而，街道层面新的工作领域催生了新的人员需要，使得上述情况在 2008 年的时候发生了变化。由于北京市提出"加强社会领域党的工作体系建设"[⑤] 的要求，各级党委都开始构建党建工作的枢纽型组织：阜财街街道要建立一个党群工作站，连接阜财街所有的"两新"组织（新经济组织、新社会组织）内的党建工作；党群工作站隶属于街道工委管理，下设

---

① 如第三章中所述，2002 年 8 月出台的《北京市社区专职工作者管理意见》，将"社区事业干部"的身份改为"社区专职工作者"。

② 普通工作人员向上流动的机会很少，但并非绝对没有。以阜财街街道为例，在"议行分设"改革的过程中，由于要在 19 个社区增设工作站站长，基层社区领导岗位的人数就大幅度增加，原本作为民丰园居委会普通成员的聂定钦，就被调到永泰社区工作站，担任站长职务。

③ 参见〔美〕迈可·布若威《制造甘愿——垄断资本主义劳动过程的历史变迁》，林宗弘等译，群学出版有限公司 2005 年版。

④ 引自 2005 年 7 月 1 日对民丰园社区时任居委会主任马文惠的访谈。

⑤ 2008 年 9 月下发的《北京市加强社会建设实施纲要》提出，要"加强社会领域党的工作体系建设，进一步提高党组织的创造力、凝聚力和战斗力……努力实现党组织和党的工作在社会领域的广泛覆盖；建立健全社会领域党建工作体制；进一步创新社会领域党组织活动方式"。同年下发的《中共北京市委关于进一步加强和改进社会领域党建工作的意见》也提出了"加强社区党组织建设；加快推进在社会组织中建立党组织工作；加快推进在新经济组织中建立党组织工作"的要求。

几个专职的党务工作者，负责一项比较新的工作。阜财街街道在19个社区的党委、居委会、工作站负责人中挑选并抽调了民丰园社区党委书记马文惠进入街道工委下属的“两新”办公室。虽然这一事件属于党务工作者在系统内部的调整，不能说明街道办事处打开了基层人员进入政府机构工作的正常流动渠道，但至少意味着基层社区组织中的人员向上流动机会的从无到有。

晋升机会的出现意味着对于社区工作者个人而言，不再是“干得好、干得坏一个样儿”，而是面临着“究竟要力争上游，还是继续随波逐流”的选择，甚至有可能因为工作中的问题而造成身份上的倒退。[①] 在横向的竞争关系与纵向可选择的道路面前，相当一部分社区书记、主任、站长的积极性、创造性和竞争意识被激发出来，形成了个体间的业绩竞赛。在社区进行田野调查的几年里，我很明显地感觉到社区书记、主任（包括后来出现的工作站站长）之间的关系从一团和气、共同进退的默契，演变成了2008年前后出现的唯恐落后、互不相让的较量。正如我们在第六章中所看到的，在民丰园社区准备“创建学习型社区”（居委会）和“建设先进性党组织”（党委）两项检查的时候，居委会主任和党委书记之间对社区人手的争夺，以及进行成果竞争和形式攀比的现象。这其中固然有个人性格和处世方式的因素，但更重要的原因是，行动者在面临晋升机会时，不再安于现状，而是希望用更出色的表现和业绩压倒对手、说服上级领导，进而实现在工作中的向上流动（虽然这种可能性并不大）。

二　地位：制度安排与心态定位的矛盾

在第四章里我们介绍过在“议行分设”（“一心两会一站”）改革之后，社区党委书记、居委会主任和工作站站长这“三驾马车”之间，形成了以党委书记为核心的秩序：党委书记居于领导核心地位，着眼于抓大框、抓全盘、抓形势、抓方向，而具体琐碎的事情则交由居委会主任和工作站站长去做；居委会主任和工作站站长要服从书记的管理、执行党委的决定。同时，居委会具有聘用、监督、评价工作站成员的权力，居委会主任坐班，是社区工作站具体事务的直接领导。实际上，此种设置已经在三位社区正职领导之间做出了级别排序，形成了地位差别。即便不能够进入

① 如果工作成绩很差，或出现重大问题，甚至有被免职的可能。比如赵春桦原来是和惠社区党委书记，因为与居民间的经济纠纷而被取消正职待遇，2008年底来到民丰园社区工作站担任普通站员，负责卫生工作。

以街道办事处为代表的行政部门体系，如果能够从工作站站长转做居委会主任，或者从居委会主任转做党委书记，都可以被视为一种内部晋升。

制度上的安排是如此，但实际操作中又是另外一幅图景：党委书记是名义上的领导核心，具有对各项事务的最终决定权；而居委会主任是直接领导，具有部分人事调配权和具体工作的支配权；工作站站长既是党委副书记，又是居委会副主任（见附录4），因而被“夹在中间”。以民丰园社区为例，改革后任职的党委书记和居委会主任从一开始就各自不服气：在2006年居委会聘任工作站的会议上，居委会主任于慧真表示，一切以实际工作的需要为转移，“以后在工作中，谁对，听谁的！”而在会后，党委书记马文惠则向笔者抱怨说：“能谁对听谁的么？居委会有党！你不听党的能行么？小于（于慧真）太自负，很多事情自己想做好，但是太自以为是，很多时候不通过党口就自己做决定。”① ——制度安排与心态定位之间的张力，造成了党委书记和居委会主任之间在人事安排、具体工作、重要问题决策等各个方面的争夺，一些发生在社区组织中的事件都体现了二者之间为了“重建权力秩序”② 所进行的较量。

三 人事权的竞争：工作站聘任引发的风波

在包括社区组织在内的各类机构中，对他人去留的决定权往往是最能体现地位高低和权力大小的领域，因此，党委书记和居委会主任的争夺也首先围绕着人事权展开。2006年6月发生的一个事件就是二者争夺人事权的直接表现。

事件的经过是这样的：蒋丽艳从2000年起就在民丰园居委会负责妇联工作，与居委会主任马文惠关系很好。在2006年“一心两会一站”改革之后，马文惠转做党委书记，新任居委会主任于慧真和工作站站长毕妍已经被指派到民丰园工作，但工作站的聘任工作还没有完成。在这段时间里，脾气不太好的蒋丽艳经常顶撞新来的主任和站长。于是，毕妍和于慧真商量，由于慧真出面，找了一个党委书记马文惠不在的时候与蒋丽艳谈话，以“妇联工作的负责人必须是党员”为由，希望蒋丽艳不要再负责妇联工作。

因为蒋丽艳身体不太好，有哮喘病，除了强度较低的妇联工作之外很难胜任其他工作，用她的话来说“这不等于砸我饭碗么？”更让人不能接

① 引自2006年4月29日—5月10日的田野观察记录。

② 李友梅：《城市基层社会的深层权力秩序》，《江苏社会科学》2003年第6期。

受的是于慧真给出的理由，蒋丽艳表示："谁说妇联工作必须是党员啊？我得去办事处问问去！"[①] 于是，蒋丽艳直接找到街道办事处负责妇联工作的赵科长，赵科长在了解情况之后觉得这是自己"妇联口儿的人被欺负了"，又把这事儿告到社区办郝主任那里（赵科长和郝主任以前在一个办公室工作，关系很好）。郝主任表示，所谓"妇联工作的负责人必须是党员"的要求，是根本不存在的；这次聘任工作站人员，街道的方针是要力保稳定、团结，不要出现不和谐的声音。于是便将于慧真叫到街道办事处批评了一顿，随后开会召集各社区党委书记和居委会主任会议，声明在改选和聘任的过程中，街道的方针和精神必须原封不动、一字不差地传达到个人，不许擅作主张、篡改精神、破坏团结。

在这件事的整个过程中，居委会主任于慧真很清楚党委书记在制度层面对社区各项事务的最终决定权，但又不想自己在具体事务中的权威受到他人的顶撞，更不愿意放弃自己在名义上可以考评和聘任工作站成员的人事权，于是找了一个党委书记马文惠不在的时候找蒋丽艳谈话，对其进行劝退。而工作站站长毕妍同样有着赶走蒋丽艳的愿望，在这件事情上与于慧真立场一致，也没有向书记汇报。

对于党委书记马文惠而言，这件事让她大为恼火，一方面由于容易让蒋丽艳造成误会："这次事情我不在，于慧真和毕妍找蒋丽艳谈。人家蒋丽艳后来问我是不是我让她们那么说的，我故意躲开了？搞得我很被动，让人家怎么想啊？"[②] 另一方面，也更重要的是党委书记的最终决定权受到了挑战：在工作站聘任这么重要的人事问题上，居委会主任和工作站站长居然在她不知情的情况下，联合起来做出劝退某人的决定；况且蒋丽艳是从 2000 年开始与马文惠共事 6 年的老战友，劝退蒋丽艳就是摆明了要削弱马文惠的力量，这显然是让她作为新任书记[③]所绝对不能容忍的一次挑衅。

为了杜绝权威遭到挑战的情况再次发生，马文惠在社区内部会议上宣布了两件事：第一，以后每次党委会后，都要召开居委会、工作站内部的全体会议，把精神传达到每个人，以"党"的话语为准，避免政策走样（更重要的是避免主任和站长绕开书记擅作主张）；第二，不允许任何人再到街道办事处"越级告状"，社区内部有问题、有矛盾必须首先跟书记汇

① 引自 2006 年 5 月对蒋丽艳的补访。

② 引自 2006 年 5 月对马文惠的补访。

③ 从理论上讲，2006 年之后党委正式成为社区领导核心，新任书记应具有更高的权威。

报，书记是这个社区里“当家做主”[①] 的。至此，这场风波算是告一段落，虽然不能说党委书记借此事重新夺回人事权和决定权，至少通过强调党的领导、强调向书记汇报避免了居委会主任对人事权的擅自使用。

四　“小题大做”中的权力宣示

2008 年 12 月 9 日，驻民丰园社区的中央某部委家属宿舍的物业管理站向社区工作站反映，该家属宿舍楼里有一名干部、一名普通退休居民，私自在楼顶安装“大锅”[②]。对于那名退休的普通居民，物业管理站站长已经劝其拆除“大锅”；但是对于那名干部，物业的人表示“不方便过问”，所以请民丰园从社区的角度出面，监督、催促其拆除。

这件事情反映到社区的时候，书记、主任和站长都恰巧外出开会，是由工作站负责社会治安综合治理的魏文接待的。魏文 2007 年 11 月才到民丰园社区工作，与一些 2006 年以前就在居委会同党委书记马文惠一起工作、可以称之为“亲党（党委书记）派”的社区老成员不同，魏文跟居委会主任于慧真的私人关系更好，可以算是工作站里的“亲居（居委会主任）派”。于是，在于慧真开会回来之后，魏文就把“大锅”这件事儿向她做了汇报，并商量解决办法。讨论的结果是，只能跟对方“把话说到，至于拆不拆，得看对方的觉悟了，咱不能破坏跟他们单位的关系”[③] 。

次日，该部委家属宿舍物业负责人给党委书记马文惠打电话沟通其他事情的时候，无意间说起“大锅”这件事，马文惠才知道有这么一回事儿。出乎所有人意料的是，为了这么一件看似不起眼的事情，马文惠非常严肃地把魏文叫到办公室批评了一通，居然把一个 27 岁的小伙子生生地训哭了。特别是把“大锅”这件事提到了一个非常严重的层面上来：

> 我跟你说这个什么意思？就是说“大锅”这事儿不是你想的那么简单，这是关系到“综治”（综合治理）的大问题。你做综治工作一年了，不知道关于安全稳定的工作要跟书记汇报么?！你以为光是“法轮功”的事儿才跟书记汇报呢?！这要是出了事儿你负得了责么?！……你跟主任说了？跟主任说了就完了吗？主任能替你负责么？

---

① 引自 2006 年 5 月对马文惠的补访。

② 即私自安装卫星电视接收天线，是国务院《卫星电视广播地面接收设施管理规定》（1993 年 10 月 5 日）所禁止的行为。

③ 引自 2008 年 12 月 9 日的田野观察记录。

以后凡是涉及综治的工作、安全的工作，都得先跟书记说，知道吗？……告诉你，我一句话就能让你走人！①

社区党委书记的这一番话，其实最初的导火索是这件事情魏文只跟主任说了，而没跟书记汇报，但是她没有仅仅停留在表达不满的层面上，而是进一步强调了她几个方面的权力。第一，通过所使用词汇级别的提升，将“大锅”提升到“综治”“安全”“稳定”的高度，甚至跟“法轮功”这样严重的事件相提并论，使用级别与层次更高的理由和原则去说服对方，让对方认识到事件的重要性。第二，强调书记对综治、安全方面工作的绝对知情权和处理权，这类事件只能由书记来负责，别人负不了这个责任。第三，放出“我一句话就能让你走人”这样的狠话，宣示书记不仅有具体事务的最终决定权，同时在人事方面也有着不可动摇的权力。

更深一层的意义在于，与前面所说的居委会主任于慧真试图劝退蒋丽艳，进而削弱“亲党派”力量的行为相似，党委书记马文惠狠狠地训斥与居委会主任关系很好的魏文，实际上也是打击“亲居派”并警告于慧真的一种方式。借助这一事件以及其他与此情况类似的事件，社区党委书记正是用这样冠冕堂皇且无可辩驳的理由，不断地巩固自己在社区中的地位，重新建立并持续强化以党委为核心的权力秩序。

归结起来，从无到有的向上流动的机会，以及党、居、站三者关系的制度安排共同构成了社区领导层次的背景性因素；但这种背景并没有直接地、简单地决定党委书记、居委会主任和工作站站长的角色、职能和行为方式，处在这些特定位置上的行动者们还是依靠自身的主体性和能动性，在各种事件、关系当中制造出了不同于其角色定位和职能预期的效应。理论上的内部分工需要在磨合与碰撞的基础上慢慢定型；而社区中权力秩序的形成，也是书记、主任、站长围绕着人事权、知情权、决定权、职责边界、工作业绩等多个维度进行竞争的结果。一方面，某种特定情境对行动者的影响并不是单一方向的，也不具有不可动摇的决定性，而只是为行动者提供了一套选择的空间；另一方面，情境也不是一成不变的，行动者们的选择与互动，又会反过来重新塑造他们所身处其中的制度安排与秩序框架。

---

①　引自2008年12月10日的田野观察记录。

第三节 身份调整、权威缺失与内部管理

前两节讨论了国家体制背景如何影响社区间关系，以及社区负责人层面的内部竞争。如果继续在“国家制度背景形塑行动者目标及其实现方式”的视角下考察不同层级的行动者，关注他们如何在特定的情境中选择自己的行为方式，并处理与他人之间的关系，就会产生这样的问题：社区负责人身份的安排，如何影响他们与普通工作人员之间的权威建立方式？社区负责人与普通工作人员之间的关系如何受到制度背景的影响？特别是在社区内部缺乏明确的科层体系和上下级关系的情境中，负责人如何树立自身的权威，实现合法性的支配？

一 传统型与法理型支配的缺失

在韦伯看来，尽管权力意味着意愿的强加，即“将个人之意志加诸他人之行动的可能性”①，在本质上代表了一种与自愿关系相反的义务；但是持续的支配却伴随着高水平的自愿服从，由支配性权威发布的命令，会成为被统治者所接受的一种合法性规范，并形成合法性支配。② 在农村社会中，具有合法性权威的人往往是村庄中“年老（或辈分高）有德、有威望（或面子）、人际关系熟、会说理”的村庄领袖③；而在城市社区中的基层管理者显然不具备这样的条件。前面已经提到“民选街聘”打破了社区化的居委会人员结构；在 2006 年改革之后，这种趋势愈发明显；到 2009 年，在各类社区 20 名坐班人员中，仅有 5 人居住在本社区，另外 15 人都不住在本社区（其中就包括同时兼任书记、主任的赵冰）。加上街道办事处对各社区正职领导坚持几年一轮换的原则，导致很多书记、主任和站长都不太熟悉社区情况。另外，相比于那些因失业、下岗等原因而进入社区工作的普通成员来说，通过选聘社会事业干部进入社区的负责人既有年龄上的优势（年轻化、职业化），也有年龄上的劣势（难以服众）。以 2003

---

① 〔德〕马克斯·韦伯：《支配社会学》（韦伯作品集Ⅲ），康乐、简惠美译，广西师范大学出版社 2004 年版，第 3 页。

② 韦伯由此区分了为我们所熟知的合法支配的三种理想类型——法理型（legal）、传统型（traditional）以及克里斯玛型（charismatic）。

③ 王汉生、王迪：《农村民间纠纷的调解中的公平建构与公平逻辑》，《社会》2012 年第 2 期。

年的情况为例（从第三章的介绍中可以看出），36 岁的居委会主任马文惠和 38 岁的党委书记梁文燕，都是通过招考进入民丰园社区工作的，但并不居住在本社区；而她们所带领的是一支平均年龄在 50.66 岁的中老年人团队，这些人都称得上主任和书记的老大哥、老大姐甚至是长辈，况且又是民丰园社区土生土长的居民。按照传统社区的逻辑来看，这些年长且熟悉社区情况的人显然更具有掌握社区权威的资格，因而居委会主任和书记常常会遇到被质疑的尴尬情况："原来我一来他们（居委会其他成员）看着我年轻，我刚来的时候也不熟悉（情况），他们也不搭理我，还说'哟，又来一个小孩儿！'"①

年轻化、非本社区产生、不熟悉情况，都让社区负责人具有一种"外来和尚"的身份；而要在社区这座庙里做住持，确实面对着一本"难念的经"。雪上加霜的是，第三章曾经提到，2002 年 8 月，北京市人事局、民政局、劳动和社会保障局联合下发第 89 号文件，出台《北京市社区专职工作者管理意见》，将 1999—2000 年招聘"社区事业干部"的身份改为"社区专职工作者"。自那之后，这些顶着"干部"光环来到社区的人员跟社区内部产生、社会公开招录的普通工作人员一样，在社区专职工作者的序列中被统一管理。2008 年 9 月发布的《北京市社区工作者管理办法（试行）》中，除了"基本工资"和"职务年限补贴"两项之外，并没有特别体现出社区负责人和一般工作人员的差别。这也造成了社区负责人不仅不具备传统型的权威，连法理上的领导合法性也不存在：

> 这个职位就是（居委会）主任，并不是一个官儿，而是主要负责人；不像是科长，科长说不要哪个员工就不要了，我就不能，我们没有级别。我可以把这个情况向街道反映，也可以不用你，但是如果你和这些人的关系处不好的话，他离开以后，会对你不利的，他在这儿不说，到社区说了，就是后患太多了，这是一个；第二个他做不好，证明我主任也没有做好，他的事就是我的事，我觉得是自己水平不够，不光是他的水平（问题）。②

当然在调查中我也看到，一些社区负责人常常抛开长幼之分，也不谈级别问题，不讲方法、不顾态度、采取简单粗暴的方式训斥远远年长于自

① 引自 2005 年 7 月 1 日对民丰园社区时任党委书记梁文燕的访谈。

② 引自 2005 年 7 月 1 日对民丰园社区时任居委会主任马文惠的访谈。

己的普通工作人员："你瞅瞅，这就是你给我打（印）的表啊?!你怎么打（印）的表?!整天迷迷糊糊的，走哪儿睡到哪儿……"① 这是一种超出合法性权威之外的、以话语形式呈现出来的暴力。但是仅仅依靠没有策略、不讲究方式的话语暴力是很难让被支配者信服的。虽然普通员工也会表现出对发号施令人的惧怕，比如"我要是再不下（户）去（走访），毕（妍）站（长）该跟我怒了"② 之类的，但更多的时候是对负责人的领导水平和能力的质疑：

> 新来的这书记，哎哟……都说换届事儿多，可你看马书记（马文惠）在这儿六年、两届了，什么时候把大伙儿弄得全手忙脚乱的？我跟你说，这书记的水平还是有很大差别的。这书记来了不到两月，给我们开过几次会，说话这叫费劲，有时候水平还不抵我呢！以前不觉得，现在看马书记、于主任（于慧真）、毕站（毕妍）说话都挺有水平的；这书记一开会就"这个、那个、嗯、啊、后尾儿……"什么的，一句话恨不能就有好几个"啊"，我都替她着急。从她来了之后，出了多少事儿，从年前元旦那会儿到现在，打架的都有4、5起了，还都不是找咱们调解那种，都是动手了、见血了、要找派出所的那种。之前你在那会儿看见一个老太太房东和房客那事儿了吧？都是这种房东跟房客的矛盾。有一次又一个房东跟租户打起来了，到咱们这儿来。要说这房客是北京人，而且最开始房东跟我说那房子住着她妹妹，所以我就没管。后来打起来了，书记就问我，这事儿在租房子的时候有没有记录，我说那人不是流动人口。书记一听就急了，那天就在我们那小屋里头，章丽萍站我左边，楚晨站我右边，她问我怎么干工作的，说"你这个不行"，连说了好几个"你这个不行"，至于怎么不行她也说不清楚，非让我和魏文再下去查去，查完了之后还是我说的那个情况，我又跟书记汇报了一次，刚说了能有2/3吧，书记还有事儿先走了，把我晾那儿了。张满成还笑我呢："没面儿（面子）了吧?"③

从这段访谈记录中可以很明显地看到，普通工作人员对前任和现任的

---

① 引自2008年12月的田野观察记录。

② 引自2008年12月5日民丰园社区流管员吴洪天的讲述。

③ 引自2009年2月16日民丰园社区流管员吴洪天的讲述。

书记、主任、站长的水平有一个横向的比较，甚至还将负责人跟自己的水平做了比较（“有时候水平还不抵我呢”），由此对“新来的书记”的工作能力产生了全面的质疑，对书记的更迭产生了抵触情绪，甚至像社区发生打架流血事件之类跟书记没有直接责任关系的不可控事件，都要归结为“从她来了之后，出了多少事儿”。而党委书记、居委会主任、工作站站长等社区负责人，由于在制度安排的背景下没有传统型和法理型权威，如果不能够以理服人、不讲究工作技巧，不仅无法建立起自己的威信，影响自己话语的力度，甚至还会损伤一般工作人员的自尊（如上段话里的“面子”）和积极性。因此，这些社区负责人如何调整自己的工作方式和技巧，是实现内部管理的关键因素。

二　借助国家话语与政府权威

虽然社区负责人本身并不具备传统性和法理型权威，工作方法和技巧也常常不能服众，但他们通过对国家话语的援引与借用，在某种程度上形成了工作意义的提升和自身地位的抬高。

民丰园社区居委会 2005 年上半年工作总结

2005 年是阜财街街道成立的第一年，中央提出建立和谐社会，政府号召建立和谐社区的提议，也是推进北京市第五次城管工作会议精神第一年……街道第一次居委会工作会议上对促进 2005 年街道工作进行了部署，提出了更新理念、创新机制、构建阜财街和谐社区的工作思路，提出了更高的标准和要求。

从上面这则由居委会主任撰写的工作总结中，我们不难发现这样一个“话语包装”的特点：从“中央提出建立和谐社会”说到“北京市第五次城管工作会议精神”再到“和谐社区的工作思路”，逐层递进，将居委会的工作纳入“从中央到社区”的体系中来，使得自己的话语、工作、标准和要求都代表着国家精神自上而下地传递，充分显示出其背后所代表的国家权威。类似的逻辑在下面两则工作总结中也都有所体现。

服务社区 构建和谐

——民丰园社区服务站 2006—2008 年工作总结

2006 年是古城区实行以社区党组织为领导核心的两会一站新模式运行的第一年，到 2008 年的两个奥运的成功举办及党的十七届三中全会胜利召开，神舟七号浩瀚之旅，无不体现了国家的腾飞。在这三年中社区的发展见证坚持贯彻落实科学发展观，构建和谐社区工作落在一心一意为群众办实事、办好事，从而增进社区居民对社区服务站的认同感和归属感。

民丰园社区 2008 年工作总结

2008 年是不平凡的一年，这一年两个奥运的成功举办令世界瞠目，这一年党的十七届三中全会胜利召开，这一年神舟七号将中国航天员带入浩瀚无垠的太空。这一年是中国人扬眉吐气、为之自豪的一年。这一年也是我们发扬自强不息的民族精神共同抗震救灾的一年。这一年中有着我们阜财街街道所有工作人员的努力，凝结着我们所有社区工作者的辛勤汗水。社区建设因为有了我们的参与而更加成熟，美丽的阜财街更加绚丽夺目。

2008 年初，民丰园社区党委、居委会、工作站经过研究，确定了 2008 年社区工作指导思想，即以十七大精神为指导，高举有中国特色社会主义旗帜，认真落实科学发展观，以为民服务为出发点和落脚点，创建学习型社区，配合街道做好中心工作，为和谐社区建设及奥运的胜利召开做出新贡献。

当党的“十七届三中全会”“奥运成功举办”“神州七号上天”“抗震救灾”这些国家大事跟街道工作、社区建设排列在一起的时候，就在基层社区的兴衰跟“国家腾飞”的成败之间建立起某种“我运即国运”的联系。社区党委、居委会、工作站的负责人正是利用党的“十七大精神”“科学发展观”这样的话语包装，让自己成为国家权威和意志的代言人；他们对普通社区工作人员的日常要求和工作指派，也具有了代表国家进行动员的色彩。

同时，虽然党委书记、居委会主任、工作站站长都没有行政级别，但上级政府（街道办事处）及其主管领导是对社区工作者进行聘任、管理、考评、奖惩的决定者，更是工资和奖金的直接来源，因此，街道办事处作为政府部门的派出机构所代表的“国家”权威是社区负责人经常借用的。这就相当于告诉社区中的每一位工作人员，服从安排是给政府干活儿，而不是为主任、书记或哪一个人做事；在社区领导的权威受到挑战的时候，也可以用上级政府的名义来确立或重申自己的合法性。

比如在马文惠刚到民丰园社区居委会当主任的时候，脾气耿直的蒋丽艳经常顶撞她，与她有过不少的矛盾和冲突。有一次蒋丽艳在外屋抱怨马文惠："你他妈的在这儿指手画脚……"马文惠从里屋出来，"你说多少句我都可以不理你，你在这儿骂我就不行！我出了这个门就不是民丰园的主任，我比你骂得还好呢！你信不信?！我指手画脚？是上面让我来当这个主任的……"在面对质疑甚至是暴粗口脏话的时候，社区负责人并不是以纯粹的话语暴力进行回击，而是用"上面"（街道办事处）作为自己的有力武器，借用上级权威来维持自己的地位和合法性。

特别是在传达街道办事处的会议精神和具体要求的时候，社区党、居、站的负责人经常是一口一个"领导"，比如下面这段并不算长的讲话，是2008年11月20日，社区党委书记马文惠在内部会议上传达居委会换届期间进行资产盘点的街道会议精神，中间就出现了6次"领导"、1次"上头"、1次"（街道）办事处"：

> 这次也是对我们换届工作的一个动员，就是咱们领导是这么说的，从下周一开始盘点，我和主任负责，比如电脑多少台，领导都细到一个什么程度，比如电脑所配的件儿，比如配的U盘，或者是软盘、移动硬盘的，都要盘点到里头去。完了不光是这个，电脑里的文件，一个都不能少，这次领导是特意提到这一点，为什么呢？因为换届有些人觉得自己要走就销毁一些文件啦、什么的，这些都是绝对不允许的，所以领导都是非常严格的。尤其最近咱们出现一个问题，就是我们电脑里的文件老丢，我的电脑也有文件丢了，主任、站长的电脑也有文件夹丢了。我上次也说了，咱们那电脑不许乱下东西，我明天挨个电脑查，所有该删的你都给我删掉。再一个，从今天开始，谁在这儿加班，必须经过站长，由站长统一安排，然后必须报给我、跟我说。现在领导就提一个什么，就是比如吴硕婷你的卫生工作加班，一个人不能加班，你得两个人，跟你一块儿干活儿的人加班，必须要这样；而且咱们加班统一由党委、工作站安排，不是你自己定，上头也说了，不是你想加就加的，咱们是统一的安排。我们需要你加，你就加；不需要你加，你就回家；该干工作干工作；该休息休息。第二个，领导也特别提到了关于电脑文件的问题，每年也都出现了什么文件没有了的、文件给删了的，这个那个全都有，所以咱们强调一下，咱大家伙儿觉得这个素质都挺高的，没必要，咱到哪儿都是一个工作，所以这个文件这块儿，我们三个人（书记、主任、站长）互相查一下电脑里有多少文件，就别丢主要文件，她说她也丢，我说我也

> 丢，都不知道怎么回事儿。所以我今天说了，我们仨人电脑我建议你们所有人都不要动，你们就使（另外）这几个，因为咱们时间不会很长，一周，绝对开始调整。咱们就算是为自己避点儿嫌吧，我们仨人电脑你们都不要再动了，调整由我们仨自己管理自己的。这次盘点以后，办事处要求有人专门来管理电脑。[①]

实际上，街道领导真正提出的几点要求非常简略："严守工作纪律，马上进行人事安排，坚守岗位、恪尽职守；档案材料保管好，不许损坏；严肃组织人事纪律，按文件规定执行，防止非组织活动、串联等；严肃财务制度，资产清查，不许突击发钱；加强监督检查机制，保证选举顺利完成。"[②] 虽然我们不能说书记马文惠的要求是凭空捏造，但对比街道办事处的基本要求，至少她针对"保管档案"和"严肃纪律"做了两点引申和放大。

第一，社区党委书记特别要求并反复强调"电脑文件"的问题，而且这件事此前也曾经被党委书记在会上多次提到[③]，既要求不许动领导的电脑，又要求工作电脑里不许存私人文件；但这两项要求一直没有得到大家充分的重视，甚至有工作人员私下嘀咕和抱怨她疑神疑鬼、小题大做。而这次讲话中我们能看到的是，党委书记借街道办事处的权威，重申了自己一直以来的要求，而且确实起到了一定的效果：在这次会后很长一段时间内（至少是我在社区亲历的两个多月内），没有人再去碰书记、主任和站长的电脑；而在 11 月 20 日当天，吴洪天、楚晨等人就开始清理电脑里的私人文件，比如游戏、电影等，以防党委书记检查。实际上，书记、主任和站长都忙着换届的人员调动和调整，根本没有人检查大家的电脑。

第二，"谁在这儿加班，必须经过站长，由站长统一安排，然后必须报给我、跟我说。现在领导就提一个什么……加班统一由党委、工作站安排……上头也说了，不是你想加就加的，咱们是统一的安排。"这段被冠以"上头说了"的讲话，很有深意：两次提到了"我"（党委书记）和工作站站长，唯独没有提居委会主任，意即将加班的安排权交给站长，最终

① 引自 2008 年 11 月 20 日社区工作站的内部会议记录。

② 引自马文惠本人写下来的会议记录。

③ 之所以一再强调电脑的问题，是因为马文惠认为自己的电脑被人动过，而且丢失了文件，在跟我的聊天中她提到，怀疑有人私自动了自己的电脑，并恶意删除里面的文件，当然，这仅是马文惠的猜测，未经确证；且这部分材料所体现出来的竞争过于私人化，故不在本书进一步讨论的范围当中。

决定权由党委书记把握；而居委会主任则没有分派或批准加班的权力。从目标上说，这是我们之前所分析的，党委书记和居委会主任之间对具体工作安排的权力争夺，但使用的方式是假借上级领导的名义，表达自己的要求，从而具备自上而下的说服力与合法性。

三 对“物”、时间与活动的控制

由于社区党、居、站的负责人并不是具有行政级别的领导，他们要树立在工作中的权威，需要制造与普通工作人员之间的某些差别，也要让支配体现得更加具体、落到实处。除了借用国家话语与政府权威之外，引入一些“物”作为媒介，也是他们建立内部权威、实现有效支配的途径之一。伯当斯基等人在分析公平问题时曾经指出，“物”（object）的引入往往会改变人们对情境意义的界定。[①] 类似地，拉图尔也将“物”纳入对社会的解释对象中来，他认为任何通过制造差别而改变了事物状态的东西都可以被称为“行动者”（agency），所以“行动者”一词不仅指行为人（actor），还包括观念、技术、生物等许多非人的物体，它们也会被改变、转译、扭曲和修改其本应表达的意义或元素。也就是说，扩展了的行动者概念实际上包含了传统观念中的主、客体。[②]

下面这段社区党委书记马文惠在2008年11月18日在社区内部早会上的讲话中，反复出现的“电脑”就是这样一个被改变和转译了其本身意义的物品。首先，由于“党口的文件全在里边”，所以“书记的电脑”成为不能乱动的物品，这种电脑的专有属性即成为造成书记和其他人之间差别、彰显书记权威和地位的因素之一。同时，电脑由于和上级街道办事处的工作标准联系在一起，而被赋予了公事化的特质，成为社区负责人对普通工作者的日常行为进行规训和检查的重要媒介；这样的规训与检查，也强化了他们之间的领导与被领导的关系。另外，社区组织的管理者还通过强调电脑的非私人化属性，界定了组织中的工作情境和氛围，即前面所讨论的“赶工”文化：

> ……有些人电脑里都是些“我爱××”“我爱你”“你爱我”的音乐，爱什么啊？每台电脑我挨个儿去查，不是这儿的东西全都给我拿

① 参见 Boltanski, L., Thévenot, L., *On Justification: Economies of Worth*, Princeton: Princeton University Press, 2006.

② 参见 Latour, B., *Reassembling the Social: An Introduction to Actor-Network-Theory*, New York: Oxford University Press, 2006.

> 了，看什么电影啊？全是些看电影的网页，干吗呢？老让我跟你急，三番五次地说不管用，是不是？不管用咱们就来真的。我直说你们自觉一点儿，而且这个电脑我说过，不要瞎动，为什么呀？咱们现在好多文件，我党口的文件全部在这里边，我各种文件，我可以让你们看，没有一个我自己私人的东西，全部都是工作上的，知道吗？今天我来看，给我电脑里下载的全都是些网络歌曲，完了还给我这儿弄的什么可以看电影的软件，你要干吗啊？想不想干了？看电影是吧，回家买电脑看去。所以我现在说了啊，大家自己都自觉点儿，我（开会）回来以后，挨台电脑查，每台电脑里有什么不是咱们工作的，我对你不客气，谁都一样。因为我执行上边的工作标准，本来电脑就少，本来我们电脑用得就非常费，因为工作量大，我们电脑还老死机，还不爱护它，整天下载电影，哪儿有那么多电影可看啊？你没活儿干啊？你是真没活儿干么？你完成你的任务了么？你是门儿清了么？你每天走了多少户？你对你自己负责的情况了解么？你得干活儿。还有我那台电脑啊，别给我瞎动了！①

在2008年11月18日的这次早会上，工作站站长毕妍也在讲话中借用了“入户本”这个“物”作为对站员进行规训和检查的媒介，既可以判别站员的工作态度和成果（究竟是“连入户本都找不着了”，还是“为居民解决了很多事情”），又使其权威的建立、领导工作的落实都有了一个具体的着力点。

> ……其实书记说这个话我插一句，我们来的时候一天要求走50户，就这样说，领导上这儿一坐，请你给我说说这条胡同比如说槐树巷胡同一共几个门儿，每个院几户，他们院长是谁，东屋西屋南屋北屋都有谁……大家都说今天开这个会，刚才于慧真主任也说了，是我有史以来开得最严肃的一次会，我一般来讲不说那么些特别严厉的话，但是我实在看不下去了，我觉得咱们既对不起我们三个，也对不起街道办事处，更对不起你们在座的各位自己这个工作，所以今天才用这么长时间跟大家说这个。我最后说一点，下周一交这个“入户本”，这个入户本咱们当时定的是每周有一次下户日，您为居民解决了哪些事情，那么您一个月至少要有4次，说您不到4次，您也不能

① 引自2008年11月18日社区工作站的内部会议记录。

低于 3 次，我想大家在这儿工作了三年，为居民解决了很多事情，不会这个本儿没的写。如果甚至于有些同志愣告诉我本儿都找不着了，我不会发给你一个新本让您去补的，请您自己找个本儿，把您这一年的工作，这 11 个月的工作梳理一下，看看为居民做了哪些事儿，为居民提供了哪些服务，帮助人家排忧解难做了哪些事儿。[①]

被控制并加以利用的不仅是具体的“物”，也包括时间与活动。正如福柯所分析的，“规训性权力机制”不是通过对暴力、财力的控制，也不是通过意识形态的控制来运作，而是通过对空间和力量的分配、对时间和活动的安排，通过规范化的监视、检查、管理等环节，造就“驯顺的肉体”并且控制人们的行为，使权力得到具体而入微的实施。[②] 其中，对时间和活动的控制，一直是社区负责人建立权威、对工作人员进行管理的有效手段，下面这段讲述就重点强调了“时间观念”的重要性，要求工作人员严格遵守上下班时间的规定，上班要“当回事儿”，不能总迟到个几分钟；每天三个值日的人员要提前 20 分钟到；下班之前如果有社区事务要实地处理（即“下户”），不能随意谋取“外勤福利”，该用 30 分钟完成的事情不能耗费 1 个小时，而且完成任务之后要回来“反馈情况”——这些都是“规矩”：

可能是我性格的关系，我比较要强，所以跟着我干的这些人挺累的。你们看到大家工作都挺上心的，这可能和工作带头人有关系的，我要求严，他们自己也就严。就是因为上班我说了好几回了。我刚来的时候我们是 8：30 上班，每天总有迟到的，特别严重，他就是 8：35、8：37 这样过来；后来我开会说了，我说 8：30 上班，如果你真有事就给我打个电话，我说你就不会早出来 5 分钟吗？就是说你上班应该拿这个当回事儿。比如 5：00 下班，我让他们 4：00 下户，我算过这个时间他从这走到那儿最长用半个小时就可以了，他就赶 5：00 下班就不过来了。一次、两次我同意，到第三次我肯定让你 4：30 下户，我不会让你 4：00 下户了。有时候我就说一会儿你回来我还找你有点事，其实我找他没事，就是我要求有时间观念；给你时间够，你

---

① 引自 2008 年 11 月 18 日社区工作站的内部会议记录。

② 参见〔法〕米歇尔・福柯《规训与惩罚》，刘北成、杨远婴译，生活・读书・新知三联书店 2003 年版。

一定要回来给我反馈情况，不能说你用半个小时买菜去了或者干吗去了，那不行。我们肯定有规矩的，上班就是上班、下班就是下班。凡是值日生8：10必到，不能8：30到，每天有三个值日的……①

在另外一段社区内部工作会议上的讲话中，工作站站长毕妍也强调了“坚持考勤”“不能迟到”的时间问题，“到岗后吃早饭、聊天”“注意卫生”的行为问题，折射出来的是“不能放松、涣散”的思想问题，最终的落脚点是上级领导和社区居民对这届社区负责人和成员的评价问题，即会不会“被人家画一个问号”。

我今天想说说这个，最近咱们思想真的有点儿放松，主要就是咱们这个考勤的问题，其实你说大家真的差这三分钟、五分钟么？我觉得谁也不差这三分钟、五分钟，如果说这三分钟、五分钟咱要能干出什么大事儿，你们谁说出来我给谁批（假），别说五分钟了，十分钟我都批。就是咱们卡着点儿来，这个事儿至少前面三次会，我说了三次，但是没有人重视。一再地跟大家说，不管是咱新同志、老同志，年轻的、上岁数的，您都早来五分钟，您就是不早来，我这个建议提得不好，那您正点到可以吧？从来都会踩着点儿，或者超过个二三分钟，只能体现咱思想放松，咱们思想没在这儿上班儿，上了班之后还想我接下来能不能吃个早点，我进来是不是能把衣服放这儿聊会儿天，是不是说说今天中午上超市买什么东西，或者说我昨天看着什么新鲜事儿，而没有完全投入工作中。吴硕婷今天不在这儿，举她这个例子可能不太合适，说居民进来挑咱们的错，人家为什么一大早来吵一架，一方面有咱们的原因，不是一点儿责任都没有，人家说了，你们弄一堆人坐那儿聊，没人管我们（居民）……说明什么？说明咱们思想涣散，非常涣散，我们一直在包容大家，但是最近实在是太涣散了，太说不过去了。如果说正好今天进来一个领导，说你们民丰园怎么怎么样，我到实地来看看，你弄四个迟到的，弄几个进来聊天的，那咱们三年的工作会被人家画一个问号的。最近马上就换届，马上就要开会，这是咱们班子整体的一个东西，是针对整个班子的一个换届，我希望大家都能重视这个事情。我还想说就是咱们值日的这个问题，其实我说的全都是细节的问题，我跟你这样说，就是咱们屋里的

① 引自2005年7月1日民丰园社区时任居委会主任马文惠的讲述。

> 这个卫生，我希望大家谁的值日谁一定要记起来，提前15分钟把咱们家里弄得整洁一点儿；还有一点，就是现在吃得比较多，咱屋蟑螂也比较多，为了保证咱们有一个健康的工作空间，请大家务必提前15分钟到，做好这个值日，把您应该倒的、该擦的、该扔的……大家每个人在家里都是把好手，都会归置。就最后拜托大家，咱们一定要把民丰园这三年画上一个圆满的句号。①

从这两段文本中可以看出，社区负责人不仅对工作人员有着基本的考勤和值日要求，而且对行动和时间的控制足够细化：把完成一项任务所需的时间都比较精确地计算出来，以此来确立时间观念，控制具体工作中的行为；不仅要按时到岗，且到岗之后要求思想集中、投入工作状态，而这种要求也是建立在对“吃早点”“放衣服”“聊会儿天”等行为细节进行控制的基础上的。正如福柯所说的“规定节奏、安排活动、调节重复周期”，上述对时间和行动的控制可以产生“精确、专注以及有条不紊”的优点，在“时间渗透进肉体之中”的同时，“各种精心的力量也随之渗透进去”②。

当然，建立支配关系的合法性需要“恩威并施”，对时间和活动的控制也要松紧有度，严格要求固然是一种树立权威的方式，但对要求尺度的灵活把握更是权威的体现。比如社区负责人经常做的一类安排“先给孩子看病要紧，你也别着急，这边还有我呢，忙的时候你就抽空过来，下午再回家”；或者“一看天气不好，就早点儿让大家走”；或者采用更加直接的方式，面对一些特殊情况（比如部分社区工作人员要参加社工资格考试），灵活安排工作人员的临时假期：

> 礼拜四要留点时间给你们复习复习。你们星期四一天就休息，如果星期四要是有谁的会，谁接不了，我们提前打一下招呼。你们回家准备一下因为要考试，礼拜四休息，礼拜三把你们手里的活儿弄利落了，别到时候有什么事。如果礼拜一没什么事，你们再休息一天。你们就全力准备考试吧。我们下午在活动中心门口等着，等你们考试完了再回来，看看大伙手里还有什么事没有。③

---

① 引自2008年11月18日民丰园社区工作站站长毕妍在早会上的讲话。

② 〔法〕米歇尔·福柯：《规训与惩罚》，刘北成、杨远婴译，生活·读书·新知三联书店2003年版，第169—172页。

③ 引自2005年7月5日民丰园社区时任居委会主任马文惠对轮休的安排说明。

四 情感因素与权威获得

在乡土社会中，“尊”与“卑”的基准不是一个人的经济地位、政治地位、社会地位，更主要的是他在道德上的地位，因此，尊卑关系实际上体现为道德上的相对优劣性。① 城市社区组织中的情况虽不完全相同，但也有相似之处：决定支配地位和权威归属的不仅有前文所讨论的诸多因素，还有在道德上的相对位置；而道德上的高下，又在很大程度上由工作中的付出决定，即付出越多、贡献越大的人，就越有道德上的优势地位，也越有可能获得在组织中的权威。社区党委书记、居委会主任和工作站站长往往都是社区工作的“带头人”，在日常工作中比其他人付出得更多，是他们能够被大家信服、得到内部权威的重要原因。

社区负责人比其他工作人员付出更多的原因有很多，从下面这段访谈内容中，我们可以看到几点在社区负责人（比如时任居委会主任马文惠）看来很重要的理由：

> 我刚来的时候他们也不搭理我，他们还说“呦，又来一个小孩”。原来那个主任比我还小，可能原来她的掌控能力差一点，没有太大起色，把她调走了。他们说又来一个小孩没什么事，但是他们会通过在工作中感觉到我怎么样，而且我这个人要做什么肯定比他人做得多，居委会所有的人没有一个人有我干的活儿多，他们都服我，肯定比他们做得多，想得多，而且做得比他们要细——你要让大伙儿服你不能靠着让他们怕你，表面上看他们干得都挺好，谁知道你走了以后背后怎么说你啊？做主任就得多干点儿，我总说我拿 1000 多块钱，他们拿 500 多块钱，我不干谁干啊？比如这么多的档案都是我一个、一个跟他们说怎么干的，有的时候别人不能做的我都自己做，比如单位有一些大事我根本不叫他们，明明知道他做不了不能难为他们。
>
> 首先对得起我这颗心，我做工作不管多难我尽力了，我认真做了，也有可能做得不好，但是我尽力做了就行了，上能对得起政府，下能对得起老百姓，中间能对得起我们社员，因为他们都比我岁数大，比我岁数大的我能帮一把就帮一把，我们这里社员是最团结的，

① 强世功：《法律是如何实践的——一起乡村民事调解案的分析》，载强世功主编《调解、法制与现代性：中国调解制度研究》，中国法制出版社 2001 年版，第 429—461 页。

> 到哪儿都可以打听到，就是说大家有一个凝合力。我想既然出来都不容易，有下岗的失业的，他们一个月500块钱，我1000多块钱，实际上我们的工作差不多的，他也要进社区调解，有的事情也挺难的，所以说大家互相体谅一下。但是对工作的要求不一样，你的工作你一定干好了，如果这个涉及（辖区内）单位了，你的能力有限，我可以帮助你，给你协商，但是你一定得把你的工作做好了，你不能什么都不干，就是工作上大家要互相理解。[①]

多付出的理由首先表现在，其他人年龄更大、能力有限、有些工作做不了，“不能难为他们”，需要相互体谅。其次，书记、主任和站长的收入要高于其他人，自己有种“多得”应该“多劳”的心理，认为“我不干谁干?”另外，他们也要规避一些负面的结果，比如因为“领导”不力而被上级街道办事处调走（马文惠的前任主任就是如此），或者被同事在背后说三道四（“谁知道你走了以后背后怎么说你”），等等。当然还有一个重要的考虑：需要比别人“做得多，想得多”，做得细，才能够得到大家的认可和信服，进而有底气对其他人提出“把工作做好了”的要求；仅仅依靠工作人员对自己的畏惧，并不能产生持续和长久的权威。

可以产生持续和长久的支配合法性的另一种方式是发展“拟亲情化”的关系。社区工作中长时间的沟通和磨合，最终会在团结和凝合力的基础上发展出私人间的感情、一种近似于亲情化的关系。在下面的访谈内容中，我们可以清楚地感受到这种“拟亲情化”关系的形成过程和作用发挥：

> 他们（普通工作人员）的能力有限，他只能这样的，那你就要帮他；如果他是态度不好我就有必要跟他谈。他们都比我大，我不能直接说他们，如果他不太好，我就跟他谈谈家里面的，然后谈工作。我会用感动的方式跟他说，把我的意思告诉他，如果我伤害他了，他也可以说出来，如果他说得对，我肯定会接受的。我不是说我自己的意见，比如我说这个要这么做，他说这么做不行，他说必须那样做，他比较直，我觉得他说的意见比我这个好我就可以接受，也不要觉得面子什么问题。有时候你可能接受不了，比如我和居民在说什么事儿了，她听见了；我还没说完，她（蒋丽艳）当面就说“你得了吧你，

---

① 引自2005年7月1日对民丰园社区时任居委会主任马文惠的访谈。

> 你少来这套……”周围的人都看着我，蒋丽艳这是跟主任干吗呢？我还没有说话呢，她其实不是说我，她是说居民的，说了又后悔了，我当时在那儿也觉得挺别扭的，我就说我们商量、商量看看怎么办好，我这么一说她又觉得不合适了。到后来在吃饭时她说“那事儿别往心里去”，我说我知道。后来蒋丽艳父亲生病卧床四个月，我就让她回去照顾老人，这中间的工作我都帮她安排好。到年底拿了北京市的先进，分了一桶油，非说要给我……大家在一起工作，还得靠一种感情。
>
> ……我这个职位就是主任并不是一个“官”，而是主要负责人，不像科长，科长说不要哪个员工就不要了，我就不能，我们没有级别，就是有一种亲情，你说你让人家这么大岁数了这么玩命地干活为什么呀？人家凭什么给你这么拼命地干，人家不是冲着你这个人吗？而且有的时候我不在家，我不在家的时候他们还能这么干吗？我没在家的时候他们都干得好着呢！我走的时候就把一些事儿交给老聂（聂定钦）了，他把这些事儿干好了，还给我发个短信说：“你放心吧，家里面没事儿。”①

在这里，居委会主任多次用到“家”的说法，而且一再强调“居委会主任并不是一个‘官’”，自己跟其他人之间的关系是“没有级别”的，靠的是“感动”“感情”和“亲情”。特别是在解决分歧和化解矛盾的时候，十分讲究平等沟通，很注重谈话的方式和技巧。普通工作人员的努力工作，在很大程度上也是因为冲着这种“拟亲情化”的私人关系；而依靠这种近似“家庭关系”建立起来的工作动力，可以在没有外力监督的情况下仍然发挥作用。或许我们可以认为，是这种私人关系赋予了社区负责人得以动员和领导其他人的权威；但从某种意义上讲，由于用“家”来界定他们所处的情境，因此在工作场所中进行动员所需要的权威已经不那么重要，而是被家庭中常见的“感情”或“亲情”的驱动力所取代。

由于国家“民选街聘”的制度背景和对“社区工作者”的身份安排，社区党委、居委会、工作站站长等一批社区负责人没有社区层面的领导地位，也没有真正意义上的干部身份，同时缺少传统型权威和法理型权威，这就使得“确立在社区工作中的领导合法性”成为他们在制度框架下的行动目标。同时，作为体制背景的“国家”也影响着社区负责

① 引自 2005 年 7 月 1 日对民丰园社区时任居委会主任马文惠的访谈。

人的行动逻辑和实现目标的手段，他们在借用国家、政府、上级领导权威的同时，也把国家的话语体系、大政方针，政府的工作安排、指导思想，逐一带入基层社区工作从会议到总结的各个环节；通过对“物”的引入，社区党委书记强调了“书记电脑”的特殊性，突出了党务工作文件的重要性以及党委在社区中不可动摇的核心领导地位；而对“电脑文件”“下户本”等具体物品的要求，不仅明晰了公事与私事之间的界限，也为工作中的监督和检查提供了具体的可操作性；对“物”的使用，连同对时间和活动的掌控，都成为对基层工作人员进行动员和“指挥”的重要媒介与权力技术。

另外，在没有明确行政级别的情况下，书记、主任和站长们要获得认同和服从，不得不首先提高对自己的要求，完成比其他人更多的工作，主动地加入上一节所提到的“赶工游戏”当中，可以说在动员其他人的同时，也完成了某种意义上的自我动员。其次，同样因为没有严格的级别，社区组织中发展出了一种“拟亲情化”的私人关系，这不仅使“感情”和“亲情”成为“权威支配”以外的一种特殊的动员力量，也在自上而下的行政性、事务性工作到达基层社区的时候，进入一个拟家庭化的、相对有弹性的缓冲与协调空间。

第四节　彼此可见、同事期望与互为压力

到目前为止，“普通工作人员”一直都没有成为本书讨论的核心问题，但又可以说是无处不在：从第三章的“民选街聘”中可以看到，当时的居委会成员多数是退休、下岗或失业人员，来自某种意义上的社会底层；他们的生活状况前文略有提及，在附录 16“蒋丽艳致街道办事处领导的一封信”中更有集中体现。在第四至七章中，我们看到基层工作人员在经过“议行分设”改革进入工作站、成为政府部门数字化治理和“一票否决”体制的直接执行者之后，他们所采取的一系列应对策略。本章前面所介绍的“赶工”是他们惯常的工作状态，接受来自社区负责人的内部领导则是他们要直接面对的具体处境。然而，社会变革对个体行动者的影响、自上而下的制度安排、内部权威的动员和指挥并不是社区普通工作人员所面临的全部背景；在社区组织内部，存在着一种横向的彼此可见，这使得同事的目光成为他们不得不面对的另一种压力来源。

一　“横向的全景敞视”与同事期望

前面提到过福柯的“全景敞视”的概念，是指在封闭的、被割裂的空间中，权力通过层级网络、监视、观察和书写实现全面覆盖，以确定无误的方式，行使统治权力、控制人际关系。但是福柯的“全景敞视主义”主要表现为纵向的控制关系，意味着“向心的可见性”和“横向的不可见性”①，即监视者可以看到所有人，而被观察者则彼此区隔，无法互见。但社区居委会（工作站）的空间结构（如图8-1所示），决定了除党委书记和居委会主任有相对独立的办公空间之外，其他普通工作者（甚至包括工作站站长）之间都彼此可见，各项日常活动、工作细节、福利发放等全都暴露在其他人的视线范围当中。这种空间状态可以被称为“横向的全景敞视”格局。

在这样的空间格局下，普通工作人员的动力②除了自上而下的动员之外，还有同事的目光。詹姆斯·威尔逊对“同事的期望”做过研究，认为“一个小团队的成员经常流动，人们就越来越不在乎其他成员的看法；而且在感情上，新成员不如老同事们重要”③。反之，在流动性较弱的组织中，同事们长时间地待在一起，相互间的期望就会起到重要的影响作用，在某些情况下，顾忌甚至迎合其他成员的看法成为工作的动力之一。另外，在这些工作站成员之间缺乏与工作数量和工作效果相关联的差异性奖励机制④，因此他们总是很在意自己是不是干得比别人多，或者别人干得

---

① 〔法〕米歇尔·福柯：《规训与惩罚》，刘北成、杨远婴译，生活·读书·新知三联书店2003年版，第225页。

② 动力来源并不是本书所要讨论的核心问题。简言之，工作动力涉及很多方面的因素，比如对这些下岗、失业或提前退休的中年人来说，虽然居委会（或工作站）工作的收入不算高，但对于他们来说，没有这份工作就意味着失去生活来源（参见附录16“蒋丽艳致街道办事处领导的一封信”）。另外，从事社区工作、每个人独立负责一项或几项工作、为别人做一些事情，是这些人在新的工作岗位上对自己价值的一种肯定，可以获得一种相对满足感和成就感；社区里的居民见面后，大多都客气地叫一声“主任”，交流的时间长了也有一定的“面子”。

③ 〔美〕詹姆斯·Q. 威尔逊：《官僚机构：政府机构的作为及其原因》，孙艳等译，生活·读书·新知三联书店2006年版，第63页。

④ 按照2008年9月下发的《北京市社区工作者管理办法（试行）》规定，社区工作者的奖金实行总额包干，按照平均每人每年3600元的标准核定总额。奖金发放时应由街道（乡镇）根据社区工作者岗位和考核情况拉开档次。各区（县）还可根据本区（县）实际，适当上浮社区工作者奖金标准。——但在实际操作中，“根据社区工作者岗位和考核情况拉开档次”是完全不存在的，一般工作人员相互之间在基本工资、职务年限补贴和奖金方面，均完全相同，也很少有“上浮奖金标准”一说。

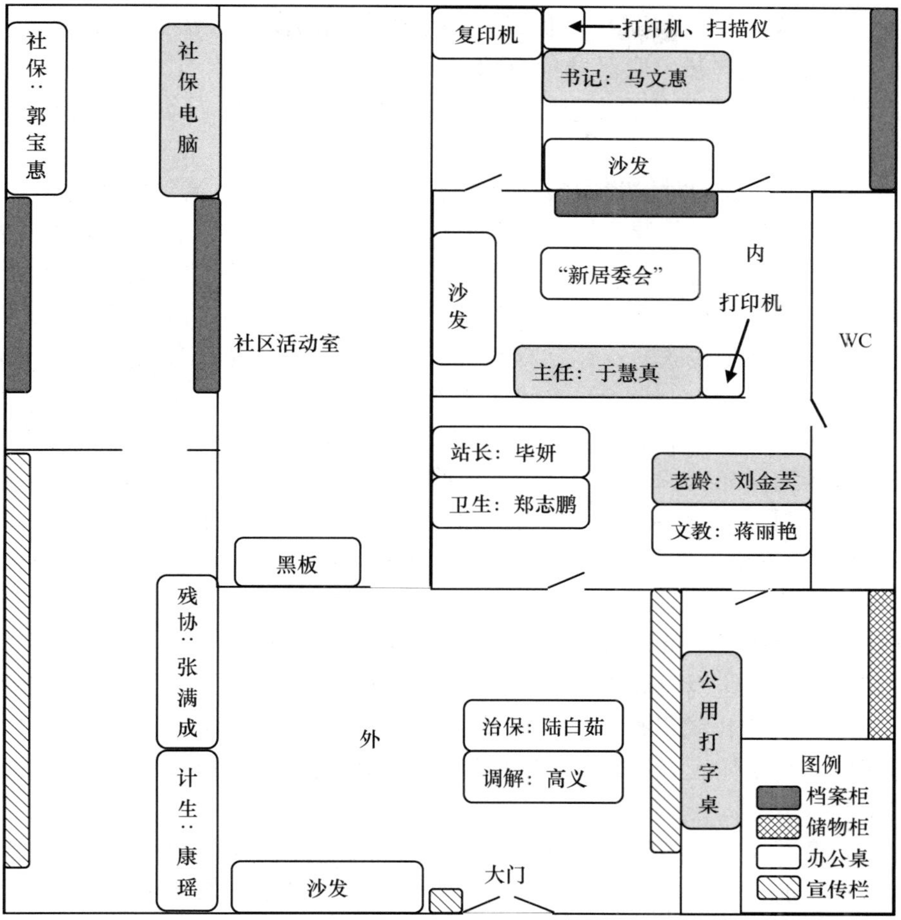

图 8-1 2007 年社区工作站空间格局示意

比自己少，也特别留意其他人所获得的额外奖励或福利。成员中的获奖者或获益者，往往会被同事用轻松的话语进行调侃，这些话语实则是抛出“你都得奖了，平时还不多干活儿”这样一种“多得就应该多劳”的逻辑，给被调侃者施加一种压力。

比如 2009 年 1 月 5 日，阜财街街道办事处召开民政工作新年会议，会上的纪念品是厨房用具四件套，民丰园负责民政工作的刘金芸就遇上了这样的“好事儿”。回到社区工作站之后，纪念品自然逃不过大家的眼睛，蒋丽艳、康瑶等人抓住机会，拿她开了半天玩笑：“她现在乐坏了，赶明儿搬家了什么都不用添置了！”[①] “你瞅她现在，钱包老是鼓鼓的，全是钱啊、存折啊什么的。”在听说第二天刘金芸还要参加街道残联组织的在京郊某山庄召开的会议，而且要求自带泳衣（也就是可以泡温泉）时，就又讥讽了她一回：“又出去泡温泉啦？你们怎么总泡温泉？都该泡肿了吧？”[②]

在私下聊天的时候我发现，刘金芸虽然当时呵呵一笑、什么都不说，但心里很清楚这样的调侃和玩笑意味着什么，而且认为自己得到这么多福利和好处是应该的，是因为自己比别人干得活儿多：“这帮人老看（街道）办事处组织我们出去吃饭、出去玩儿，也不看我干多少活儿，又是卫生，又是民政，又是残联的；你看看她（蒋丽艳），就负责一个破文教，还整天都没事儿。”[③] ——刘金芸在这里没有提到康瑶，是因为康瑶负责的计生工作，在当时任务很繁重，责任也较大；而且后面还要提到，康瑶经常在完成自己工作之余，帮助刘金芸干一些活儿。凑巧的是，蒋丽艳在私下跟笔者抱怨刘金芸很懒的时候，说出的理由居然像是在当面驳斥刘金芸的话：“她总说她负责的事儿多，可她每口儿（每项工作）都有帮手，我从来就没人帮我。以前科普、儿童什么的也都是就我一个人。”[④] 不同场合和语境下的表述居然可以形成彼此针锋相对的对话，这种情况看似巧合，其实却是必然。这说明普通工作人员相互之间的评价，就是以“你比我干得多”或者“你比我干得少”为标准；个体行动者正是通过“赶工”的参与程度来衡量他人以及自身，这也提供了工作场所相对地位和相互关系的基础。[⑤]

如果说社区间的评比、奖惩和竞争，是社区在组织层面进行“赶工”的动因，那么，这种彼此可见的空间格局、同事的话语和目光、齐平的工资待遇与工作领域之间不相等的工作量的反差，以及不时出现的额外奖励和各种福利待遇，都是在个体层面促使普通工作人员参与“赶工”的具体机制，促进了工作氛围的形成，实现了从自上而下的压力向相互之间的横向压力转化，带来了从“国家动员”到“互相动员”的转变。

---

① 刘金芸获批了经济适用房，有乔迁新居的预期。

② 引自 2009 年 1 月 5 日的田野观察记录。

③ 引自 2009 年 1 月的田野观察记录。

④ 引自 2009 年 1 月的田野观察记录。

⑤ 参见〔美〕迈可·布若威《制造甘愿——垄断资本主义劳动过程的历史变迁》，林宗弘等译，群学出版有限公司 2005 年版。

二　动员别人：压力中的策略

自上而下的量化考核的压力，“一票否决”的压力，社区之间横向竞争的压力，再加上社区内部由于同事期望而形成的压力，共同构成了社区组织中每一个普通工作人员所面临的情境约束；而即便在这种多重压力塑造的“赶工”氛围当中，一些基层行动者仍然有着选择行动方式和运用行为策略的空间，比如通过动员别人的方式来减轻自身的工作量，就是其中很重要的一种手段。当然，压力下的策略不只动员别人这一种而已，但或许是由于我在社区实习期间经常成为“被动员”的对象、会分担或协助其他工作人员的本职工作的缘故，所以对这一工作方式体会得特别深刻。虽然我在不少工作人员的身上都看到过这种策略的体现，但这里仅以刘金芸为例说明这一点。

比如在前文提到过的灭蟑工作中，作为卫生工作负责人的刘金芸自然是牵头人，她在活动的前期统计和最后入户的时候，都请 E 单位家属院的物业公司帮忙登记名单、陪同入户；在工作站内接受居民上门登记的工作，也是由我、魏文、郑志鹏等多人协助完成的，基本上是任何人碰上居民来登记都会帮忙；在入户灭蟑的时候，工作站的成员中有半数都被她动员起来，放下自己手上原有的工作，协助此项工作。又如，2009 年 2 月 18 日，是民丰园社区工作人员全体下户登记选民、推选居民代表的时间，下午 16 点多，我在帮刘金芸整理档案材料时，只见张满成、章丽萍、高向阳等协管员[①]都陆续来向刘金芸交差，反馈帮她登记选民的情况——本应该属于她的任务，居然能被拆解成若干部分，分派给这么多人替她完成，刘金芸的内部动员能力实在让人吃惊。那么，她是用什么样的手段和技术动员其他人的呢？

借用工作站站长毕妍对她的评价，主要就是“嘴甜、事儿到（办事到位）、想得多”[②]。这里用我自己的例子来说明这个问题：在整个灭蟑工作过程中，所有的信息录入和材料核对工作，以及最后的入户灭蟑工作，我都全程参与了，是她负责的这项工作的最大支持者。在这些天里，工作站任何一次发放物品，刘金芸总是要给我留出一份（如挂历、玉米、床单被罩、钥匙链、洗涤剂、洗衣皂、饮料等）。在灭蟑的当天中午，坚持要请我吃饭；灭蟑之后还特意告诉我，等劳务费发放的时候会算上我一份；在

① 关于协管员的身份定位，后文还会讨论。

② 引自 2008 年 11 月至 2009 年 3 月的田野观察记录。

工作站年底聚餐的前一天，特意打电话叮嘱我第二天一定要来；平时也总是问“要不要笔”“要不要回家给你拿吃的”“要不要晚上留下来吃加班饭”之类的问题。当然这些做法都不是最重要的，因为东西本身都谈不上贵重；重要的是，她经常表现出一种瞒着其他人、偷偷把东西拿给我的感觉，展示出“我比别人对你好”的姿态，这样就很好地拉近了关系。在一切可能的情况下，她向帮助她工作的人所传达的信息就是：“我拿你当自己人，有好事儿我都想着你。”以至于在她与其他人吵架拌嘴（常常只是半开玩笑式的争辩）的时候，如果我不支持她的立场，她都会责问说：“你到底是哪头儿的啊？”[①] 言下之意就是，她拿我当自己人，我就是与她同一阵线的，应该向着她说话才对。以刘金芸为代表的社区工作人员，在与别人或别的单位互动的时候，很难有资本通过单纯的利益、甜头、好处来建立关系，因为无论是工作人员个人还是社区组织这个集体，他们所掌握的资源和权力都相当有限；而且，通过物质资源建立起来的关系，还需要不断的物质投入才能够维持一定的强度。相比之下，他们更多采用的是这种“我拿你当自己人”的方式，来建立一种相对较强的人际关系联结。[②]

同时，刘金芸动员别人帮助自己的时候，有着对象上的选择性以及方式上的针对性。比如灭蟑当天，上午是郑志鹏带了一组人员入户，下午刘金芸主动向站长毕妍要求，让郑志鹏休息，换成其他人入户。在中午吃饭的时候她跟我说：“不能让老郑（郑志鹏）帮我干得太多了，他该急了。有一回我出去开会，让他替我办个什么事儿，可能人家来晚了，让他等的时间长了，我回来之后他老大不乐意，嘴里还骂骂咧咧的。所以现在我的事儿尽量不找他帮忙，你看他干了一上午，中午回来的时候那脸子……”[③] 刘金芸就是这样通过以往经验来选择性地找某个人帮忙，也会察言观色来判断是中止，还是继续接受别人的帮助。

还是发生在 2009 年 2 月 18 日的事情，那一天天气很冷，刘金芸上午入户冻感冒了，于是下午跟残疾人协管员张满成互换任务：刘金芸留在办公室，替张满成编档案；张满成替刘金芸下户做选民登记。在编档案的时候，我们发现张满成的档案材料很乱，甚至还有 2006 年、2007 年的材料放在 2008 年的夹子里。这时候刘金芸有一个举动十分令人吃惊：偷偷把放错的材料拿出来、叠起来揣在自己兜里，还对我说：“咱不能让张满成

---

① 引自 2009 年 1 月 5 日的田野观察记录。

② 关于“强关系”和“弱关系”的讨论，参见格拉诺维特的经典研究（Granovetter，Mark.，“The Strength of Weak Ties”，*American Journal of Sociology*，1973，Vol. 78.）。

③ 引自 2008 年 12 月 5 日的田野观察记录。

看见，他编的材料你说他有错误、你给他动了，他还不高兴呢，他这人要面子，你就得顺着毛儿来。”① 刘金芸正是这样充分了解每个人的不同特点，进而选择有针对性的动员方式；这也使得刘金芸具备了社区中明显超出其他人的动员同事的能力。

工作站站长毕妍经常批评刘金芸：“自己不干活儿，所有人都成了她的秘书。”但是党委书记马文惠则看得比较开：“毕妍和小于（于慧真，居委会主任）老呲儿（批评）她，说她懒，总不干活儿；我觉得也没关系，一个是她确实不会电脑，都退休的人了，让她学也挺困难的；再一个呢，她能把大家都调动起来，不挺好的么？人家康瑶愿意帮她，她俩关系最好，你管人家干吗啊？把工作给你做完了不就得了么？”② ——“把大家都调动起来”是动员别人这种行为方式最大的意义，它在多重压力的环境下保留了社区组织内部普通工作人员之间状态的差异性：在整体“赶工”的氛围下，各项工作都能够如期顺利完成；而其中的一部分人，在自身精力和能力有限的情况下，会利用其人际关系、处世方式和具体技巧，动员他人代替自己完成相应的工作任务，也不失为一种适当的应对压力的策略。

第五节 边缘成员、“内外有别”与弱者武器

一 协管员：社区组织中的边缘群体

在前文不同部分都提到了社区中流动人口协管员和残疾人协管员，在我调研的民丰园社区中，还有卫生协管员和劳动协管员两类（参见附录4），协管员人数共有6人（2009年）。

> 城市协管制度是我国行政权力尤其是执行权社会化的明显体现。在城市人口急剧膨胀、新的行政管理领域不断涌现、政府无力管控所有相关的行政事务的情况下，行政管理权的社会化与公民自治化无疑是一种疏解压力与增强效率的极佳方式。这也是协管员队伍应运而生的时代背景。作为“政府雇员”的“协管员”，一般都是由政府委托相关部门统一招聘，由市财政统一拨款发放工资，协助政府部门从事

---

① 引自2009年2月18日的田野观察记录。

② 引自2008年11月至2009年3月的田野观察记录。

> 维护社会秩序、环境卫生和治安管理等工作。从政府用意来说，协管员中的大多数是城市的下岗工人、家庭困难人员，年龄在40—50岁。政府通过雇用这类没有固定收入的社会待业人员，客观上既可以缓解政府促进就业和社会保障工作的压力，同时节省一部分开支，另外也可以相应地减少一些社会的不稳定因素，可谓是一举数得。[①]

阜财街街道的各社区从2005年、2006年陆续出现了卫生协管员、劳动协管员、残疾人协管员，2007年、2008年，流动人口协管员也开始上岗。但是协管员从出现伊始，就在管理体系、工作分派、考核评价等方面不同于其他基层工作人员：

> 卫生协管就是在大街上转悠，这次弄到大街上培训了。要是按专业来讲应该属社保所领导；从关系来讲，他实际上每天都在居委会工作，我们基本上有一些框外的活不派他们，比如说要做一些思想工作等等，这活儿绝对不派他，包括过年过节的值班，我们都不派他。就是每天巡街，巡街完了到点儿了，你要负责把这份工作给做好了，但实际上这份工作也没做太好。考勤都没有，居委会考勤不了他，什么都没有，他做得怎么样，我也不管，反正他对着社保所。[②]

从上面这段会议记录中可以看到，从理论上讲，协管员并不归居委会和工作站管理，工作任务也并不接受社区负责人指派，而是由街道社保所、街道流动人口管理办公室等机构直接领导。在工资待遇方面，2009年之前，社区工作站普通工作人员的收入为1000元左右（视工作年限、加班情况等因素略有浮动），而当时的流动人口协管员的收入在1200元左右，比工作站成员略高。但是到了2009年底，社区工作站工资上调，普通站员的月收入为590（月基本工资）+740（应发职务补贴）+200（应发月奖金）+50N（N为工作年限），即参加工作1年的普通站员的每月收入达到590+740+200+50=1580元，超过了原本较高的流动人口协管员的收入。社区党委书记、居委会主任、工作站站长的月收入为720（月基本工资）+960（应发职务补贴）+200（应发月奖金）+50N（N为工作年

① 谭波：《我国城市协管制度的现状及完善对策》，《中共郑州市委党校学报》2009年第1期。

② 引自2005年12月15日在阜财街各社区负责人座谈会上的记录。

限）+200（应发执业补贴），即参加工作8年的社区基层领导的每月收入为720+960+200+400+200=2480元，也比2009年之前的1830元有了一定的涨幅。但是协管员的工资收入在这次涨薪的过程中没有调整。这样的工资待遇，用民丰园流动人口协管员吴洪天的话来说，吸引力很低，甚至作为基本生活费用都很勉强：

> 这活儿吧，给1000多块钱根本就没法儿干，你给个三四千元的，累死累活都值了。你说生活在北京，挣这点儿钱哪儿够啊？将来孩子还得上学呢！楚晨就是因为结婚了跟婆婆住在一起，不想整天跟婆婆在家里对着，也容易有矛盾，出来找点儿事儿干，不指望这点儿钱。要是有别的辙人家也早就走了。①

在加班补贴方面，《民丰园社区工作站人员加班补贴发放试行办法（讨论稿）》特别强调对“社区工作站编制内人员”② 发放适当的补贴，而协管员并不在“编制内人员”之列，因此并没有享受任何补贴的权利。③劳动协管员郭宝惠也曾为此向我抱怨，认为协管员在社区里的福利情况，甚至还不如不坐班的居委会委员：

> （居委会）换届也挺不好弄的，谁上谁下的都不乐意，以前副主任每个月80元，委员50元，都无所谓；现在他们居委会都挺好的，不坐班，一个月还拿200块钱，街道发东西还都有他们的，比我们强。福利啊、加班费啊，都没有我们的。④

前面提到，社区的空间格局是一种“横向的全景敞视”，为了避免协管员们不具备的福利（如发放加班费、补贴、分东西等）引起他们的不快，至少是避免对他们造成过于直接的视觉上的刺激，工作站站长毕妍创制了一种特殊的信号系统：凡是到社区“外”间（见图8-1）跟大家说“各位把手里的活儿先放一放，咱开一个会……”即为真的全体开会；凡

---

① 引自2009年2月17日的田野观察记录。

② 这里的“编制”指的是“在编的”社区党委、居委会、工作站的负责人和其他坐班工作人员，与前文提到的“事业编制”并不是一回事儿。

③ 在我所查阅的社区各类加班补贴和奖金的发放表中，只有在奥运年，《民丰园社区的2008奖励》的文档中才出现了6名协管员的名字，每人奖励208元。

④ 引自2009年2月16日的田野观察记录。

是跟大家说，“各位把手里的活儿先放一放，咱到里屋开个短会……”就不一定是真的开会，常常是有资格的人员（非协管员）到“内”间领取补贴、加班费或者购物卡之类的福利。这种通过制度规定和空间上内外有别而形成的身份和待遇的差别，自然形成了协管员和社区负责人以及普通工作人员之间的割裂与隔阂。

二　维护权益的弱者武器

2008年12月29日，阜财街街道落实了提高社区工作者工资待遇的政策，全体社区工作站编制内人员的工资都涨到了《北京市社区工作者管理办法（试行）》所规定的标准，并且一次性补发了半年的工资差额。笔者记录了当天下发的每个人的工资条，其中书记、主任和站长补发了6350元，普通工作人员中蒋丽艳、康瑶、郑志鹏、吴硕婷、魏文五人分别补发了6690元、7270元、7620元、7390元、7140元。很快，这次补发工资的事情就传到了几位协管员的耳朵里。从当晚到第二天上午，楚晨和吴洪天一直都在长吁短叹，一边抱怨工作没意思，一边聊着流管员合同到期之后的去向；而郭宝惠则时不时地附在楚晨、吴洪天和张满成的耳边小声说些什么。

几天之后，笔者在办公电脑里发现了这样一封写给街道办事处主任俞学庆的匿名信，署名为“各社区的协管员（流管办协管员、劳动保障协管员、卫生协管员、残疾协管员）”：

> 俞学庆主任：您好！
>
> 在这新春佳节到来之时，我们全体同志祝您身体健康，节日快乐！
>
> 我们是阜财街各社区的协管员（流管办协管员、劳动保障协管员、卫生协管员、残疾协管员），我们珍惜现在的工作，除了完成自己的本职工作以外，我们积极参加社区的每一项工作，并且努力完成社区交给我们的工作，包括六、日及节假日的加班、下户等等工作，但是我们没有加班费，也没有社区办的任何福利，在这和谐的社会下，希望领导也能关心一下我们。
>
> 我们表示忠（衷）心的感谢！
>
> 2008-12-30

从这个微妙的时间节点来看，正是针对工作站编制内人员的“涨工资”和“补发工资”成为这封匿名信的导火索。涨工资的幅度暂且不讨论，单说补发工资额度之巨大（相比于协管员每月1000多块钱的工资而言）、工资到账时间之敏感（马上就要过新年，都希望有个顺顺当当的心情），都对这几名协管员造成了极大的刺激和相对剥夺感。这种相对剥夺感，挟带着长时间以来外部制度环境和内部空间区隔所造成的委屈和不满，集中爆发了；而他们所使用的“弱者的武器”①，就是上面这封直接交给街道办事处主任的匿名信。

另外关于“加班”的问题，匿名信中说“努力完成社区交给我们的工作，包括六、日及节假日的加班、下户等等工作”也恐怕不尽不实。实际情况是，协管员们针对加班这件事也进行了必要的抗争，通过集体谈判的方式，赢得了“加班和值班全凭自愿”的承诺：

> 这次之所以不用我们加班，是因为我们过年前找领导们谈过。过年前一周吧，毕站（毕妍）让魏文去排春节值班表，魏文说“这得罪人的事儿又让我干”，问楚晨，楚晨说不值，问郭姐（郭宝惠），郭姐说春节要带孩子出去玩儿……结果魏文就说没法排。过了一天半，毕站跟他要值班表，他说拿不出来，不知道让谁值、不让谁值，后来毕站就没让我们几个值。
>
> 值班这事儿吧，是这样的：楚晨比我早来半年，她说她那会儿就从来不提让她值班，一个女的，住得又远，所以值班的事儿问都不问她。后来我七月来了之后，有时候就问我们能不能值班；“十一”之后问都不问了直接就安排我们。我们每次有事儿不想值的时候都得掰扯半天，所以就想趁春节这个机会，把“不值班”这事儿给定下来、制度化了！我、楚晨、郭姐我们几个（没有张满成，他说他不参与，而且他一个残疾人也不怎么用他值班）就找毕站和书记去了。说这个我们的工作性质，加班的事儿不属于我们的活儿，而且加班费、发东西什么的也没有我们，所以不想加班。毕站态度也挺好，就是有点儿和泥的意思，我估计不是冲着我和楚晨，主要是不想得罪郭姐，就说她也知道这个情况，加班费也想帮我们申请，但是街道不批什么的，以后值班就看我们几个自愿什么的……赵冰（书记）那天也在，总共也没说几句话，都是劝我们的好话，但是就不松口。反正这事儿过去

① 参见〔美〕詹姆斯·C. 斯科特《弱者的武器》，郑广怀等译，郭玉华等校，译林出版社2007年版。

之后，最近加班就没再安排过我们。除了12日晚上那次安全大检查，里边也有我们流管的工作，非去不可。[①]

前已论及，在完全相同的结构限制中，不同的行动主体都具有一定的选择空间；而对某一行动主体的选择做出回应时，其他行动主体也有自己的选择空间。[②] 面对着身份差异的外部结构限制以及“内外有别”的内部策略安排，在社区工作人员中看似最边缘化的协管员们，也通过越级匿名信和集体谈判这样的方式赢得了自己的选择余地和空间。

小　　结

本章通过对若干案例和事件的分析，展示了在国家和政府提供的制度背景的影响下，社区组织和个体行动者的行动方式。由于各级政府部门政绩压力的传导，以及街道办事处在各社区之间建立的评比和奖惩机制，社区组织被卷入自上而下的政绩竞争体系当中，以在“政治锦标赛”中获胜（至少是不被淘汰）为组织目标，相应地采取了“赶工”和争取资源的实现手段。而向上流动的机会，社区党委、居委会、工作站三者之间关系的配置，都使得社区“领导层”围绕人事权、知情权、决定权、职责边界、工作业绩等多个维度展开了竞争，从另一种意义上形成了党委和居委会对社区事务“齐抓共管”的局面。

我们不能说上述制度背景是一种刻意安排，也不能说基层组织和个体行动者之间的竞争是国家设定这套体系和框架的初衷；但不可否认的是，在这一系列体制背景下的组织之间、个体行动者之间的竞争行为，客观上深入贯彻了党在基层社会组织中的领导和决策，极大地提高了国家在城市基层社会的动员能力，有效地整合了社区内外对基层社区建设有所助益的各方资源，巧妙地调动了社区中个体行动者对工作的关注度、敏感性和积极性——从上述意义上实现了国家治理在基层社区的可及性和有效性。

---

① 引自2009年2月17日民丰园社区流管员吴洪天的讲述。

② 伊莎白、麦港：《分歧与协议：分析社会规范变迁的一种研究路径》，载清华大学社会学系主编《清华社会学评论》（特辑①），鹭江出版社2000年版，第110—132页。

第九章　总结与讨论

结合本书开篇时提出的一系列问题，我们在第三至八章展现了国家治理体系中城市社区的多重角色，及其行动选择和运作策略的形成；介绍了社区组织是如何在基层社会落实国家各项政策和目标，发挥国家与居民之间的桥梁纽带作用。我们将全书内容概括为对如下问题的回答：第一，对国家治理而言，城市社区组织的角色演变和职能沿革，如何实现治理的有效性与合法性？第二，如何理解治理体系中的国家角色，不同的国家形态与基层社区之间会有怎样的互动关系？第三，在制度约束和群众土壤的双重背景下，社区组织会做出怎样的“行动者选择”？其实践逻辑更倾向于“结构主义”还是“建构主义”？在此基础上，如何理解社会结构的制约性与主体行动的自主性之间的关系？

第一节　国家治理体系中的城市社区：有效性与合法性

一　治理的有效性：强化城市社区与国家的联系

随着 1978 年以来的经济改革和政治转型，中国社会结构与秩序发生了巨大而深刻的变化，学界的相关研究主题也随之产生了明显的转变，国家政权建设①、国家治理②、社会团体与中间层③、以城市社区自治④和农

① 冯仕政：《国家政权建设与新中国信访制度的形成及演变》，《社会学研究》2012 年第 4 期。

② 周雪光：《权威体制与有效治理：当代中国国家治理的制度逻辑》，《开放时代》2011 年第 10 期。

③ 高丙中：《社会团体的合法性问题》，《中国社会科学》2000 年第 2 期。

④ 向德平、申可君：《社区自治与基层社会治理模式的重构》，《甘肃社会科学》2013 年第 2 期。

村村民自治[①]为表现的中国基层社会秩序的重构和逻辑转换等，都是当代中国研究的热点话题。尽管当代中国正处于“国家—社会”关系转变的过渡期，但是很多学者对民主化、自治空间的发展趋势持有乐观和积极的态度。其中，一种观点认为，在城市基层社会，国家与社会正朝向“强国家—强社会”的方向发展：一方面国家力量不断增强，行政力度加大；另一方面社会组织网络也在政府扶持下不断扩展，这同时也促进了社会自治空间的生长——社会与国家并不是此消彼长、完全对抗的关系，而是共生共长、相互融合的过程。[②] 另一种观点则持有“国家退出论”的看法，认为中国的社会转型，就是改变改革前的全面控制状态，国家从社会领域内有序退出，还权于民、还权于社会，从而为居民自治空间的发育创造条件，促进社会自主性的逐步提高。[③]

我们并不能否认在业主委员会主导的城市新型社区中居民自治和新公共空间发育的现象[④]，但是在以本书所讨论的民丰园社区为例的、社区党委和居委会等组织仍发挥重要作用的传统社区，不断强化城市社区与国家治理体系之间的联系，是一个基本态势。本书在历时性的资料梳理中发现，中国城市社会中的社区居民委员会，从产生之初就与国家进入和动员基层社会的需要紧密地联系在一起，并在相当长的时间内主要扮演国家治理基层触角的角色。与此同时，居委会作为居民自治组织的职能在逐渐地生长和发育，这种趋势在20世纪80年代体现得尤为明显；但在90年代中国社会的改革浪潮中，出现了单位制的转型、大量居民从“单位人”变成“社会人”、公共服务以及居民福利和保障“市场化”，等等，这些不断出现的社会问题都涌入社区，再次加强了国家治理延伸至城市社区的必要性。另外，随着社区规模的不断扩大，“小脚侦缉队”的人员构成和“一张嘴、两条腿，跑遍千家万户”的工作模式不再适用，社会的变迁对社区

---

① 徐勇、赵德健：《找回自治：对村民自治有效实现形式的探索》，《华中师范大学学报》（人文社会科学版）2014年第4期；景跃进：《中国农村基层治理的逻辑转换——国家与乡村社会关系的再思考》，《治理研究》2018年第1期。

② 朱健刚：《城市街区的权力变迁：强国家与强社会模式——对一个街区权力结构的分析》，《战略与管理》1997年第4期。

③ 林尚立：《基层群众自治：中国民主政治建设的实践》，《政治学研究》1999年第4期；黄瑞瑞：《国家与社会分权视角下的城市社区自治探讨》，《宁波大学学报》（人文科学版）2010年第1期。

④ 夏建中：《中国公民社会的先声——以业主委员会为例》，《文史哲》2003年第3期；张磊、刘丽敏：《物业运作：从国家中分离出来的新公共空间》，《社会》2005年第1期，等等。

居委会的组织形态和服务职能提出了更高的要求。在上述背景下，国家治理在社区中的表现形式和动员模式发生了重大变化。

其中，社区居委会“民选街聘”是国家治理体系吸纳基层社区的重要事件，它改变了居委会的组成和面貌，为国家治理以更加技术化、策略化、数字化的方式进入基层社会提供了组织和人员上的保证。“聘用”体制带来了劳动报酬的性质转变，在社区办公经费和社区工作薪酬均大幅提升的同时，社区组织也相应地依附于街道办事处，成为政府机构的延伸、国家基层政权的辅助组织。随后，社区公益事业金从 3 万元调整到 8 万元（之后继续逐步上调）、与之相配套的“扣除办公经费—社区上报预算—街道分析审批—批准后搞活动—活动后报票据”的流程，以及“前有申请、后有报告”的要求，通过一系列的经济纽带将社区层面的日常活动与国家政策导向紧紧地联系在一起，在相当程度上强化了社区居委会与国家的制度联系，保证了国家在基层社会留有支柱和触角，也确保了国家在迎接奥运、抗击“非典”、抗击新冠疫情等重大事件或活动中的动员能力——有学者将这一过程称为“国家（在基层社会）的再扩张”①。

对于“强国家—强社会”“国家退出”“社区自治”的这类观点而言，具有悖论意味的是，基层社会的力量壮大及所谓的“自治”，正是在国家治理体系不断完善的框架下进行的，如果没有国家治理能力的提升、基层资源的供给，社区自治几乎不可能实现（至少在本书所讨论的社区类型之中是如此）。从这个意义上讲，现阶段的城市社区民主和居民自治仍具有较为明显的依赖性，缺乏自足的能力，需要通过强化国家与城市基层之间的联系，来实现社区治理的有效性。

二　治理的合法性：完善社区治理的制度化渠道

“合法性是指政治体系具有能力形成并维护一种使其成员确信其现行政治制度对于该社会最为适当的信息。它是国家影响控制社会最为有效、最节约成本的政治资源。”② 国家维持社会平稳的治理能力正依赖于国家权威在基层社会的合法性，因此，证明和维护自身的合法性是国家，特别是

---

① 袁方成：《国家治理与社会成长——中国城市社区治理 40 年》，上海交通大学出版社 2018 年版，第 220—221 页。

② 王汉生、吴莹：《基层社会中“看得见”与“看不见”的国家——发生在一个商品房小区中的几个“故事”》，《社会学研究》2011 年第 1 期。

转型时期国家所面临的迫切问题[①]，也是社会保持长久稳定的基本前提。本书对民丰园社区变迁过程的分析，在一定程度上呈现了国家在基层社会中重建其合法性基础、在改革中完善社区治理的制度化渠道的过程和方式。

第一，国家通过改革原有的秩序结构、创制新的社会组织，解决其进入社区的合法性问题。2000 年之后，“民选街聘”的居委会在客观上成为国家行政体系的基层支点和任务平台，但政府部门聘用“居民自治组织”，并且向其下派工作任务的合法性引起了广泛关注和讨论，在实际操作中也产生了一系列问题，使国家在基层社区的合法性遇到了质疑和抵触。在这种情况下，国家推行的自上而下的改革，将原有的社区组织结构改为“议行分设”体制，并且创制了一个在技术、结构与合法性上都能够有效承担政府行政职能在基层延伸的机构，实现国家治理具有正当性地进入基层实际工作，解决政府部门在社区的“缺位”“错位”问题——这个机构就是脱离了《中华人民共和国城市居民委员会组织法》制约、负责社区事务等具体工作、按相应标准和程序聘任的、专业化和职业化的“执行层”，也就是社区工作站。这一改革解决了国家在基层的合法性问题，并最终形成了社区党委、居委会、工作站有限分开、交叉任职的面貌。社区党组织扩大了影响范围、强化了领导力度，成为党的方针政策进入城市基层社会、动员社区组织和广大居民的重要落脚点。工作站成为国家意志进入基层社会的正当渠道，政府可以摆脱人们对“居委会行政化”的批评和《中华人民共和国城市居民委员会组织法》的限制，名正言顺地向工作站下派任务。“新居委会”自治职能尚显不足，还扮演着宣扬国家政策和政府行为的角色，起到了“造势”的作用，其对工作站的监督和考察也往往与国家话语紧密地结合在一起。

第二，国家意识形态和话语体系在基层社会的辐射和扩散，是国家合法性不断被重申和强调的重要途径。比如，在“议行分设”这样一场自上而下的改革当中，改革政策触及了一部分原有居委会工作人员的利益。这些人员对其反对意见和利益诉求进行了“话语包装”，不仅援引能够说服他人的理由来代替自身实际的考虑，也利用“民主化”“职业化”这样的官方话语作为评判某种制度优劣的指标，表现出对国家意识形态和话语体系的服膺与认可。而这样的国家话语在居委会的会议、总结和报告中反复

---

① 王春香：《社会转型期的合法性危机及其防范》，《唯实》2003 年第 12 期；徐宇琼：《现代政府的合法性危机》，《行政论坛》2005 年第 6 期。

出现，国家合法性在被借用来树立权威的同时，也被不断地重申与强化。

第三，国家通过仪式中的“在场”来宣示自身的合法性。比如在民丰园社区“迎检”“签共建协议”之类的仪式性过程中，党徽等代表“抽象国家”的“物”的出现，以及街道党政干部作为“实体国家”的代表到场，无不彰显着国家的合法性渗透在基层社区的各个工作环节之中。而在民丰园社区第七届居委会选举大会这样一个充满了形式化细节的仪式中，国歌、政府官员作为国家符号的“出场”，以及“以人为本”“和谐社会”等主流意识形态的“在场”，把仪式的意义纳入国家治理的话语体系当中，使得选举成为社区合法性产生和国家合法性宣示的双重过程。

第二节 国家的复杂性与多面相：实体行动者与抽象制度背景

有学者认为，国家和社会是碎片化的，它们被具有不同目标的多元行动者分解。[①] 虽然认为国家是“碎片化”的论断未免有些言过其实，但在审视国家与社会关系中的城市社区时，依然有必要对国家概念进行分层，区分国家在不同情境下所呈现出的不同角色及相应形态，区别讨论国家的不同层次和不同组成部分，充分考察国家存在形态的层次性、流变性和异质性。

一 城市社区分析中的“国家”角色

第一，国家区别于在各种压力背景下有着不同行为方式的各级政府及官员。正如本书所讨论的，以民主化与职业化的方式解决政府部门在社区的“缺位”和“错位”问题，是“议行分设”改革在国家顶层设计中的初衷；而下级政府部门在执行改革方案时却有着不同的动机：改革除了是在压力型体制下不得不完成的一项行政任务之外，各级政府推行改革的目的还带有明显的政绩性色彩，不断探索和挖掘能够成为本区特色和政绩的新模式。同样，政府组织和政府官员对改革的态度和看法也有不同：街道办事处的一些领导既是政府行政体系中没有太大自主决定权的政策执行者，又是国家政策和改革方略进入社区的直接代言人。他们在考虑问题的

---

① 马卫红、桂勇、骆天珏：《城市社区研究中的国家社会视角：局限、经验与发展可能》，《学术研究》2008 年第 11 期。

时候并不完全从政绩观出发，也不是凭空设想，而是从其实际工作入手，讨论和分析可能出现的具体问题，以及改革后的实际工作如何开展。

第二，国家的角色并不是一成不变的，而是在不同情境下表现不同。在国家推行某项改革、政策，实施对基层社会治理的时候，它表现为能够制定并且有能力追逐自身目标的、具有自主性的实体行动者[①]，是一个能够自我协作的组织行动体系；国家能够调整和运用某些技术和策略，与基层社会中的其他行动者进行互动。比如在“议行分设”改革期间，改革作为国家行动者的意志和目标，与社区中组织群体和个体行动者的要求有所不同，触及了既有利益；街道办事处所代表的国家行动者与社区中的行动主体进行博弈和协商的结果，是在尽可能维护原有利益的前提下，实现国家治理体系向社区“党、居、站”的全面延伸，可以说实现了国家作为行动者和组织体系的目标。

而在城市基层社会治理的另外一些领域中，国家不再展现出“拟人化”行动者的形象，而是作为一套体制背景出现，呈现出以法律、制度、意识形态、国家意志和国家形象等形式所表达的“抽象的国家”[②]，并以此影响社会行动者的行为方式、群体目标及其实现手段[③]，使社区动员和组织运转朝着符合国家治理目标的方向发展。比如评比和奖惩机制下的社区间竞争，社区“三驾马车”关系配置之下的社区负责人之间的竞争，等等。相比于以往的解释逻辑（把国家体制看作因变量，受阶级斗争或者选举竞争中阶级力量和利益集团的影响）不难发现，其实社会组织和个体行动者的目标与实现方式都是被国家形塑的——国家体制其实是一个施加影响的自变量。

以各级政府行动者所代表的实际存在的国家行动者，与以法律、政策、体制所呈现的抽象意义上的国家制度背景，共同构成了城市社区组织生存、活动于其中的正式体系和制度空间。而政府中不同层级所贯彻的治理规范，以及制度中不同领域所实施的考核标准，都在不同方向上、以不同的程度影响着社会行动者的实践操作。

---

① Evans, et al. eds., *Bringing the State Back in*, New York: Cambridge University Press, 1985, p. 9.

② 王汉生、吴莹：《基层社会中“看得见”与“看不见”的国家——发生在一个商品房小区中的几个“故事”》，《社会学研究》2011 年第 1 期。

③ Evans, et al. eds., *Bringing the State Back in*, New York: Cambridge University Press, 1985, p. 11.

二 数字化规训:“实存国家”的治理技术

经历了“议行分设”改革之后的国家与社区关系，摆脱了合法性的限制，国家的治理技术和动员方式也更加清晰地展现出来。其中，“数字化治理”便是一种新的表现形式。

从居委会在日常工作、迎接检查、民主选举、户籍管理、服务提供等方面的实际工作过程和具体操作中可以看到，以街道办事处为代表的国家行动者对城市基层社会的治理技术，在很多方面表现为一种“数字化治理”的模式：国家治理的对象不再是社区里的人、空间或者实际工作本身，而是通过“检查”导入一种机制①，将“学习型”“先进性”等一些不易评价的活动和日常性的弹性任务加以数字化、对象化，转变为可以量化的指标体系、可以被权力所覆盖和控制的项目，通过档案、数据、文件、信息、报表、台账等这些数字化的内容建立起了国家和基层社会之间的治理纽带，借以实现国家在各个领域内自上而下的控制，达到实现国家话语一体化、掌控基层社会情况、突出政绩、增加合法性、赢得政府间竞争的目的；而对工作的实际效果、完成目标的手段方式则缺乏足够的掌控。同时，由于检查和量化评价所带来的“压力型体制”②，社区组织及个体行动者不得不利用一切可能的资源和力量来完成任务，在一定程度上刺激和促进了基层资源的动员和整合。

进一步来看，数字化和文牍化的治理体系实际上是对基层社区工作人员的一种“规训”，利用这种治理技术的新形式将其纳入国家的控制轨道。从福柯的权力视角来看，规训作为一种权力技术，是微观权力有效的运作方式。“‘规训’既不会等同于一种体制也不会等同于一种机构。它是一种权力类型，一种行使权力的轨道。它包括一系列手段、技术、程序、应用层次、目标。它是一种权力‘物理学’或权力‘解剖学’，一种技术学。”③ 规训性权力机制不是通过对暴力、财力的控制，也不是通过意识形态的控制来运作，而是通过对空间和力量的分配、对时间和活动的控制，通过规范化的监视、检查、管理等环节，造就“驯顺的肉体”并且控制人们的行为，使权力得到具体而入微的实施。与国家机构、法律制度这些宏

---

① 〔法〕米歇尔·福柯：《规训与惩罚》，刘北成、杨远婴译，生活·读书·新知三联书店2003年版，第208—216页。

② 参见荣敬本、崔之元《从压力型体制向民主合作体制的转变：县乡两级政治体制改革》，中央编译出版社1998年版。

③ 〔法〕米歇尔·福柯：《规训与惩罚》，刘北成、杨远婴译，第241—242页。

观的政治权力相比，规训性权力只能算是微观的权力技术、策略、机制，它体现在日常的社会活动中；但在福柯看来，这种权力甚至比暴力、酷刑、国家机构、法律制度更为有效。

在数字化和文牍化的管理过程中，这种“规训”主要通过两个方面发挥其作用：一方面，固化且加强了街道和基层社区间的层级关系。这种日常的信息往来、定期的档案检查，使居委会（工作站）的行为无间断地处于街道及更高级政府部门的监督和掌控之下，标志着社区组织与个体行动者在相互关系中的“可见性”①，从实质上规定并强化了街道办事处和社区组织之间监督与被监督、领导与被领导的关系（而非制度层面的“指导与被指导”的关系），以一种自下而上的数字化、文牍化的方式构建了控制性的权力认知。另一方面，使基层社区完全被卷入国家治理体系当中。信息报送和档案检查不仅使人置于被监督和掌控的领域中，也自动进入了一个“书写”的网络之中；这种“书写权力”作为规训机制的一个必要部分建立起来，起到了“俘获”和“限定”的作用。② 周期性的信息上报、分类别的档案整理、标准化的文牍语言，把居委会的成员们淹没在了数字化的“书写”工作之中，从而增强了国家自上而下的形式和话语上的统一，将社区组织及其中的个体行动者纳入具有一致性的国家体系当中。

然而，就像本书第六章所呈现出来的，“数字化”治理模式过于强调档案、文件之类的数字化内容，疏于规范性监督和过程控制，忽视实际操作中的具体机制和隐性规则，造成实际工作中一味追求档案信息的技巧性、形式化、标准化和美观化，而不顾真实性、可靠性问题，成为一个值得反思的现象。

三　竞争与评比：制度背景下的社区动员方式

政治动员和群众动员是中国革命和建设时期的重要手段，并在其后发展成为一系列成熟的机制，在国家治理的过程中发挥着重要作用。随着总体性支配程度的下降与市场经济对社会的渗透，国家对社会的动员手段与模式发生了重要的变化，产生了诸多更具灵活性、多样性和策略性的动员方式和技术，如通过利益诱导进行政治动员、通过“试点”而非政治权力的强制性来进行政治动员、通过发展民主政治来进行政治动员、通过民间

① 〔法〕米歇尔·福柯：《规训与惩罚》，刘北成、杨远婴译，生活·读书·新知三联书店2003年版，第225页。

② 〔法〕米歇尔·福柯：《规训与惩罚》，刘北成、杨远婴译，第212页。

组织进行政治动员等。[①] 又如20世纪90年代的中国乡村出现了“经营式动员”，即运用一种类似于市场的手段对正式权力和组织因素加以使用。[②] 孙立平等人以华北地区一个镇定购粮的征收为例，说明人情、面子、常理等本土性资源（日常生活原则和民间观念）被引入正式权力的行使之中，展示了国家动员乡村社会的新方式。[③]

回到当代城市社区的时空背景下，本书对社区间和社区内部关系的讨论，则说明了国家以提供一套制度背景和体制框架的方式出现，影响社会行动者的行为方式、群体目标及其实现手段，间接地使社区动员和组织运转朝着符合国家治理目标的方向发展，从而实现了国家动员从直接干预、支配的方式，向“间接动员”的转变。

在国家给定的制度背景下，社区间的关系可以概括为“竞争”。由于各级政府部门政绩压力的传导，以及街道办事处在各社区之间建立的评比和奖惩机制，社区组织被卷入自上而下的政绩竞争体系当中，目的就是在“政治锦标赛”[④] 中获胜，至少是不被淘汰。为此，各社区在采取“赶工”策略的同时，充分重视资源，发展出一套依靠“仪式化”“签协议”“频繁互动”“变矛盾为资源”的行为方式，与社区内外单位建立不同强度的关系。同时，“竞争”在个体层面也在上演。由于向上流动的机会的出现，党、居、站“三驾马车”关系的不平衡，使得社区领导（尤其是党委书记和居委会主任）围绕着人事权、知情权、决定权、职责边界、工作业绩等多个维度展开了竞争，形成了党委和居委会对社区事务“抢着管”的局面。

由于“民选街聘”的制度背景和对“社区工作者”的身份安排，社区党委、居委会、工作站站长等一批社区负责人，存在着传统型权威和法理型权威[⑤]的双重缺失。这直接影响了他们的行动逻辑和实现目标的手段，借用国家权威、引入“物”的媒介、控制时间和活动、用付出换权威等行

---

① 杨小明、张涛：《改革开放以来中国共产党的政治动员方式初探》，《云南行政学院学报》2009年第1期。

② 马明洁：《权力经营与经营式动员——一个“逼民致富”的案例分析》，《清华社会学评论》（特辑①），鹭江出版社2000年版，第47—79页。

③ 孙立平、郭于华：《“软硬兼施”：正式权力非正式运作的过程分析——华北B镇定购粮收购的个案研究》，载王汉生、杨善华主编《农村基层政权运行与村民自治》，中国社会科学出版社2001年版，第27—57页。

④ 周飞舟：《锦标赛体制》，《社会学研究》2009年第3期。

⑤ 参见〔德〕马克斯·韦伯《支配社会学》（韦伯作品集Ⅲ），康乐、简惠美译，广西师范大学出版社2004年版。

为方式，都在客观上起到了贯彻国家权力、实现“自我动员”和“内部动员”的作用。另外，内部的空间格局和工作人员彼此间的相互关系，以及他们在待遇、工作量、激励机制等方面的制度安排，形成了以“工作量”作为评价他人标准的“赶工”氛围，起到了“相互动员”的效果。

虽然上述制度背景并不是一种刻意安排，“竞争”和“动员的新形式”的出现也未必是具有计划性的结果，但从客观上说，在这一系列体制背景下的社区间、个体行动者之间的“竞争”，以及“自我动员”“内部动员”“相互动员”的运作逻辑，深刻地贯彻了党在基层社区组织中的领导和决策，极大地提高了国家在城市基层社会的动员能力，有效地整合了社区内外对基层社区建设有所帮助的各类资源，巧妙地调动了社区中个体行动者对工作的关注度、敏感性和积极性。社区组织这一中介、平台和载体，正是通过这样的运作过程达至了国家治理目标在城市社区的实现。

第三节　社区组织的选择与行动逻辑

一　变通与消解：社区行动者的应对策略

变通与消解的应对策略在中国社会中久已有之：虽然较强的目标约束性使地方政府和组织面临着巨大的“压力”，迫使其与上级保持一致性，但由于国家制定的各项政策都存在一定的“约束区间”，而且在手段上的“低约束性”和“简约治理”① 使执行者在行为方式上保有相当大的自主空间——在大的政策环境允许的前提下，只要能够成功地实现目标，基层在处理“细事”时无论怎样做都很有可能被上级默许乃至认可和鼓励，这就为基层组织的制度创新或“变通”（甚至违规）创造了巨大的“自由政治空间”和充分的主动性。村干部在执行上级政策时，会通过“变通”的策略使政策最终对自己有利；或者选择性地执行对自己有利的政策，对于不利的政策则通过“形式化”的手段，只将其落实到口头上、会议上，而想方设法不予执行。②

① 黄宗智：《集权的简约治理——中国以准官员和纠纷解决为主的半正式基层行政》，《开放时代》2008 年第 2 期。

② 参见王汉生等《作为制度运作和制度变迁方式的变通》，《中国社会科学季刊》1997 年秋季卷；杨善华《家族政治与农村基层政治精英的选拔、角色定位和精英更替——一个分析框架》，《社会学研究》2000 年第 3 期。

同样，在复杂而流变的国家治理手段和动员方式面前，城市社区组织中的行动者们也有自身的应对策略和行为逻辑；社区组织及其成员在与上级政府部门的长期磨合与试探中，不仅作为权力支配的对象，同时也形成了变通工作方式和消解工作压力的技术，在政策的“约束区间”内争取自主空间。比如在“议行分设”改革期间的换届选举中，居委会通过宣传动员、树立形象、控制人选等方式，将指定的人员（或者说不会给工作带来麻烦的人选）选入“新居委会”，最大程度地减轻了改革给社区工作和人员构成带来的震荡。又如应对国家“数字化治理”的时候，社区工作人员在不断提高行政技术、注重细节、追求形式化的同时，采取“变通”“删数”“借数”、重新解释、选择性关注、“闭门造数”等方式，形成了“数字化”的应对逻辑和“言必称数”的个人策略。

另外，“援引”技巧下的话语包装，是表达利益诉求的重要变通手段。伯当斯基认为，人们在产生分歧的时候有一种诉诸一般性规则的需要①；即某个情境下的有关各方需要诉诸一般性的规则来获得别人的同意，这是普通行动者在日常生活中常用的做法。在“议行分设”改革中，居委会成员表达质疑和反对不能只强调困难、风险和危机感，还要使用能够被别人认可和接受的理由，对朴素的个人感受加以“话语包装”——对监督、压力和制约避而不谈，却上升到“公正性、年龄、精力、社区工作经验、协调能力、职业操守、责任感”等方面甚至道德问题上对其加以否定和批判。同时，对现有人员的“利益保护”，也披上了“稳定、团结、和谐”的话语外衣。这些无疑都为消解改革举措所带来的影响、在既有的政策框架下实现变通、为未来日常工作的正常开展，创造了有利条件。

二　因“势”利导：社区行动逻辑的生成与建构

城市基层社区组织所实践的行动逻辑，事实上超出了制度决定论的解释范畴（不完全由法律章程或政府政令规定），亦非关系决定论（不取决于私人关系网络或伦理文化格局），其形成的过程是行动者“对周遭环境、关系、资源、障碍和限制进行评估后做出的策略性选择”②，类似于一些学者提出的“综合目标导向的博弈”，即对“国家与民间的结合、上级要求与下面实情的折中”“经过反复利弊权衡、计算、竞争、妥协与合意”之

---

① 参见 Boltanski，L.，Thévenot，L.，*On Justification：Economies of Worth*，Princeton：Princeton University Press，2006.

② Revel，Jacques，L'institution et le social，in Bernard Lepetit（ed.），*Les formes de l'expérience. Une autre histoire sociale*，Paris：Albin Michel，1995，pp. 63-84.

后，逐渐形成相互认同和约定的“先例、惯例、规则和制度”以及积累而成的新的行动结构。[①]

本书对社区工作不同领域的资料分析，展示了“行动者选择”背后复杂的“势”。一方面，由于国家能力的不均衡和政策重心的波动性，政府治理方式会在不同领域中存在差异，如文化创建、公共服务等领域中忽略实际情况、只重视量化结果的“数字化考核”，与基层选举、纠纷调解等领域中的“总体性问责”和“一票否决”形成了鲜明的反差，也构成了图9-1中纵轴所代表的政府治理方式的两个端点。另一方面，社区居民群体在不同事项中所表现出来的活跃程度、自身诉求、参与形式都迥然不同，如在配合迎检、换届选举等情况下的“象征性参与”和“身体到场”，与公共资源分配、民生问题解决等场景中的“利益性参与”甚或群体性抗争，有着非常清晰的对比，也对应着图9-1中横轴所代表的居民态度的两个端点。由横轴和纵轴交叉形成的四个象限，映射出社区组织要在其中确定行动逻辑的四种情境，形成了一种具有分化特征的“势”，也恰是社区组织“决定自己的行为并预测结果时，对社会环境进行判断的基础”[②]。

从“势”的视角看待“行动者选择”的形成，有三点需要指出：第一，行动逻辑并不是由“势”的某种形态直接规定的，而是行动者在实践中自主的选择与重构，并且完全可能生成不同的逻辑。即使是在政府压力和居民诉求的双向限制之下的社区行动者，也不会机械、被动地服膺于结构压制和功能指派，依然具有理性判断力、认知能力和主动选择的能力。社区日常活动和运行逻辑都是在充分审视过往的经历和体验、判断自身与其他群体的关系、认知政府部门与社区群众的要求与关注点、评估自身角色及可利用的资源、理解制度和体系的约束力的情况下形成的选择。

第二，“行动者的选择”并不是随机的，或者无章可循的，而与特定的“势”的形态、行动者对于“势”的理解和反应密切相关。比如社区组织在同时面对政府的数字化考核和居民的象征性参与时（即图9-1中的第二象限），其回应方式即为“可见性的营造”而不关切工作的实际成效；相似地，在面对数字化治理方式和居民的利益性诉求时，采取“简化工作任务”的方式；在需要回应上级“总体性问责”，而不涉及居民的参与意愿时，实施全方位的“过程控制”；在“一票否决”与“利益性诉求”同

---

① 万向东：《试论我国农村社区正式组织的角色功能——一个社会学的个案研究》，《江苏行政学院学报》2004年第2期。

② 李路路：《社会结构的转型——结构主体和结构规则的变革》，《社会学研究》1992年第5期。

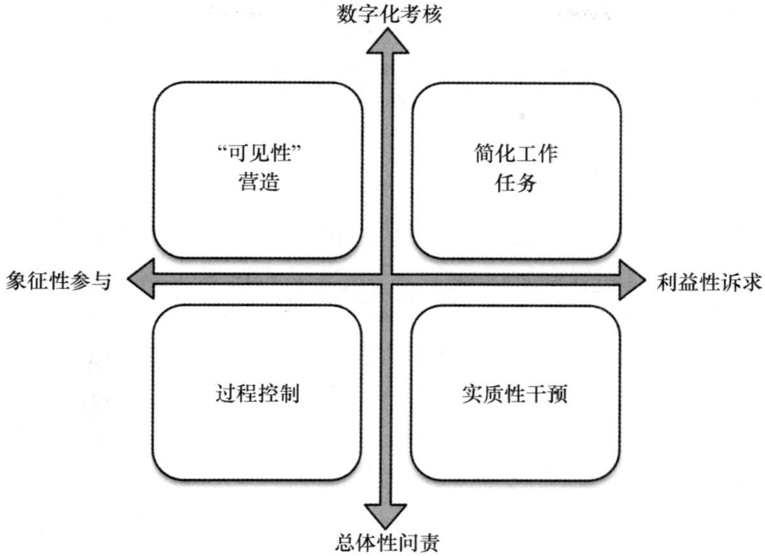

图 9-1 社区组织工作中的"势"与行动选择

时存在的纠纷调解领域，实践逻辑就变为"实质性干预"——这些逻辑正是社区组织在不同的领域中，通过审"人"度"势"、因"势"利导而逐渐摸索形成的。

第三，在这个意义上形成的行动逻辑，可看作社区组织在组织内部（in-group）的文化环境、知识体系和日常氛围之下通行的，具有一致性、清晰性和持续性的惯例和正式做法①；而只有组织之外（out-group）的观察者和研究者，因其没有分享与局内人共同的生活经历、过往体验和结构性约束（也就是缺乏同样的"势"），才会将组织内部习以为常的、正当化、真实存在的行动逻辑视作没有规律性的非正式运作。

本书对于城市社区组织行动逻辑的分析，力争呈现出结构下的各方限制，限制中的种种选择，选择间的权衡与取舍；更重要的是，研究应成为窥探其所嵌入的社会结构关系的切入点，最终落脚点是从行动逻辑形成的过程反观结构的约束。② 由此，仍有更多关于本书所提出的"势"的结构

① Schutz, A., "Equality and the Meaning Structure of the Social World," Brodesen, A., ed., *Collected Papers II: Studies in Social Theory*, Dordrecht: Springer Netherlands, 1976, pp. 226-273.

② 张静：《基层政权：乡村制度诸问题》，浙江人民出版社 2000 年版，第 9—16 页。

性问题有待回答，比如，政府部门不同治理方式之间的差别缘何形成？城市社区居民群体的态度演变及未来趋势？等等。依此“势”的视角，亦能够对当代中国的政府决策、群团活动、个体选择等行为所面临的规范重建及其背后的结构约束进行更深入的观看与反思。

第四节 本书的局限性与有待进一步研究的问题

本书可能存在的问题是没有完全摆脱“回归国家学派”在国家概念的使用上模糊不清的痼疾，如何厘清国家的不同角色是本书讨论的一个难点。比如在分析“数字化治理”时，本书将“国家”看作以各级政府部门为代表的自主行动者；但是不可否认，对于社区组织及个体成员来说，这里的“国家”仍然有着制度背景的意义。能够呈现“国家”的复杂性和多面相，固然是本项研究的一大收获，但如何在不同情境下对国家的不同角色与表现形式加以具体区分，是有待继续讨论的问题。

在经验事实层面，虽然本书所使用的个案具有一定的扩展性，但是不能顾及城市社区的多样形态、缺乏对“分化的社区”和“社区的分化”[①]的关注，这确实是本书的重大缺陷之一，比如物业和业主委员会主导的新型商品房小区，同居委会主导的旧式或混合型社区之间的差异是明显存在的，国家治理方式和社会治理形态也会有所不同——这是我正在考察也将持续关注的方向。[②]同时，由于材料不足的原因，本书对当前城市社区居民的参与和动员情况讨论不够，更缺少对基层治理中“家庭伦理观念”[③]和“社区在地文化”[④]等因素的关注，这些都是在今后的调查和研究中可以继续搜集资料和补充访谈的内容。而即便对于已经掌握的材料，本书也只能在当前所运用的视角下提供一种暂时性的解读，随着对城市基层社会发生的过程、事件和行动者的追踪和梳理，以及理论工具和研究视角的不断丰富与完善，我们对国家治理视角下城市社区的一般特征、行动逻辑和未来发展，还会有更新的认知和发现。

---

① 肖林：《“‘社区’研究”与“社区研究”——近年来我国城市社区研究述评》，《社会学研究》2011年第4期。

② 王迪：《中国小区演进与社会治理转型》，《中国民政》2022年第3期。

③ 刘亚秋：《“家”何以成为基层社区治理的社会性基础》，《江苏社会科学》2022年第1期。

④ 刘亚秋：《基层社会治理何以有效——一项对社区在地文化的社会学分析》，《社会科学辑刊》2023年第1期。

事实上，近年来我们的研究已经发现，随着国家治理体系和治理能力现代化的进程不断加快，政府治理通过购买社会机构服务、培育社区社会组织和志愿团体等社会力量①，丰富和完善了促进城市社区发展的可能性；在城市公共文化服务方面，也在理念和实践的转向上表现出了“坚持人民立场”②“多方参与”③ 等趋势和倾向。另外，随着信息化技术的快速发展，传统城市向智慧城市转变的过程逐渐加快④，城市社区的组织方式和治理结构也发生着显著的变化，基于大数据、云计算、智能终端、物联网、移动互联网等新一代信息技术的智慧社区，正在以数字化、网络化、智能化、互动化和协同化的方式，感知并服务于生活中具有多样性和深入性的居民需求，尊重并充分汲取生活中各类行动主体的治理经验⑤，在促进居民参与和增加需求满足的基础上，为城市社区的共建、共治与共享提供优化的方式，以技术进步推动生活质量的提高，以技术服务提升社会治理效能。⑥ 在未来的研究中，沿着已有思路，从社会力量发育、多元主体参与、数字技术治理等多个方面展开讨论，无疑有助于进一步回答“社区治理中的合作共治何以可能”的问题，以及“国家、居民、社区组织之间的多方共治通过什么平台和载体来实现、借助什么方式和技术来实施”等一系列问题。

---

① 王迪、梁钰婷：《基层政府的现实需求与社会组织的生长空间——一项国家治理现代化视域下的考察》，《新视野》2020 年第 5 期。

② 王迪：《坚持人民立场：城镇公共文化服务的五点转向》，《国家行政学院学报》2018 年第 5 期。

③ 王迪：《从国家包揽到多方参与——公共文化服务体系建设中的社会治理理念与实践》，《学术论坛》2017 年第 1 期。

④ M. Castells, *The Informational City*, Oxford: Blackwell, 1989, p. 104.

⑤ 王迪：《智慧社区发展的未来趋势：从设计本位到生活本位》，《福建论坛》（人文社会科学版）2020 年第 8 期。

⑥ 王迪：《以数字技术服务城市社区生活》，《中国社会科学报》2022 年 11 月 23 日第 5 版。

附　　录

附录1　北京大学社会学系与民丰园社区居委会共建协议

为了加强社区建设，推动社区工作，实现社会和谐，北京市古城区阜财街街道民丰园社区居委会（以下简称民丰园居委会）与北京大学社会学系本着“美好社区、携手共建”的原则，经双方友好协商，达成以下共识：

第一，双方一致认为，“共建”活动是一项有益的尝试，不仅有利于提高城市基层管理水平、强化社区参与、加强城市基层组织建设、丰富社区群众的生活、维护社会稳定、促进城市经济和社会的协调发展，同时也是高校学生了解社会、服务社会、教学科研与实际相结合的一种好的形式。

第二，根据社区工作的需要，北京大学社会学系不定期向民丰园社区居委会提供相应的技术支持、知识援助、信息咨询、人力资源，协助居委会建立数字化信息系统、设立社区管理网页，提高管理效率。

第三，为了丰富社区文化生活、提高社区居民素质，根据社区的需要，北京大学社会学系可不定期向民丰园居委会派出学生骨干，协助社区工作人员开展文化、娱乐、宣传、培训等活动，如参与社区演出、协办宣传板报、举办有关讲座、组织参观北京大学等活动。

第四，作为“共建”的一项重要内容，北京大学社会学系将通过对社区的实地调研，发掘社区管理与社区建设的经验，并为社区进一步发展提出建议等，作为居委会工作的参考。在条件允许的情况下，民丰园社区居委会将尽可能为北京大学社会学系的社区研究工作提供支持，协助与街道、派出所、社区内其他团体建立联系，在不违反规定的情况下，提供研究所需要的素材。

续表

第五，双方都将恪守保密原则：北京大学社会学系将对在调研中所获得的有关民丰园居委会日常工作中的档案、数据、报表、工作方法及经验，以及居民和工作人员的个人资料等予以保密；民丰园居委会对北京大学社会学系的研究意向、计划、方法及相关学术成果等加以保密。

第六，双方都同意保持即事性、长期的友好合作与共建关系，并根据情况的发展而不断开拓新的合作领域和合作形式，不因双方的人员变动及其他因素而轻易中止合作。

双方将加强沟通，精诚合作，为共建文明与和谐发展的社区而共同努力。

北京市古城区阜财街街道民丰园社区居委会

北京大学社会学系

2005 年 7 月 20 日

附录 2　北京大学社会学系与民丰园社区居委会签约仪式议程

“和谐社区 · 携手共建”捐赠仪式暨签约会议议程

第一，介绍到场来宾。

第二，社区居委会宣读对王汉生教授的感谢信。

第三，请办事处领导赠送锦旗。

第四，社区居委会与北大社会学系互签共建协议。

第五，请王汉生教授讲话。

第六，请街道办事处领导讲话。

附录 3　关于共建协议签约仪式的讨论

马文惠：复印机我们已经把它打开使了，到那天再装上，把这个到时候和扫描仪一起，我们在仪式那天再拿出这个，还有一朵大红花，好看一些。然后我们再商量商量仪式上有什么内容，等于咱们商量一下，我想你看老师对我们也不错，包括你们大学生每次到这来实习什么的，我们互相帮助。我想做一个签一个协议，仪式之后长期建立合作的关系。比如，你经常到我们这儿实习，我们肯定是欢迎的；作为计算机这方面，包括计算机和其他方面我们也可以跟你咨询，你们可以教我们。比如年底想做一个总结，之后做一个演示文稿，我们做代表会的时候一边演示、一边总结，就是类似这样的。我们立一个协议书，两家一人一份，签完字以后你留一份、我留一份，这样长期建立合作关系，比如将来你不在这儿了，另一个还是这样的，我们把这种关系永远建立下去，是这样的。另外在会上设定一个主题，做面锦旗送给老师，我们把词想一想；然后可以交流一下，这个时间大概在一小时左右，我觉得这样差不多可以了。

到时候请小陈来给我们摄（像）一下，我们就是专门把百姓身边的故事（录下来），专门在电视台要播的，我们有这么特别好的一个优势。我们把他请过来，他从头到尾给我们摄下来，然后再送电视台，想这样的，基本上是这么一个思路。我想把这个协议书，就是我们双方合作的协议书，比如我们这方面的知识什么的，包括你们调研，包括你们在社区想做的，我们来配合一下。你们想和我们合作什么，可以比较详细地列在协议书上，我觉得这样就可以，应该没有什么太大的问题。我就是说我们可以通过这个形式，协议书写一份，然后我们碰一下。我们有一份感谢信，在会上到时候我把感谢信和锦旗一块儿给老师。

我们是这样的，就是比如我们电脑知识这方面，就像法律培训似的，你们可以教教我们，你们毕竟是大学生，我们需要你们的帮助，这是一个；另外像你说的需要的帮助，这个也可以写在协议书里面，因为我觉得档案随时要变的，户口底册这次用下次也可能撤掉了，这都需要做，这是一个长期的工作可以列入协议书里去。然后按照协议好好合作，并把这个关系长期建立下去，你存一份、我存一份，我们这个就属于正式的合作协议。

续表

应该搞一个册子，要不然设想拍照的时候就是一张纸，这样很难看。这边有一个花边，你们也可以设计，我觉得你们都可以比我们弄得好，这是一份协议，这面可以少写一点，章盖在这上面，这样展开，为了有效就是你盖一个章，我也要盖一个章，最好是现场盖章，然后我们互相换就是那种仪式，这样正式一点，我想搞隆重一点。基本上就是想这样，其他的我们以后再说。这个锦旗是物业送的，这些字都是粘的；我送的那个都是绣的，永远也不会掉，而且写得特别漂亮。……横幅写上“美好社区携手共建”这样，这个文字是我们的主题，而且横幅字大这样好看，我们就定这个了，差不多了，应该比较隆重的。 ——2005 年 7 月 1 日的访谈记录

附录 4　2009 年居委会选举后社区工作者登记表

名称	职务	交叉任职	姓名	性别	年龄	民族	政治面貌	学历	人员类别	参加社区工作时间	居住情况	是否坐班	上班通勤时长（分钟）
党组织	书记	居委会主任	赵冰	女	48	汉	党员	大专	公招	2000	本区其他街道	√	30
	副书记	服务站站长	毕妍	女	36	满	党员	本科	公招	2000	民丰园本社区	√	5
	专职党务工作者		陆白茹	女	57	汉	党员	大专	退休	2000	本区其他街道	√	30
	委员	居委会副主任	郑志鹏	男	59	汉	党员	中专	无固定	2002	民丰园本社区	√	5
	委员	居委会委员	汪红	女	56	汉	党员	初中	退休	1997	民丰园本社区	×	
	委员		林盼	女	56	汉	党员	初中	退休	2001	本街其他社区	×	
	委员	居委会委员	谢立扬	女	63	汉	党员	中师	退休		民丰园本社区	×	
居委会	主任	党委书记	赵冰	女	48	汉	党员	大专	公招	2000	本区其他街道	√	30
	副主任	服务站站长	毕妍	女	36	满	党员	本科	公招	2000	民丰园本社区	√	5
	副主任	党委委员	郑志鹏	男	59	汉	党员	中专	无固定	2002	民丰园本社区	√	5
	委员		蒋丽艳	女	51	汉	群众	高中	退休	2000	民丰园本社区	√	5
	委员		丁国艳	女	67	汉	党员	初中	退休		民丰园本社区	×	
	委员		纪晓舟	女	59	汉	党员	小学	退休		民丰园本社区	×	
	委员	党委委员	汪红	女	56	汉	党员	初中	退休	1997	民丰园本社区	×	
	委员		匡青藏	男	74	汉	党员	初中	退休		民丰园本社区	×	
	委员	党委委员	谢立扬	女	63	汉	党员	中师	退休		民丰园本社区	×	

续表

名称	职务	交叉任职	姓名	性别	年龄	民族	政治面貌	学历	人员类别	参加社区工作时间	居住情况	是否坐班	上班通勤时长（分钟）
服务站	站长	居委会副主任	毕妍	女	36	满	党员	本科	公招	2000	民丰园本社区	√	5
	站员		康瑶	女	49	汉	群众	高中	无固定	2003	民丰园本社区	√	5
	站员		刘金芸	女	49	汉	群众	高中	退休	2000	民丰园本社区	√	5
	站员		魏文	男	27	汉	党员	本科	无固定	2007	本街其他社区	√	20
	站员		赵春桦	女	49	汉	党员	中专	退休	2000	北京市其他区	√	120
	站员		吴硕婷	女	39	汉	群众	大专	无固定	2007	本街其他社区	√	20
	站员		顾欣欣	女	25	汉	团员	大专	无固定	2009	本区其他街道	√	60
	站员		马知瑶	女	22	回	团员	本科	应届	2009	北京市其他区	√	50
	站员		倪妮	女	24	满	党员	本科	无固定	2009	北京市其他区	√	60
	站员		秦帆	女	26	汉	团员	大专	无固定	2009	北京市其他区	√	120
协管员	劳动协管员		郭宝惠	女	48	汉	群众	中专	无固定	2006	北京市其他区	√	60
	卫生协管员		高向阳	女	49	汉	群众	高中	无固定	2005	本区其他街道	√	20
	卫生协管员		章丽萍	女	45	汉	群众	高中	无固定	2005	本区其他街道	√	20
	残疾协管员		张满成	男	49	汉	群众	高中	无固定	2006	本区其他街道	√	30
	流管协管员		吴洪天	男	29	汉	群众	大专	无固定	2008	本区其他街道	√	20
	流管协管员		楚晨	女	27	汉	群众	大专	无固定	2007	北京市其他区	√	120

说明：阴影部分表示不坐班人员

附录5 古城区关于民选街聘社区事业干部管理的若干意见(节选)

为贯彻落实北京市城市管理工作会议精神，进一步加强居民委员会干部队伍建设，根据京城管改［1999］4号文《关于加强居民委员会建设试点工作指导意见》的有关要求及我区的实际情况，提出如下管理意见：

第一节 关于社区事业干部的编制管理

一 居委会配备专职干部，纳入事业编制。

二 按照居委会管辖规模，每300户配备一名事业编制。居委会配备的事业编制，专编专用，由各街道办事处人事科统一管理。

第二节 关于社区事业干部的招聘、选聘工作

一 招聘、选聘原则

坚持“公开、平等、竞争、择优”的原则，按照德才兼备的标准，采取自愿报名与组织推荐相结合，考试与考核相结合的方法，择优聘用。

二 招聘、选聘对象

1. 招聘对象：现任居委会工作人员；下岗人员和待业人员。(这些人员聘用后身份不变)

2. 选聘对象：市、区机构改革中分流人员；本街道办事处的公务员；应届大中专毕业生。(这些人员聘用后可按干部身份办理调入手续)

三 招聘、选聘的条件

1. 模范遵守国家的法律、法规、政治素质好，办事公道，热爱居委会工作，能热心为居民服务；

2. 具有较强的事业心、组织协调能力和语言文字表达能力；

3. 年龄一般在50岁以下，具有高中以上文化程度，身体健康，男女不限；

4. 长期居住在报考居委会所在街道辖区内，具有本市城镇常住户口的居民；

5. 在同等条件下，中共党员，担任中层以上领导职务的，在本街道办事处机关、事业单位工作的，从事过居委会工作的；现任居委会成员优先聘用。

续表

四　招聘、选聘工作程序

1. 由街道办事处发布招聘通告，公布招聘的岗位、名额、对象及所需的资格条件、报名时间、地点和报名必需提交的证件；

2. 办事处人事科负责接待报名，并对报名人员进行资格初审；

3. 区人事局调配科负责对报名人员进行资格复审，并向符合条件的报考者发准考证；

4. 区人事局和街道办事处人事科共同组织对招聘人员进行笔试和面试、负责组织命题，阅卷等工作；

5. 由招聘领导小组负责审定试题，确定合格分数线；

6. 招聘人员经笔试、面试合格后列入考核对象；

7. 选聘人员经招聘领导小组审核后，可以免笔试、面试直接列入考核对象；

8. 由招聘街道组成考核小组负责对考核对象进行政审和考核；

9. 组织经考核合格被列入聘用对象的人员体检；

10. 体检合格后，对选聘的人员先办理聘用手续，再办理调入手续；对招聘的人员可直接办理聘用手续。

五　招聘、选聘人员的管理

1. 民选街聘的社区事业干部任期实行聘用合同制，聘用合同期限与居委会成员任职届期相同；

2. 首次聘用的社区事业干部，有六个月的试用期。试用期满，且在居委会换届选举中当选的，由街道办事处与本人签订《社区事业干部聘用合同书》；试用期内不合格的，取消聘用资格；

3. 试用期不合格及被解除聘用合同或未签订聘用合同的社区事业干部，人事行政关系按规定移交到所在区人才交流服务中心或职业介绍所；

4. 街道社区事业干部的聘用管理由所在街道办事处人事科负责。

第三节　关于社区事业干部的待遇标准

社区事业干部各项待遇可比照全额拨款事业单位同类职员的待遇标准确定。

续表

一　工资标准： 居委会工作人员可比照事业单位同类条件人员确定其职务工资，若确定后的职务工资与事业单位同类人员相比，明显偏低的，可适当高定。具体情况为：居委会工作人员如果有工作经历的可参照京人工［1994］第40号文《关于机关事业单位工作人员调动工作后确定工资有关问题的暂行规定》，根据其工作年限，按五级职员确定其工资（居委会主任也执行此标准）。 1. 新参加工作的居委会工作人员参照京国工改［1994］第6号及京人发［1997］112号文《关于机关事业单位新参加工作人员工资待遇的通知》确定其见习期和转正定级工资。 2. 居委会工作人员正常的工资审批由街道办事处人事科办理，对可适当高定人员的工资，由区人事局办理工资审批手续。

附录6　社区事业编干部联名信

关于对首批公招社区事业编干部恢复身份、保护积极性的建议 2008年底，市委市政府颁发的《北京市加强社会建设实施纲要》，市委颁发的《关于进一步加强和改进社会建设领域党建工作的意见》、市委办公厅、市政府办公厅颁发的《关于加强推进社会组织改革与发展的意见》、《北京市社区管理办法（试行）》和《北京市社区工作管理办法（试行）》五个文件，将有效地调动社区工作人员的积极性，使他们产生稳定感、职业感，树立长期奋斗的思想。但是，美中不足的是，将第一批公开向社会招聘，已经在社区居委会工作了9年的工作人员，在这次文件归类中，一律归为“社区工作者”，而否定了他们当年按照事业编招聘的干部身份，这似乎有些不公道，似乎有探讨的必要： 一　当初招聘的定位就是“事业编干部” 在第四届居委会换届选举前，按照市里要求，古城区永新街道、永锡街道于1999年11月份采用公开招聘的方式，试点招聘社区事业干部，专编专用。随后各街道都进行了招聘。

续表

经北京市人事局统一考试、街道面试、政审体检合格，又经过三个月试用。最后通过第四届居委会选举，被选举为居委会主任，街道聘用，这就是当时所说的“民选街聘”。享受事业干部待遇。

二　“社区专职工作者”仍然是“地方粮票”，未被国家承认

2002年8月，北京市人事局、民政局、劳动和社会保障局下文（89号文）把以上招聘的社区事业干部，改为“社区专职工作者”。由于国家劳动序列没有这个职业，也就没有身份，没了身份，由工资改为发放补贴，且补贴月平均下降360元。后通过人大代表和政协委员的呼吁，将补贴增长，基本保持与原工资持平，其他书报费、洗理费、住房公积金等一律取消。取暖费等待遇一直没有享受。

三　九年后的今天，这些人已基本丧失竞争年华，保持他们的原定身份，对他们非常重要

从当时招聘的社区事业干部来源看，大部分人为在职人员，是从单位调到社区来的。放弃了原单位的工作，投奔社区。北京市突然改变这些人的身份，作为个人来讲，没了退路，他们已经基本丧失了在社会的竞争年华，若能保持他们的原定身份，必将激励他们一心一意地奉献在社区工作岗位上。

四　九年工作，九年奉献

九年来，这些人兢兢业业的工作，不分早晚地加班加点，奉献社区，不仅任劳还要任怨。在排解居民纠纷中，有的受到人格侮辱，有的受到身体伤害，他们仍然默默地工作。特别是非典期间，别人都回家了，只有这些人加班加点，给非典病人、疑似非典病人送药，在社区打药，组织抗击非典。多年来，有的调走，有的已病逝在工作岗位上，有的已经退休，剩下的人虽然待遇不高依然勤勤恳恳工作在社区的岗位上。

五　这些人已成为社区的主要骨干

从第一批招聘的人员看，已形成了社区的骨干层，担负着书记、主任、站长职务，发挥着重要作用。如果能够恢复他们原有的“事业干部”身份，使他们感受到政府的诚信力，使他们的心灵得到安慰，鼓励他们努力工作，稳定基层建设，将会起到积极的作用。

全体2000年社区事业编干部

2008. 12. 25

附录7 阜财街街道2006年工作指导意见（节选）

……（二）全面完成居委会的换届选举工作。作为一项中心的重要工作，必须举街道之合力，调动各方力量，精心组织，周密安排，按照市区关于第六届居委会换届选举的要求和街道工作方案，依法指导居委会的换届选举工作。认真抓好两个试点居委会选举工作，在地区保证80%的社区居委会采取户代表直选方式进行，在社区党组织的领导下，要高标准高质量地完成居委会换届选举任务。

以此为契机，推行“一心两会一站”的社区管理模式，形成以社区党组织为核心、社区居民代表大会和社区居委会为主体、社区工作站为支撑，民间组织、志愿者组织和驻地单位等共同参与社区建设的工作格局。推动社区民主自治进程，推进社区民主选举、民主管理、民主自治、民主监督，充分发挥居委会的作用。重点做好：加强培训，特别是六大委员会的培训，提高居委会成员的工作素质。制定社区居委会的职责、工作流程，打好基础，形成运行机制。制定切实减少会议等措施，为居委会减负。打造居委会“一居一特”，形成品牌建设具体化。继续改善居委会办公条件，保证各社区办公面积全部达到标准以上。进行数字化居委会建设，提高为民办事效率。完善社区的制度建设，全面推行社区档案规范化管理……

阜财街街道工委

阜财街街道办事处

2006年1月

附录8 民丰园社区第六届居委会选举工作总结

2006年是“十五”计划的开局之年，也是阜财街街道社区居委会规模调整后的换届选举的第一年。按照《中华人民共和国城市居民委员会组织法》和《北京市实施〈中华人民共和国城市居民组织法〉办法》中关于“居民委员会每届任期三年”的规定，我街道第五届居民委员会

续表

任届期满，应进行换届。为做好居民委员会换届选举工作，古城区委、区政府在2005年8月全国社区工作会议后就开始进行居委会换届工作准备，并确定在全区范围内推行“以社区党组织为核心的两会一站”的新型社区管理体制。我社区党委对此项换届工作高度重视，根据《北京市居民委员会选举办法》，市委、市政府《关于建设和谐社区和谐村镇的若干意见》和《北京市人民政府办公厅转发市民政局关于居民委员会换届选举工作意见的通知》及古城区《关于居民委员会换届选举工作的意见》的精神，制定了《北京市古城区民丰园社区党委关于第六届居民委员会选举工作指导意见》，严格按照《组织法》的规定进行换届选举，从2006年1月底开始，经过精心的组织准备和宣传动员，历时3个多月的时间，于2006年4月13日圆满结束。

现将换届选举工作选举工作总结如下：

1. 组织准备、宣传动员：按照街道的统一部署，从2006年1月至2006年3月，我们开始进行始入户摸底，登记选民情况，入户宣传这次选举工作的重要意义，使广大居民群众了解此次选举工作的有关内容，并对新型的社区管理模式进行深入细致的宣传。

2. 2月21日上午9：00，在古城区文化馆礼堂召开了第五届居民会议，民主推选出民丰园社区第六届选举委员会成员7人，其中6名党员，1名群众。在此次会上，社区党委宣读了党委的指导意见，再次重申了此次换届选举工作的重要意义，是在社区党组织的领导下，在选委会的主持下严格依法选举。

2006年3月13日召开了第六届居民代表会议，通过了新一届居民代表名单、候选人提名方式、人数和条件以及选举时间，地点，选举方式起止日期。

3月20日下午，我们召开了居民小组长代表候选人提名大会，由选举委员会主任马文惠主持。会上共发出提名票24张，收回24张，全部为有效票。在选委会的监督下当场唱票、计票，宣布提名候选人票数。按所提名候选人的票数由多至少排序，经选举委员会研究确定正式候选人名单：按差额选举取前10名作为正式候选人，即于慧真、吴志华、谢立扬、吴志华、高春敏、季秋雨、纪晓舟、丁国艳、匡青藏、王春桂，并张榜公布。

续表

2006年3月30日上午9：00召开了“正式候选人与居民见面会”，选委会委员再次讲解“以社区党组织为核心的两会一站”的新型社区管理体制，加深了广大居民对这次选举的重要性的了解，讨论举手通过了监票人、唱票人、计票人名单。每一位候选人都是认真对待这次见面会，进行了充分的准备，他们的表现使居民代表非常满意。

3. 2006年4月13日，我社区召开了第六届居委会选举大会。大会应到代表57人，实到57人。提前5分钟召开，1个小时圆满结束。整个会议庄严肃穆，有条不紊。办事处主任俞学庆、副主任李彬、古城区民政局有关工作人员及街道指导小组成员参加了会议。

为了保证选举大会的成功，选委会在前期做了充分的准备工作，细致周到，程序严谨。还特意与社区卫生站联系专门请了卫生站大夫到会场。共发出选票57张，收回57张，有效票57张。在监票人的监督下，当场进行唱票、计票，统计得票数，宣布得票结果：即：主任——于慧真、副主任——吴志华、委员——谢立扬、尹秀莲、高春敏、季秋雨、纪晓舟、丁国艳、匡青藏。

在代表们的热烈掌声中，新一届居委会主任代表班子发言。她表示：一定不辜负居民群众的希望，感谢居民的支持和信任，认真落实“三个代表”，全心全意为居民服务，不辜负政府的重托和社区百姓的信任。

办事处主任俞学庆、工委书记刘世石都做了重要讲话，对新班子并提出了希望和要求。

这次换届选举在办事处的正确指导下，在选举委员会的努力下，在社区居民的积极参与下圆满地结束了，我们会继续努力工作，相信民丰园的明天会更美好。

民丰园社区选举委员会

2006. 4. 26

附录9　北京市古城区创建学习型社区居委会评估指标（试行）

一级指标	二级指标	标准分值
1. 学习与宣传（15分）	1.1 居委会带动居民自觉学习党的十六大以来有关建设学习型社会的方针政策，深刻领会“形成全民学习、终身学习的学习型社会，促进人的全面发展”创建学习型社区与和谐社区的重要意义，形成共同愿景。	7
	1.2 利用多种媒体，采取多种形式，对发展社区教育，促进学习型社区建设的意义，进行广泛深入的宣传，并结合社区建设工作开展主题宣传活动；能充分利用小区的物质资源，建有形式多样的宣传栏、橱窗、板报等，内容丰富，经常更换；形成浓厚的学习氛围与环境。	8
2. 组织与管理（20分）	2.1 建有创建学习型社区领导小组（组长由主任担任），下设负责人员；小组内结合实际工作有明确分工。	4
	2.2 把创建学习型社区工作纳入居委会社区发展规划；制定有实施方案。	3
	2.3 领导小组每年至少召开两次会议，研究工作，落实计划、总结实施情况等。	3
	2.4 按本社区情况，形成纵向层级的教育、学习网络（居委会、楼门院组、家庭）。	5
	2.5 充分利用所在区域中小学、成人学校等教育资源，形成横向教育网络。	3
	2.6 充分利用计算机网络、广播电视网等手段，开展学习教育活动。	2
3. 条件与保障（25分）	3.1 保证公益教育、培训、服务、活动经费使用，做到专款专用。	3
	3.2 不断加强基地建设。社区建有社区活动中心。教室5间以上，建筑面积不少于150平方米；配备能满足居民学习需求的设备（电视机、录像机等）、图书阅览室藏书2000册以上。	8
	3.3 不断加强队伍建设。居委会社区应具有一支专兼结合的管理人员队伍，师资队伍和志愿者队伍。	4
	3.4 居委会建有市民学校。有专人负责，制定规章制度，能按计划开展各类应需培训活动，平均每周不少于6单元。	6
	3.5 有完整规范的学习、培训活动档案（原始材料，文字、光盘、照片等）。	4

续表

一级指标	二级指标	标准分值
4. 实施与成效（40分）	4.1 在社区内针对居民，尤其是中老年人群，普遍开展公民道德、普法、职业技能、科普、健康教育及各种社会文化生活教育活动等。全年参加培训学习活动的总人数不少于常住人口的30%。	10
	4.2 支持学校开展社区服务、实践活动，丰富青少年校外教育活动。积极协助街道做好适龄儿童按时入学。入学率（小学、初中）达到100%，辍学率为零。	5
	4.3 针对社区居民实际需求，（1）组织社区内下岗失业人员，开展有实效的职业技能培训、计算机培训、心理咨询服务、就业培训等。 （2）开展外来务工人员与经商人员教育培训活动，协助街道做好对其适龄子女依法接受义务教育工作。 （3）关注弱势群体和特殊群众的教育需求，有教育培训的措施，不断提高他们的生存发展能力。	5
	4.4 常年开展创建学习型组织试点工作。学习型小区、学习型楼组、学习型家庭、学习型居民团队等。其中学习型家庭达到居民总户数的20%以上。	8
	4.5 社区形成学习的浓厚氛围，显著提高了议事和执行能力，明显促进了和谐社区建设。居委会在近三年各项工作中获得区级荣誉称号（绿色社区、治安社区、计划生育先进居委会等）。	5
	4.6 结合本社区居委会基础实际，创建工作有特色，有创新。	4
	4.7 重视学习型社区理论研究与探讨并有成果（论文在区级以上刊物发表）。	3

说明：根据评估指标分值创建学习型社区居委会工作分为四等：

1. 示范性学习型社区居委会：95分以上（且符合指标3.2、3.4条件）。
2. 先进学习型社区：90分以上。
3. 达标居委会：80分以上。
4. 不达标居委会：80分以下。

附录10　古城区基层党组织先进性建设示范点检查验收工作说明及评分表

关于检查验收工作的说明

1. 检查小组组成。按照创建类型分别组成检查评审小组，检查评审小组成员包括区委组织部相关人员、区党建研究会有关人员、20个党工委组织部部长（党办主任或有关负责人）和第一批67个创建单位党组织负责人。共分为7个检查小组，每组13—14人。分组原则首先考虑本系统回避制，即本小组隶属于同一党（工）委的人员不超过两名，其次同一创建类型尽量相对集中。

2. 验收方式及程序。验收工作由检查小组组长主持，采取实地考察形式进行。验收方式主要包括听取汇报、审查材料和实地考察等。听取创建单位工作汇报主要侧重于创建工作开展情况、实际效果、改进措施和精品活动情况；审查创建单位材料时注重创建工作方案、创建工作总结和精品活动总结，同时要查看文字、图片及影像资料能否反映创建工作；现场询问及实地检查时注重创建工作过程，并注意查看精品活动开展情况。

3. 验收标准。共包括五个方面，即创建工作方案、创建工作制度建设、创建工作开展情况、资料留存情况和精品活动情况，每部分占有一定分值（详见以下验收标准及评分表）。

4. 注意事项：

（1）检查组成员要本着客观公正的原则进行打分，特别是在检查第一个创建单位时一定要注意把握评分标准，以便为后续检查工作奠定良好的基础；

（2）各组的检查验收工作要在11月19日至11月28日进行，请各组组长注意协调好本小组的检查人员，安排好检查验收时间（原则上每天安排到3个创建单位进行检查验收）及车辆。

（3）请各小组组长每天收集整理好评分表格并保存完好，检查完毕后统计好评分一并上交。

检查验收工作评分表

内容 目录	考核标准	分值	参考分值	得分
创建工作方案	成立相应的工作机构，职责明确；创建工作方案完整，创建目标明确，创建措施具体；能够按照创建方案严格执行，上报创建工作方案及时规范。	10	优秀 9—10 分 良好 8—9 分 一般 5—8 分	
创建工作制度	创建工作计划明确，步骤清晰；创建工作制度和本单位的其他工作制度结合紧密，重视创建工作过程；创建工作制度本身具有较好的操作性；党组织经常就创建工作进行研究及实践。	15	优秀 14—15 分 良好 12—14 分 一般 9—12 分	
工作开展情况	围绕中心，服务大局；特色突出，勇于创新，工作扎实，成效显著；对创建工作不足有分析并提出改进措施。	25	优秀 23—25 分 良好 20—23 分 一般 15—20 分	
资料留存情况	如实记录创建过程，资料齐全，书写清晰，记录规范，文字、图片、影像等资料齐全，总结工作全面完整，及时较好地使用工作手册。	20	优秀 18—20 分 良好 16—18 分 一般 14—16 分	
精品活动情况	有与申报类型相匹配的精品活动项目，精品活动项目特色突出，针对性强，效果好，精品活动项目可操作性强，长效机制好，精品活动总结全面，规范，质量高。	30	优秀 27—30 分 良好 24—27 分 一般 21—24 分	
创建单位名称			总得分	

您认为该单位在创建工作中给您印象最深的是什么？如果有，请说明。

说明：1. 检查组成员在检查自己单位时不参加评分。

2. 每个单位的所有评分中，去掉一个最高分和最低分，取其他数据平均值作为该单位的最后得分。

附录 11　刘金芸三年工作总结（2006—2008）

作为社保主任，三年来为社区低保人员 55 户 89 人服务，为 114 位老人办理了 200 元养老金补贴和“一老”大病保险，为 72 位“一小”儿童办理了大病保险，为 8 户居民家庭申请办理了廉租房，为 30 户居民家庭办理了经济适用房，还为 23 户居民家庭办理了限价房，重大节日对特困人员进行慰问，并为退休人员进行管理和服务。社保工作是社会平安的重大保障，为他们服务好才能使贫困家庭和弱势群体人员幸福的生活。

残疾人是社会中的弱势群体，他们需要社会的呵护，我社区现共有残疾人员 147 人，党和政府对他们极为关心。康复工作是现在残疾工作的首要任务，这三年来，政府在财力物力上对残疾人投入大量资金和康复用品，共为残疾人发放了轮椅、盲表、拐杖和各种无障碍用品 200 余件。每年重大节日坚持对残疾人进行慰问，今年街道举办了庆祝六一儿童节活动，我社区共有四名残疾儿童，街道为他们每人发放了 300 元现金及食品，家长们很欣慰，使残疾儿童愉快地度过了一个六一儿童节。

民政、征兵工作、三年冬季捐衣活动共为灾区捐赠衣物 6300 件。2008 年为冰雪灾害地区捐款 2000 多元，为汶川大地震捐款 53000 多元。社区征兵工作送走 4 名青年应征入伍。

三年工作中，在新老人员交替之际，服从领导安排，还先后分管老龄工作，老龄工作和老协连续三年获得区级先进集体和街道老协先进集体称号。

在分管卫生工作的半年中，北京市开展健康北京活动，2008 年底至 2009 年初共为社区 300 多户居民家中进行了灭蟑。

三年工作使我从中领略到为居民服务是一件很快乐的事情，从平凡的小事中能够使居民的生活得到安宁，我觉得是我的最大的安慰。同时，也使我在工作中受益匪浅。

刘金芸　2009 年 1 月

附录 12　2003 年民丰园社区调解委员会人员情况表

姓名	性别	年龄	文化程度	政治面貌	调委会职务	其他职务	是否居住在本社区
汪红	女	49	初中	党员	主任	卫生	是
马文惠	女	34	大本	党员	副主任	主任	否
梁文燕	女	35	大专	党员	副主任	书记	否
聂定钦	男	50	中专	党员	委员	治保	是
鄢盛兴	女	54	中专	群众	委员	福利	是
蒋丽艳	女	44	高中	群众	委员	妇女	否
林萍	女	49	初中	党员	委员	计生	否
刘金芸	女	41	高中	群众	委员	老龄	是
郑志鹏	男	52	高中	党员	委员	共建	是
洪林生	女	60	初中	群众	委员	无	是
郑贞	女	50	高中	群众	委员	无	是
章维君	女	51	大专	党员	委员	无	是

附录 13　2008 年阜财街地区社区居委会社会治安综合治理工作考核检查验收表

名称	民丰园	地址	民丰园小区 X 号楼 N 至 M 门	电话	66＊＊＊＊72
书记	马文惠	主任（站长）	于慧真、毕妍	治保主任	魏文
序号	检查内容	检查标准内容		减分	得分
（1） 8 分	组织健全 发挥作用	（1）把社会治安综合治理工作和“平安创建”活动纳入日常工作，高度重视“平安奥运”工作，各项工作落实到位。（3 分） （2）综治委、办、调委会组织健全，人员落实。（2 分） （3）工作制度完善，各项措施落实，基础材料齐全。（3 分）			8

续表

(2) 8分	值班巡逻力量殒事	(1) 有专兼职巡逻队伍，队伍人数达到辖区人口的百户10人。(2分) (2) 落实主任包片、委员包段、积极分子包楼门院“三包”工作。(2分) (3) 居民楼门院看护率不低于95%。(2分) (4) 在“两节”“两会”、奥运等敏感期安保工作未出现问题。(2分)	1	7
(3) 8分	人口管理情况清楚	(1) 常住人口、人户分离户口、流动人口逐人登记，分类造册。(2分) (2) 及时发现可疑线索，协助公安机关控制可能违法犯罪人员。(2分) (3) 无非法出租房屋，出租房屋内无违法犯罪，流动人口的了解率达到100%。各种办证件率达到95%以上，基础档案齐全。(4分)	1	7
(4) 9分	帮教工作效果明显	(1) 对不满五年的刑释解教人员和违法青少年、社区矫正人员逐人建立帮教小组，做到组织、人员、工作三落实。(3分) (2) 帮教活动经常，形式多样，效果明显，无重新犯罪。(3分) (3) 协助做好缓刑、管制、社区矫正及保外就医人员工作。(3分)		9
(5) 10分	防范设施齐全有效	(1) 对小区积极创造条件实行封闭式管理，已封闭的各小区各项管理措施和制度完善。(3分) (2) 配合产权单位、办事处对已安装楼宇对讲进行升级、平房区大力推广户与对讲工作的。(2分) (3) 楼房住户防盗门安装率达到90%以上，平房住户防撬锁安装率达到80%以上。(3分) (4) 充分发挥信息员、义务消防员作用．进行经常性培训。(2分)		10
(6) 7分	共建活动广泛开展	(1) 与辖区内机关、部队、学校、团体等单位开展共建活动。(4分) (2) 有共建协议，工作取得显著效果。(3分)		7
(7) 10分	法制宣传教育经常化，民间纠纷调解及时有效	(1) 能开展经常性的法制宣传教育活动的，有文字材料。(2分) (2) 及时发现、调解民间纠纷。调解率达100%，成功率达95%。(4分) (3) 无因民间纠纷激化酿成的重大刑事案件和非正常死亡的。(4分)		10

续表

<table>
<tr><td>(8)
25 分</td><td>社会治安秩序良好，刑事案件发案得到控制</td><td colspan="3">(1) 年内无重大刑事案件，无重大治安案件，无重大灾害事故，无人室盗窃案件。(10 分)
(2) 无火灾事故。(5 分)
(3) 争创无毒社区，有计划、有方案、有活动、有总结、有记录。(5 分)
(4) 85%以上群众对治安秩序比较满意。(5 分)</td><td>1</td><td>24</td></tr>
<tr><td>(9)
15 分</td><td>“法轮功”重点人教育转化情况</td><td colspan="3">(1) 对“法轮功”重点人建立帮教小组，组织、人员、工作三落实。(10)
(2) 帮教活动经常化，形式多样，效果明显。(5 分)</td><td></td><td>15</td></tr>
<tr><td rowspan="2">自查考评意见</td><td>评为先进</td><td>达标</td><td>不达标</td><td></td><td rowspan="2">减分
3</td><td rowspan="2">得分 97</td></tr>
<tr><td>同意</td><td></td><td></td><td></td></tr>
<tr><td>考评小组意见</td><td colspan="6"></td></tr>
<tr><td>地区综治委意见</td><td colspan="6"></td></tr>
<tr><td>备注</td><td colspan="2">年内有无被上级或公安机关评选为先进集体称号</td><td colspan="4"></td></tr>
</table>

附录 14　古城区文明社区建设管理办法(节选)

第四章　文明社区的评选、命名和表彰

……

第十三条　古城区文明社区每年评选一次。按照自愿申报与组织推荐相结合，主管部门考核与群众评议、舆论监督相结合，日常考核与年终检查相结合的原则，确保评选工作的公开性、公正性、科学性和权威性。

续表

第十六条　文明社区的命名。由区委、区政府和区精神文明建设委员会批准命名发文通报表彰，授予相应的荣誉牌匾或锦旗、证书。按照“精神奖励为主、物质奖励为辅”的原则，对文明社区进行奖励。

5. 加强基础工作管理，建立文明社区档案。主要包括：社区概况、创建规划、创建文件、主要会议材料、文明社区登记表、检查考核记录、年终工作总结、奖惩记录、群众与社会各界的反映等。

……

第二十二条　文明社区要实行动态管理。区文明办及街道办事处对所命名的文明社区要加强监督和检查，对发生重大问题和水平严重滑坡的，应根据情节轻重，给予批评、警告、限期整改、撤销荣誉称号等处理，并通报处理结果。

……

——古城区精神文明建设委员会

附录 15　民丰园社区居委会 2005 年创建文明城区阶段工作总结

2004 年 5 月，随着阜财街街道的创建工作动员会的召开，古城区创建全国文明城区的工作拉开帷幕。

为了圆满地完成这项工作，作为代表街道参加迎检的社区居委会，我们每一个同志深感肩上的责任重大。在创建的过程中，同志们以大局为重，克服自身的困难，虽然身心疲惫，但严格按照上级标准、要求，完善补充材料、整治周边环境，营造宣传氛围，为阜财街街道顺利完成迎检工作，做出了贡献。

居委会文化委员蒋丽艳同志，父亲于 5 月下旬因身体不适住院治疗，6 月 1 日确诊为肺癌。为了不影响工作，她强忍内心的痛苦，把全部精力投入到工作中，加班加点毫无怨言，直到检查结束，没有请一天假，没有对同志们提一个字。

续表

书记梁文燕同志突然接到老师的电话，她在顺义牛栏山读初中的儿子病了，学校让她立即带孩子检查身体，及早治疗。早上 6 点多钟，她就急急忙忙带孩子到医院抽血，然后匆匆赶到居委会，下午忙完了又赶到医院取结果，给孩子抓药，虽然孩子有病，但是未影响工作。

卫生委员汪红同志平日工作勤勤恳恳，任劳任怨，迎检当中更是认真负责，每天主动下片检查环境卫生，积极入户动员居民清理杂物，经常是晚间 9、10 点钟，还在忙碌。

刘金芸同志本身患有高血压，经常头晕、头痛。迎检当中她带病坚持工作，整理个人资料，并帮助别的同志完成其他工作。

李珍华同志负责老龄工作，也是此次检查的重点。因为要连续完善 3 年的老龄资料，所以她加班加点整理材料，付出了很多辛苦。

聂定钦和郑志鹏同志，是我们居委会的两个老大哥，平日居委会的重活都是他俩完成。这次大搞环境卫生他们更是冲在前面，干在前面，发挥了党员的先锋模范作用。

作为一个年轻的班长，主任在关键时刻，挑起重担，统筹安排，周密布置，协调有关单位、部门配合社区做好迎检工作，并及时解决辖区内在迎检当中出现的问题，做到了上情下达、下情上传，发挥了桥梁和纽带作用。

这是一个团结的集体，这是一个战斗的集体，这是一个温暖的集体。此次创建工作历时一个月，是历年检查当中时间最长、任务最重、影响最大的一次。我们大家紧密配合、相互合作，取长补短，各尽所能，我们凭借坚强的意志，必胜的信心，战胜了一个又一个困难，经受信了一次又一次考验，圆满地完成了此项工作。正如在去年举办的春节联欢会上，我们朗诵的诗歌中写的那样：团结是熊熊燃烧的火光，团结是壮志凌云的向往，我们同心同德，紧挽臂膀，永远是一道不可逾越的铁壁铜墙！

——民丰园社区居委会 2005 年 6 月 10 日

附录 16　蒋丽艳致街道办事处领导的一封信

尊敬的各位领导：

你们好！

我知道你们很忙，不愿打扰你们，但在我万般无奈的情况下，不得已向你们（政府）倾诉一下我的困惑：

我叫蒋丽艳，今年 45 岁，由于我所在的针织厂经营不景气，随着改革开放的大潮 1997 年下岗，之后享受党和政府对下岗失业人员的优惠政策，先后学习了电梯司机本、理发等多种技能。在 2000 年至 2001 年领取了两年失业金。

2000 年经过笔试、面试来到现在社区居委会工作，一干就是三年，一直担任妇女工作、青少年工作，我很热爱居委会工作，因为它联系着千家万户，对上能替政府分忧，对下能替百姓解难，这次非典的考验，就是一个很有力的证明，虽然工作很累、很辛苦，但我觉得生活得很充实，有意义。

自 2000 年到居委会工作，每月收入 500 元+失业金 350 元，共计 850 元，爱人工资不足 500 元，孩子今年 18 岁，正在上大学一年级，每学期学费 3500 元，2000—2001 年，全家每月收入 1300 元，还可以维持正常生活。2002 年我的失业金已领完，只有我的工资 500 元和爱人的工资 400 多元，爱人有糖尿病，每月 2 瓶药就要花费近 200 余元，除去他的午餐费，就所剩无几了，这一年多来我省吃俭用，有苦自己咽，有难自己扛，总算克服过来了。

通过新闻、报纸、媒体得知 2003 年居委会改革，工资有希望提到每月 700—800 元，我满怀希望，指望着政府考虑我们的生活困境、实际困难，解决我们的后顾之忧，没想到至今我们的工资还是每月 500 元，这令我大失所望，我困惑为什么城管协管员三险一金都有，而我们同样是下岗失业人员，工作比协管员要复杂得多，我们累呀、辛苦就不用说了，可是我们的困难为什么迟迟不给予解决呢？难道真的无法解决了吗？

续表

我是一个要强的人，样样工作不落后，尽管家里有这样或那样的困难，我都是自己克服，不愿给政府增添负担，俗话说：安居乐业，尽管我的收入每月一直是500元，但我对工作、对同事、对百姓还是满腔热情，总是把欢乐带给大家，至今我的工作样样都不落后，总是走在前面，这是有目共睹不争的事实。 就“三险问题”，我们曾经向有关领导反映过，但由于他们的职能和权限所制，也无能为力，所以迫不得已，今天向你们交上我这些令人烦恼的实际问题，希望各级领导能够认真考虑一下我们这些40、50岁失业人员的实际困难，早日给我们一个满意的答复，解决我的实际困难。 谢谢！ 2003年8月7日

后　记

这项历经了很多年却依然不成熟的研究，曾经用过很多个名字。2011年我在北大完成博士论文时，使用的题目是《国家权力在城市基层社会的实现——基于北京市某居委会运作的分析》。两年之后也就是2013年，我补充并重新组织了田野资料、转换了论述重点、也调整了对话方向，以《*Normes et pratiques des instances locales dans la Chine urbaine*》（《城市基层社区组织的运行实践与规范形成》）为题在法国社会科学高等研究院（EHESS）通过了博士论文答辩。2016年申请国家社会科学基金后期资助项目的时候，将题目简化为《国家权力与城市社区治理》，内容上更强调"治理"的含义，突出社会组织、居民群体等更广泛而多元的社会主体的参与，同时试图将两篇博士论文中的关注点结合在一起——既讨论"国家影响和动员基层社会的技术和策略"问题，也观察在制度约束和群众土壤的背景下，城市社区的实践逻辑和内部规范是如何形成的。2019年申请后期资助项目结题时，因为要淡化"权力"的理论色彩，结果陷入了长时间的思考、修改甚至停顿之中。2022年才将题目重新定为《在"吾国与吾民"之间：国家治理视角下的城市社区研究》，并在又一轮的修改之后，呈现出本书目前的样貌。

抛开其他因素不谈，题目的变化其实反映了我个人关于论述主题想法的变化，即从关注"国家权力"、到讨论"社会实践"、再回到"国家与社会之间"。这其中的不断跳跃与反复转向，固然有我自己研究能力不足、挖掘不够深入、未能在一条路径上寻根问底的缘由，却也是我求学经历和所受的学术影响的某种体现。多年之后回头再看，做研究的方式中有很多一直在那里却并不自知的基因：对国家变化与时代重要议题的关注，是导师王汉生教授多年培养给我打下的烙印；对社会群体与日常生活细节的观察，是导师伊莎白·蒂罗教授言传身教让我养成的习惯（王老师总是亲切地称她"伊莎贝"，所以后文就统一称呼为伊莎贝老师）。当然，两位老师对国家与社会的观察都是系统性和整体性的，只是对我的影响发生在不同的阶段，也表现在了不同的侧面上。

从“社区调查”到“国家治理研究”

2003 年 9 月，也就是整整二十年前，我在保送研究生后有幸进入王汉生教授的师门，跟随她读书、做研究，大四的时候读了一些经济社会学的文献，启发我完成了本科论文①，培养了我对研究的兴趣。王老师尤其鼓励学生们做自己想做的、或在家庭与生活中熟悉的选题，常打趣说“我们是‘社科院’（做什么的都有），而不是‘课题组’（所有人都做相同的题目）”，师门中的师兄师姐、同级同学、师弟师妹们的研究选题各具特色、风格鲜明，在很大程度上得益于王老师的包容、支持和耐心指导。今天我也当了老师，在指导学生论文时深有感触：部分同学的选题领域可能是导师不太熟悉的，需要与学生共同学习、完成“陪伴式”的田野调查、思考之前并不曾充分思考的问题，无疑要花更多的时间和精力，但这样更容易找到“真问题”、完成有意义的研究（而不是机械地完成命题作文），更容易形成学生在研究中的获得感。每当此时，更感念王老师当年对我们每位同门的付出与心血，以及对我们研究兴趣的激发和培育。

在我读硕士之后，王老师在我寻找主题、进入田野、开展调研过程中的帮助，本书第二章“田野过程与研究方法”有详细介绍——在我需要跟社区建立良好关系、打开调研局面的时候，在我需要向街道办事处了解改革始末、获得更多资料的时候，王老师像一位倾尽所能、力挺孩子的母亲，不只是陪伴、照护、叮嘱和教导，更会以捐赠设备器材、推动合作关系、出席共建仪式、参加政府座谈等方式，帮助我在田野调查中获得更宽松的环境和更主动的位置。记性不太好的我，更多的记忆是画面式的：时至今日，我每次路过民丰园，都会想到王老师在七月酷暑中把尚丹师姐和我“托付”给社区；每次经过阜财街街道门前的十字路口，都会想到王老师带我参加完街道的座谈会，在十二月傍晚的寒风中一边说笑着、一边等红灯的场景。

王老师在田野调查中的慈爱和她对学生研究的严格要求是同步的，师门中很多人都有类似的体验：每次要跟王老师当面或在电话里汇报读书、学业进度时，都很紧张，生怕达不到老师的要求、让她失望。严格要求首先表现在选题方面，王老师特别强调要关注前沿的现象、做重要的主题，用她的话来说就是“重要的事儿那么多，别做一些‘鸡零狗碎’‘犄角旮

---

① 王迪：《行动的“嵌入性”——以银行贷款中的社会网络为例》，载缪坤和等《经济史论丛（四）：经济史研究的方法与实践》，中国社会科学出版社 2012 年版，第 83—110 页。

旯'的题目"。从这个意义上讲，我进入社区这个"小田野"只是机缘巧合，其背后的重要研究价值仍有待发现，王老师在指导我调研、帮助我分析资料的时候，不断地提醒我要"以小见大"、透过社区找到更重要的问题视角，她极具洞察力地看到了党委和居委会"唱主角"的社区（区别于业委会发挥作用的新型商品房小区）在人员遴选、形态变革、组织性质、层级关系、工作内容、考评方式等各个方面都离不开街道办事处以及更高层级政府部门的主导与安排。同时，在研究生阶段的师门读书会上，我们一直跟着王老师和大师兄周飞舟老师在读有关"权力理论"和"国家理论"的一些文献，博士生资格考试提交的述评文章也是关于这两个主题的。随着经验资料和文献阅读的"双向奔赴"，博士论文的主题"国家权力在城市基层社会的实现"也就初步敲定下来。

王老师的严格要求也表现在研究开展和论文写作的全过程中。指导学生分析材料和提炼结论时，王老师经常追问我们"So What?"，逼着我们继续深入思考，找到更高远的对话层次，不能满足于初步的、浅表的、泛泛的发现；强调研究发现和观点要有"锋锐性"，不能面面俱到，"什么都说了，跟没说一样"；她经常指出我在论文写作时"分析性不足"，现在回头再看那时的文字，确实是访谈材料的堆砌，缺乏自己的分析意识；她也时常提醒我避免两种倾向，一是陷在被访者的话语碎片里"捡了芝麻丢西瓜"，二是凭感觉给出一些大而无当的结论且缺乏支撑；在对论文进行修改的时候，王老师总是看得很慢、抠得很细，甚至强调谋篇布局、材料安排、段落设置中的"平衡美"。我还清晰地记得博士论文完稿之前的那个画面，王老师坐在办公室的沙发上，标志性地抽着烟，一条一条地给我讲结论应该怎么写，最后论文中的六点发现几乎是对王老师口述内容的记录和展开。这么多年过去了，想要把王老师的训诫都记清并复述并不容易，但是总有那么一些瞬间，比如我上课讲到方法问题的时候，或者在跟学生谈论文的时候，王老师的某句话、某个建议、某点要求就会自动浮现在脑海中，让我意识到那些教诲早已融化到我的血液里，我也有责任把这些关于研究的经验继续传递下去。

对于研究发表和学术生涯的规划，王老师同样有着严格的要求。我读研一的时候有篇课程论文得到了不错的评价，询问王老师是否可以投稿发表，她说"论文不够成熟、或者创新性不够的话别急着发"——确实，当与王老师合作完成关于农村纠纷调解的文章[①]时，在王老师给文章初稿做

---

① 王汉生、王迪：《农村民间纠纷调解中的公平建构与公平逻辑》，《社会》2012 年第 2 期。

出的几乎通篇标红的修订中，我看到了她对新观点的追求和对不断完善细节的坚持。博士毕业后王老师说起论文改成书稿的话题，还要求我“专著和博士论文又不一样，专著一定得有思想”。如今这些教导言犹在耳，每每想起时，再看自己已经发表的少量文章和即将出版的、并没有什么思想的书稿，冷汗涔涔，惭愧不已。

2007 年，我在王老师的推荐下，成为了伊莎贝老师在法国高等社会科学研究院的学生，开始了在巴黎的生活。2008 年，王老师在巴黎讲学期间，给我带去了长辈的温暖，教会了我很多生活技能，也对我的读书、资料整理和论文写作提出了诸多指导意见，并再次提醒我不是做狭义的“社区研究”，要从国家体系的触角和末梢，反观权力运作的机制和过程。当然，在巴黎的更多时间是听王老师讲她早年插队、考学、调研的各种经历，从中感受在国家与社会发展的进程中，个人命运的起伏，更能理解王老师的大气、乐观、通达、博学、研究热情与社会关怀，无不来自于生活的积累和阅历的沉淀。对于王老师和她那一代的学者来说，见过完整的社会，有过真实的经历，是有资格、有能力判断什么是重要主题的；而我这一代人的经历，一半是校园里的、另一半是网络上的，并不曾真正地进入过社会，某种意义上是不太了解何为“时代赋予我们的主题”的。

从巴黎回京后，我没有很好地把握田野调查和论文写作的时间安排，将原定在 2009 年的毕业时间推延到了 2011 年，王老师总是无条件地包容、理解和支持我。博士毕业之后，王老师推荐我到北大新闻与传播学院，跟随刘德寰教授开展了两年的博士后科研工作。刘老师豁达开朗，大气直爽，对我帮助良多，让我在教学和科研方面都经受了锻炼；每每他讲起读书时受王老师关照的掌故，神采飞扬，让人如临其境，我也从另一个侧面了解到王老师早年间保护、帮助甚至周济学生的一些故事。在北大新传的两年时间，我在申请课题时寻求王老师的支持、开设新课时征求王老师的建议、写作论文时也与王老师讨论主题，在“从学生到学人”的成长过程中，王老师就在我身边，扶着我蹒跚学步，走上工作的正轨。那几年，王老师敏锐而准确地把握了社会演进的脉搏，关注到很多前沿性与创新性的问题：一方面，在与智联招聘等单位的合作调查中，她看到了企业履行社会责任、参与社会治理、塑造社会心态的重要性，我有幸跟随她在雇主品牌建设、能源产业、车主群体画像、咨询行业等多个调研项目中拓展了视野，丰富了我对于真实的“国家”的认识；另一方面，她注意到移动互联网时代的新技术、新现象、新问题，关心数字支付和平台经济（雏形）可能带来的一系列进步与困境，借助互联网大数据丰富社会调查的武器库，也在我们日常谈话、资料收集、讨论总结时向我传递了很多具有创见的想法①，并持续地影响着我研究国家发展与治理模式的关注方向和分析视角。

王老师对学生的关怀和安排，是周到且长远的，她从不以当下的、学术上的收获作为帮助学生做计划的标准，而是替学生考虑到家庭的期待、职业的选择、生活的安排等等方面，在这一点上，不仅"王门"弟子深感幸福，不必为"我不做学术研究会不会让老师失望?"这样的问题而担心，很多跟王老师讨论过未来方向、或者请她写过推荐信的学生也都深有体会。我现在建议学生选择发展方向、提供推荐意见的时候，常常问"你家人或朋友对你有什么期待、是否在意这些期待""你自己想要什么样的生活"，其实都是学习王老师的思考方式：站在学生、学生的家庭与生活的角度去做判断，而不是非要"以学术为业"。2013 年，我入职回到社会学系工作，王老师赠与我很多她讲《城市社会学》和《社会调查与研究方法》时用过的文献和课件，叮嘱我"把课上好"，至于职称"别急，早一年晚一年也没多大关系"；生活上又很关心北大的分房进度，希望我"早点儿解决住房问题"。王老师就是一个不断为学生们操心的家长，学生的健康状况、出国回国、毕业求职、事业发展、婚姻大事，她都时时放在心上；但她却从不因为自己的事情麻烦别人，哪怕脚踝骨裂也不让我们送她去就医，甚至临终前的住院手术都不想让朋友和学生们知道。2015 年夏天，她在手术后的病床上，得知系里的发展有了新的气象，听闻自己的学生拿到了那一年社会学年会的优秀论文奖，非常欣慰和高兴。如今想来，依然为她只考虑培养学生、关怀他人，而不在意个人得失与感受的状态感到难过。

我在北大博士论文的致谢中说"王老师的言传身教，不仅教会我们学做研究，也在教育我们做人"，可如今却发现，无论是"做研究"还是"做人"，自己都远远没有学会，还有太长的路要走。可是路上的指引者已经不在了。2015 年 8 月 13 日，王老师因病逝世，永远离开了我们。在过去八年的时间里，有很多次都想把对王老师的思念之情记录下来，但总觉得太过伤感，又感到任何有形的、具体的、片段式的文字和语言都不能够准确地表达想法。终于在本书即将完稿的时候，回想起恩师指导我从"社区调查"走向"国家治理研究"的过程，才以一种极不完整的方式记录王

① 部分想法参见：王迪、王汉生《移动互联网的崛起与社会变迁》，《中国社会科学》2016 年第 7 期。

老师生前教育、培养和感染我的点点滴滴，并以本书深切缅怀王老师！

找回“社区”里的“中间公众”

我能够有幸成为伊莎贝老师的学生，也完全得益于王老师的推荐。二位老师的相识既是缘分所至的偶然，也是品格契合的必然。据说她们早年间同时参加一次大咖云集的国际研讨会，在其他人都在寒暄攀谈的时候，她俩各自坐在一旁安静地看着，并没有“凑热闹”，这样的与众不同又风格相似让她们发现了彼此，并成为一生挚友。自 20 世纪 90 年代开始，二位老师推动并促成了多次中法社会学者的深入合作与交流，在互访的过程中，王老师深感法国“新社会学”在理论与方法上的独特性。在我读硕士的那几年，王老师带着我们在读书会上学习了伯当斯基和泰弗诺[①]、拉图尔[②]等法国当代学者的著作，并产生了一种新的“合作”想法：推荐一名学生去法国跟伊莎贝老师读博士。

我最初接触到的不是伊莎贝老师，而是她的先生麦港教授。那是在王老师家的客厅，麦老师给我们讲了很多关于主体性、反思性和能动性的观点[③]，认为无论在什么条件下，人们都有选择并做出改变的可能性，然后问我们有什么反例么？我憋了半天，说了一个近乎于抬杠的答案“生男生女”（当然，这事儿其实也是可以选择和改变的）。多年后，麦老师说那次见面多少带有一点儿面试的成分，发现我有一些较真儿和挑战的意识；而我，则在试着提出反例的同时，从麦老师的介绍中了解到一种不同于“找回国家”“发现权力”“观察结构”的新思路，也就是在框架限定下探寻不同选择的视角。后来将这种视角带入生活中不断打磨，并跟调查资料分析和研究结论生成结合在一起。

回想起来，王老师在指导中更强调国家和结构、伊莎贝老师和麦老师更看重主体和选择，某种程度上有他们那一代人不同的环境、经历和体验的影响在。后来我在两种思路之间摇摆并最终调和，不只因为受到了不同

---

① Boltanski, L., Thévenot, L., *On Justification: Economies of Worth*, Princeton: Princeton University Press, 2006.

② Latour, B., *Reassembling the Social: An Introduction to Actor-Network-Theory*, New York: Oxford University Press, 2006.

③ 这种观点强调“即令在最封闭的结构限制之下，人的主动选择的天性都不曾泯灭，而这正是社会变迁的内在动力所在。所以，在完全相同的结构限制中，不同的行动主体都具有选择空间；而对某一行动主体的选择做出回应时，其他行动主体也有选择空间。”参见伊莎白、麦港：《分歧与协议：分析社会规范变迁的一种研究路径》，载于清华大学社会学系主编《清华社会学评论》（特辑①），鹭江出版社 2000 年版，第 110—132 页。

方向的引导，也是因为在生活中经历了不同的阶段。我在2006年之前，接受教育、参加高考、专业分配、保研升学、衣食住行……方方面面都是在给定的制度结构中、按照清晰的轨迹进行的，几乎谈不上“主体性”，没有什么做选择的余地，跟家庭和校园之外真正的“社会”也缺乏沟通和交流；即便是在田野调查中，我的身份依然是学生，依托着学校和师门这样的“大家庭”，并不被认为是一个的独立的参与者。但在2006年决定要去法国读书之后，如何确定培养方式（硕士毕业后直接出国读博、还是硕转博之后申请联合培养）、通过什么渠道申请奖学金（走留学基金委的项目还是法国大使馆的资助）、以什么方式学法语（自学、找培训机构、还是后来最终选择的法国文化中心）、到巴黎之后住哪里（大学城、其他机构的公寓、还是在社会上租房）……全都面临选择。而到了巴黎之后的生活更是一个努力融入社会的过程，第一个月的不断搬家、不断找房，跑了各种地方，打了无数电话，办理各种手续、接触不同的人和组织，我的身份在很多时候不再是“王同学”而是“王先生”，不能完全依靠学校和家庭的背书，只能在语言沟通并不顺畅的情况下尽力理解、揣测并试图改变对方（比如租房的房东、审批补助的工作人员等）的立场、意图和决定。麦港老师把这个阶段称作“游方僧人的行脚”，我也确实通过这样的经历洗脱了之前对结构和组织的完全依赖，初步感知了行动主体依靠自身的能动性在比较、选择、沟通、争取之后改变结果（或接受结果并被结果改变）的过程。非常幸运的是，如果说我是“游方僧人”，那么伊莎贝老师就是适时出现、点化并拯救我的“菩萨”，在确定培养方式、学习法语、申请资助和补贴、办理签证和居留、注册入学和选课、确定住处并适应的每一个阶段，都是她给出建议、代为推荐、帮我联系，让我一次次在山穷水尽的时候柳暗花明。在巴黎生活和学习期间，伊莎贝老师春风化雨，麦老师亲切热情，帮助我在新鲜感与焦虑感的交杂中静下心来，逐渐融入环境，进入读书和研究的状态。

跟随伊莎贝老师和麦港老师的学习之旅，首先从对现有田野资料的整理、归类和分析入手。麦老师总是生动、细致、耐心地分享他对资料进行处理、阅读、进而提炼概念的方法，可以称作“多层次逐级分析”的方式，这一直影响着我的研究手法和对学生的指导方式。在对前期社区材料进行重新阅读和整理之后，我在伊莎贝老师的指导下听了一些课程、阅读了一批文献，也在讨论中发现了原有分析思路中一些不甚完备的地方：比如在国家权力结构的约束之下，社区日常工作中变通和选择的空间依然存在，“党、居、站”的工作者们和普通居民在社区各项活动的开展中还是有着制造差别的能力；同时，这种差别又不是随心所欲或无迹可寻的，而是会在“内部圈子”中形成一种不言自明的、稳定的规则和行动逻辑。这就对我提出了两个要求：一是需要在“国家权力”的视角下更多地关注行动者的日常行为和背后想法；二是用局内人的视角，形成对社区日常工作和具体情境的参与观察和内部理解。

接着，基于对现有资料的评价，伊莎贝老师和麦港老师对我第二阶段的田野调查提出了三点期待。一是增加访谈中的主动性。他们敏锐地指出了我的田野材料中存在的一个问题：“‘主动’的材料很少，主要都是‘被动’的倾听和观察所记录的材料。”——这确实是我至今都未能很好地解决的部分，就是习惯于等待别人的讲述、或者就在一旁默默观察，而不太善于主动提出我关心的问题。二是增加社区居民的“戏份”。当时的调查材料几乎全部集中在社区党委和居委会之上，对于社区状况的描述成了他们的“一言堂”，这有悖于“多方言说”的调研原则，因此需要不限于“居委会实习生”的身份，更多地从居民方面了解情况（当然，后来我发现对基层政府、外部组织机构等主体的调研也是很有必要的）。三是要进一步融入社区的工作，先不计回报地投入和付出，等到完全被接纳为“局内人”，提问与观察便无往不利；同时要形成一种沉浸式、周期性的状态，“跟着参与一个全过程”，而不是“隔三差五”去民丰园跟大家做访谈、旁观一两次活动。对上述三点要求的完成过程，我在本书第二章第二节“亲身体验与内部理解”部分已经做过详述，这三点要求确实让我的调查有了全新的发现和更加深入的认识。

对上述调研方法的直观认知和深刻理解，不仅来自于伊莎贝老师循循善诱的引导和麦老师滔滔不绝的介绍，更重要的是，两位老师亲身为我做了绝佳的示范。他们早年的田野调查经历只能在聊天、讲座或文献中得知，而他们在我读书期间正在开展的研究工作，则是可以实时了解和近距离学习的。二位老师强调的“沉浸式和周期性的观察”“在资料整理基础上的多轮访谈”“局内人和当地人式的内部理解”“不遗漏研究对象的多方言说”“从‘事实’中来并逐级提炼的理论分析”等研究要义，我都在他们 2010 年之后的研究实践中亲眼得见——伊莎贝老师在天津开展跨越数年的田野调查时，跟市民们打成一片、无话不谈，甚至一起跳了很长时间的广场舞，很多市民都愿意跟她分享自己的故事。麦老师在北京观察“市场秩序何以可能”的时候，直接以“合伙人”的身份参与生意、躬身入局，亲历商家之间竞争、合作、纠纷与协商的各种关系状态。这些田野故事不仅在调查方法上提供了范例，也让我领略到了如何做不慌张、不功利、不浮躁，且有温度、有深度、有浓度的研究。

2018 年，伊莎贝老师受渠敬东教授的邀请，在北大文研院访学。渠老师有着超凡的学识、智慧和人格魅力，那时的文研院在他的主持下学风鼎盛、高朋满座，渠老师几次与伊莎贝老师的对谈和研讨都让我深受震撼。特别感谢渠老师的是，文研院给我提供了为伊莎贝老师做一次“学者专访”的机会，让我能够以非常正式的名义，了解导师的求学经历、与中国的缘分、以及她与中国社会学界的关系和交流。在那年 10 月的一次北大讲座中，伊莎贝老师结合在天津的研究发现，谈到了“中间公众”的非组织化聚集和行动模式，及其对于重构社会共识的重要价值，其中对行动意义的解读、对社会事实的分类、对生活议题的挖掘，都带来了重要的启发，我后来对社区治理、政府行为、社会组织、文化团体、公共服务等议题的研究，持续受到“中间公众”这一说法的影响。

2018 年至今，我和伊莎贝老师、麦港老师没能再见面。这几年在电话或邮件里更多地谈及家人、健康和生活中的一些变化，我却少有研究进展可以向老师们报告，实在羞愧。希望以本书的出版感谢伊莎贝老师和麦老师的师恩，感谢他们对我和家人的关怀！也借这段回忆文字，提醒我自己持续关注社区中的、乃至更广义上的社会治理中的“中间公众”、行动选择及其背后的意义。

在“国家权力”与“社会生活”之间

对国家治理模式的讨论与对社会群体状态的观察，并不是截然对立的，其间有千丝万缕的研究脉络将二者联系在一起，我也有幸从诸位师友那里得到学术滋养与研究灵感、收获工作支持和生活帮助，从而逐渐理清“国家与社会”之间的关系路径，探索连接宏观结构和微观要素的研究和分析方法，这些路径和方法或许未能尽数在本书中得到体现，但已经在、或未来会在其他研究主题中获得运用，成为我毕生珍视的学术财富。

我得以完成博士论文及后续研究，最重要的知识储备都来自于前文提及的王老师和周飞舟老师共同主持的读书会。作为师门大师兄，周老师在每次阅读和讨论中都能用睿智的理解、易懂的说法、丰富的知识储备和调查经验，帮助我们最大限度地吸收文献中的精髓；还要特别感谢他在 2004 年带队到无锡调查，引导我迈出了实地调查的第一步，并在之后的近二十年时间里，持续支持我的各种项目尝试与研究开展。他在得知本书完稿后，时常询问出版进度，并拨冗做序。周老师的著述和指导，主要从三个方面影响了我的想法、也塑造了我接下来的研究方向：一是他对中国城镇化进程及其动因的研究，为城市规划、人口流动、治理方式的变化提供了基本的解释框架，也是 21 世纪以来中国城市社区运作逻辑发生改变的重要背景；在我开设《城市社会学》课程之后，他给我很多鼓励和指点，希望我能够在城镇化进程中找到中国独特的路径和城乡融合发展的有效模式，这也是我目前最感兴趣的主题之一。二是他对政府行为和治理模式转变的研究，包括“锦标赛体制”和“技术治理”等，对我们理解中国社会整体运作逻辑及其在社区这一系统末梢的表现，有着特别重要的意义；近年来，我开始将关注目光从社区“上移”到政府行为，也跟随周老师参与了一些对政府部门的调研，积累的材料仍有待进一步挖掘。三是他对中国社会思想与行动伦理的研究，为理解中国式现代化进程中的国家治理与社会运作提供了底色式的分析视角——如何在社会治理研究中避免简单套用西方概念、而是体现出“家国一体”的本土化特色，是我在未来研究中需要不断思考的问题。长兄如父，周老师的这些影响，恰与王老师教导我要“以小见大”、跳出“社区研究”而理解中国社会的思路一脉相承。

师门不仅是因互助而温暖的，也因经验的传承、想法的交流而充盈，我无比幸运地在这个集体里跟所有兄弟姐妹们建立了同门情谊，并受益良多。翻译项飚师兄大作的经历，对我来说是一次了解如何独立完成研究的“实习”。刘亚秋师姐学养深厚，对我时常勉励，近年来将社会记忆与在地文化的要素带入对社区的分析，更让人耳目一新。在学习生活和教学科研的道路上，谢桂华师姐、陈智霞师姐和王天夫老师、郑宇师兄、张艳霞师姐、高旭师兄、黄玉琴师姐、王列军师兄、孙秀林师兄、李祎师兄、梁克师姐、申静师姐、张闫龙师兄、张琳师兄、尚丹师姐、廖勤樱师姐、朱涛师兄，吴莹、彗星、大盛、雨霞、家建、胡伟、小安、鸽子、罗鸣、凌鹏和聪颖、银锋、常超、阿拉坦、付伟、文婕、宗阳、田一、明智、熊锦、新光、瑞阳等同学和师弟师妹们，还有已经离开我们的陈刚师兄，都以不同的方式带来阳光、给我帮助、让我受益、使我进步。正如大师兄所说，“无论距离远近、见面多少，大家都因为是同门而感到亲近、彼此信任、能够一起做事情。”——大家带着我一起做的事情不仅涉及传统的城市和乡村社区研究，也有政府与企业的咨询课题，还有前沿的信息技术和科技力量在社会治理方面的尝试，相互交流不仅让研究领域渐趋多元，各种经验分享也让生活变得立体。

北京大学社会学系的各位老师将我带进社会学的学术殿堂，吴宝科书记、谢立中老师、张静老师、刘旭东老师、查晶老师、任羽中老师、王明慧老师等领导在我人生不同阶段培育我成长、见证我进步、督促我发展，于长江老师、刘世定老师、鄢盛明老师和周皓老师先后担任过我本硕博班级的班主任，所有师长和整套培养体系共同塑造了我的知识结构、价值观念、甚至人格特质。在我 2013 年回系里任教之后，各位老师和同事们又在研究领域和工作节奏上给了我最慷慨的包容和无条件的支持，他们的研究、教学和生活态度都让我始终处在钦佩、赞叹和学习的状态之中。杨善华教授是指导我在本科阶段完成挑战杯论文的田野启蒙老师，二十多年来对我关怀备至，一直是我为人和治学的榜样；直至今日，杨老师的光辉仍在照耀着我和我的学生们——近年来他在引领我开展养老领域的研究时，让我找到了将“央—地”关系和社会治理视角应用于解释养老问题时的可能性。刘爱玉教授深受所有社会学系师生爱戴，对我的指点和照顾更是全方位的，从课程建设和学生指导的细节，到教材编写和学术发表的计划，从取得成绩时的鼓励，到遭遇挫折时的宽慰，刘老师始终都在适时提醒、给我建议、帮我规划，就像当年王老师为学生们所做的一切；王老师生前主持的“智联招聘年度最佳雇主”调查项目，在刘老师的努力下历久弥新、声誉日隆，我也在企业参访、关注其社会责任的调研中获益良多，如果说从社区田野出发看到的是“区域性社会治理”的路径，从企业调研出发则能够回答在“后单位制时代”的“组织化社会治理”何以可能的研究问题。我在学生时代就跟随佟新教授、卢晖临教授参加过多次课题调研，入职后有幸与他们合作授课更是极其宝贵的学习经历；在与马凤芝教授、刘能教授、高丙中教授、李康教授、方文教授、熊跃根教授、高翔和田凯老师、孙飞宇师兄、田耕师兄、张春泥老师等各位师友一起开展研究、参与课题、开会讨论、组织活动、合作办刊、指导学生的过程中，我收获了非常多的教益和启发，逐渐填补了很多方面的见识空白，也时时心存感激。飞宇师兄又是我的办公室“室友”，不仅在课程建设、学术工作和日常生活中对我帮助极大，还和他的爱徒刘小天同学一起推荐我承担了朱保全博士力主的物业小区发展项目，让我有机会系统梳理不同于传统社区的另一类“小区”治理模式，极大地拓宽了视野，衷心感谢飞宇师兄、保全博士、小天同学，以及陈阳兄的协调。

特别感谢在我准备和撰写博士论文期间指点过我的王思斌教授、程为敏老师、林彬老师、谢立中教授、张静教授、唐军教授、郑也夫教授、张小军教授、萧小红教授、许欣欣研究员等诸位良师，他们曾在综合考试、研究开题、论文答辩等各个环节给我提出了许多宝贵的意见和建议，也在我走上工作岗位之后持续关心、鼓励和提携我，为我提供各种交流、进步和发展的机会，他们的帮助对本书的完成、对我在学术之路上的成长都至关重要。

本书中很多内容的完善和观点的生成，得益于在过去这些年的文章发表、工作往来或会议研讨中与众多师友的交流。师曾志教授是在我研究道路上的明灯般的存在，她对公益、人道、生命、技术等议题的关注和充满哲学智慧的解读，持续带给我思想上的冲击，让我对技术治理产生了思考和探索的动力。关于“治理理念转型”“社区研究综述”“社区调解”“公共文化服务”“网络社会变迁”“城市韧性治理”“社区改革”“社区运作规范”“政府需求与社会组织”“智慧社区”“数字技术服务社区生活”“社区治理历史经验”“社区养老”“小区演进与治理转型”“人工智能与算法治理”等诸多主题或概念，我从袁年兴老师、戴庆瑄老师、葛卫老师、李凌静老师、丁惠平老师、刘秀秀老师、孙菲老师、王宁老师、罗婧老师、尹冬华老师、周旅军老师等良师益友那里获得了非常生动而具体的建议，也在与他们的合作中找到更多学术研究带来的乐趣。时常与高洪山师兄的探讨，与曾宪才、唐蕊、刘伟华、田芳等老同学的闲聊，让我学习如何从民政系统、基层政权建设与社会治理的具体工作角度思考问题。郭昊和韩士鹏等师友在社会组织发展领域的实务经验，也让我打消了很多不接地气、不切实际的念头。张婧师姐、齐晓瑾老师分别从新技术和城市规划的角度，给我提供了很多参与跨学科项目调研的机会。此外，也感谢在田野调查和书稿写作中为我提供各种帮助的所有人——由于本书第二章已经介绍了田野经过，也因为匿名性的考虑，这里就不逐一致谢了。

中国社会科学出版社的赵丽为本书的编辑和出版付出了极大的耐心和努力，从国家社科基金后期资助的申请，到书稿题目的修改与确定，到对我严重拖延的理解和宽容，再到书中内容的修订与完善，都离不开她的大力支持，在此深表感谢！也借本书的出版，纪念我在法国文化中心学习期间及其后的十八年时间里，与赵丽、江扬和朴志娜、郑海娟、吴萱萱、谢晓健和许国艳、赵锐、姚红等各位结下的深厚友谊。

感恩十二年来开课的经历，更感谢我的学生们。尤其是苏方和于博轩二位同学帮我完成了大量的校对检查工作，非常辛苦。不会有人永远优秀，但永远有最优秀、最认真、最富挑战精神的学生与我讨论，帮助我看到自己曾经与现在的不足，迫使我对一些事情进行反思，并对以往的一些研究内容产生新的理解。同时，“不养儿不知父母恩”，指导学生之后，才更明白师者之心，我更感恩在前文提到的所有影响我、照亮我的老师们。

感谢我的家人们，虽然家庭的责任、特别是这六年多的喜乐与悲苦让我投入了大半的精力，但也让我投入另一小半精力的工作有了更大的意义。

在书稿的修改终于要告一段落的时候，我心中仍有不安。一直希望能够将其改得更好，比如试着精简了文献对话使目标更突出，增加了田野方法的说明（如何建立关系、如何获得信任、如何保持立场、如何深入理解、如何扩充材料）以提升研究的实践感等，但终究能力和精力有限，本书的材料、分析和发现难免会有各种问题和不足，恳请各位学友批评指正！

王 迪

2023 年 8 月 13 日